HISTOIRE

DE LA

RÉVOLUTION

FRANÇAISE

IMPRIMERIE DE H. FOURNIER ET Cᵉ
RUE DE SEINE, 14.

ROBESPIERRE.

Publié par Furne, Paris.

HISTOIRE

DE LA

RÉVOLUTION

FRANÇAISE

PAR M. A. THIERS

DE L'ACADÉMIE FRANÇAISE

NEUVIÈME ÉDITION

TOME SIXIÈME

PARIS

FURNE ET Cie, LIBRAIRES-ÉDITEURS

RUE SAINT-ANDRÉ-DES-ARTS, 55

M DCCC XXXIX

HISTOIRE
DE LA
RÉVOLUTION
FRANÇAISE.

CONVENTION NATIONALE.

CHAPITRE XIX.

RÉSULTATS DES DERNIÈRES EXÉCUTIONS CONTRE LES PARTIS ENNEMIS DU GOUVERNEMENT. — DÉCRET CONTRE LES EX-NOBLES. — LES MINISTÈRES SONT ABOLIS ET REMPLACÉS PAR DES COMMISSIONS. — EFFORTS DU COMITÉ DE SALUT PUBLIC POUR CONCENTRER TOUS LES POUVOIRS DANS SA MAIN. — ABOLITION DES SOCIÉTÉS POPULAIRES, EXCEPTÉ CELLE DES JACOBINS. — DISTRIBUTION DU POUVOIR ET DE L'ADMINISTRATION ENTRE LES MEMBRES DU COMITÉ. — LA CONVENTION, D'APRÈS LE RAPPORT DE ROBESPIERRE, DÉCLARE, AU NOM DU PEUPLE FRANÇAIS, LA RECONNAISSANCE DE L'ÊTRE SUPRÊME ET DE L'IMMORTALITÉ DE L'AME.

Le gouvernement venait d'immoler deux partis à la fois. Le premier, celui des ultra-révolutionnaires, était véritablement redoutable, ou pouvait le devenir; le second, celui des nouveaux modérés, ne l'était pas. Sa destruction n'était donc pas nécessaire, mais pouvait être utile, pour écarter toute apparence de modération. Le comité le frappa sans conviction, par hypocrisie et par envie. Ce dernier coup était difficile à porter; on vit tout le comité hésiter, et Robespierre rentrer dans sa demeure, comme aux jours de danger. Mais Saint-Just, soutenu par son courage et sa haine jalouse, resta ferme au poste, ranima Hermann et Fouquier, effraya la convention, lui arracha le décret de mort, et fit consommer le sacrifice. Le dernier effort que doit faire une autorité pour devenir absolue est toujours le plus difficile, il lui faut toute sa force pour vaincre la dernière résistance; mais cette résistance vaincue, tout cède, tout se prosterne, elle n'a plus qu'à régner sans obstacle. C'est alors qu'elle se déploie, qu'elle déborde, et se perd. Tandis que toutes les bouches sont fermées, que la soumission est sur tous les visages, la haine se renferme dans les cœurs, et l'acte d'accusation des vainqueurs se prépare au milieu de leur triomphe.

Le comité de salut public, après avoir heureusement immolé les deux classes d'hommes si différentes qui avaient voulu contrarier ou seulement critiquer son pouvoir, était devenu irrésistible. L'hiver avait fini. La campagne de 1794 (germinal an II) allait s'ouvrir avec le printemps. Des armées formidables devaient se déployer sur toutes les frontières, et faire sentir au dehors la

terrible puissance si cruellement sentie au dedans. Quiconque avait paru résister, ou porter quelque intérêt à ceux qui venaient de mourir, devait se hâter de faire sa soumission. Legendre, qui avait fait un effort le jour où Danton, Lacroix et Camille Desmoulins furent arrêtés, et qui avait tâché de remuer la convention en leur faveur, Legendre crut devoir se hâter de réparer son imprudence, et de se laver de son amitié pour les dernières victimes. On lui avait écrit plusieurs lettres anonymes dans lesquelles on l'engageait à frapper les tyrans, qui, disait-on, venaient de lever le masque. Legendre se rendit aux Jacobins le 21 germinal (10 avril), dénonça les lettres anonymes qu'il recevait, et se plaignit d'être pris pour un Séide qu'on pouvait armer du poignard. « Eh bien! dit-
« il, puisqu'on m'y force, je le déclare au peuple,
« qui m'a toujours entendu parler avec bonne foi,
« je regarde maintenant comme démontré que la
« conspiration dont les chefs ont cessé d'être exis-
« tait réellement, et que j'étais le jouet des traîtres.
« J'en ai trouvé la preuve dans différentes pièces
« déposées au comité de salut public, surtout
« dans la conduite criminelle des accusés devant
« la justice nationale, et dans les machinations de
« leurs complices qui veulent armer un homme
« probe du poignard homicide. J'étais, avant la
« découverte du complot, l'intime ami de Danton;

« j'aurais répondu de ses principes et de sa con-
« duite sur ma tête; mais aujourd'hui je suis
« convaincu de son crime; je suis persuadé qu'il
« voulait plonger le peuple dans une erreur pro-
« fonde. Peut-être y serais-je tombé moi-même, si
« je n'avais été éclairé à temps. Je déclare aux
« écrivailleurs anonymes qui voudraient me porter
« à poignarder Robespierre, et me rendre l'in-
« strument de leurs machinations, que je suis né
« dans le sein du peuple, que je me fais une gloire
« d'y rester, et que je mourrai plutôt que d'aban-
« donner ses droits. Ils ne m'écriront pas une
« lettre que je ne la porte au comité de salut
« public. »

La soumission de Legendre devint bientôt générale. De toutes les parties de la France, arrivèrent une foule d'adresses où l'on félicitait la convention et le comité de salut public de leur énergie.
Le nombre de ces adresses est incalculable. Dans
tous les styles, avec les formes les plus burlesques,
chacun s'empressait d'adhérer aux actes du gouvernement, et d'en reconnaître la justice. Rhodez
envoya l'adresse suivante : « Dignes représentans
« d'un peuple libre, c'est donc en vain que les
« enfans des Titans ont levé leur tête altière, la
« foudre les a tous renversés!... Quoi, citoyens!
« pour de viles richesses vendre sa liberté!... La
« constitution que vous nous avez donnée a ébranlé

« tous les trônes, épouvanté tous les rois. La liberté
« avançant à pas de géant, le despotisme écrasé,
« la superstition anéantie, la république reprenant
« son unité, les conspirateurs dévoilés et punis,
« des mandataires infidèles, des fonctionnaires
« publics lâches et perfides tombant sous la hache
« de la loi, les fers des esclaves du Nouveau-Monde
« brisés : voilà vos trophées!... S'il existe encore
« des intrigans, qu'ils tremblent! que la mort
« des conjurés atteste votre triomphe! Pour vous,
« représentans, vivez heureux des sages lois que
« vous avez faites pour le bonheur de tous les
« peuples, et recevez le tribut de notre amour[1]! »

Ce n'était point par horreur pour les moyens sanguinaires que le comité avait frappé les ultra-révolutionnaires, mais pour affermir l'autorité, et pour écraser les résistances qui arrêtaient son action. Aussi le vit-on depuis tendre constamment à un double but, se rendre toujours plus formidable, et concentrer de plus en plus le pouvoir dans ses mains. Collot, qui était devenu l'orateur du gouvernement aux Jacobins, exprima de la manière la plus énergique la politique du comité. Dans un discours violent, où il traçait à toutes les autorités la route nouvelle qu'elles devaient suivre, et le zèle qu'elles devaient déployer dans leurs

[1]. Séance du 26 germinal; numéro 208 du *Moniteur* de l'an II (avril 1794).

fonctions, il dit : « Les tyrans ont perdu leurs
« forces; leurs armées tremblent en présence des
« nôtres; déjà quelques despotes cherchent à se
« retirer de la coalition. Dans cet état, il ne leur
« reste qu'un espoir, ce sont les conspirations in-
« térieures. Il ne faut donc pas cesser d'avoir l'œil
« ouvert sur les traîtres. Comme nos frères, vain-
« queurs sur les frontières, ayons tous nos armes
« en joue et faisons feu tous à la fois. Pendant
« que les ennemis extérieurs tomberont sous les
« coups de nos soldats, que les ennemis intérieurs
« tombent sous les coups du peuple. Notre cause,
« défendue par la justice et l'énergie, sera triom-
« phante. La nature fait tout cette année pour les
« républicains; elle leur promet une abondance
« double. Les feuilles qui poussent annoncent la
« chute des tyrans. Je vous le répète, citoyens,
« veillons au dedans, tandis que nos guerriers
« combattent au dehors; que les fonctionnaires
« chargés de la surveillance publique redoublent
« de soins et de zèle, qu'ils se pénètrent bien de
« cette idée, qu'il n'y a peut-être pas une rue, pas
« un carrefour où il ne se trouve un traître qui
« médite un dernier complot. Que ce traître
« trouve la mort, et la mort la plus prompte! Si
« les administrateurs, si les fonctionnaires publics
« veulent trouver une place dans l'histoire, voici le
« moment favorable pour y songer. Le tribunal

« révolutionnaire s'y est assuré déjà une place
« marquée. Que toutes les administrations sachent
« imiter son zèle et son inexorable énergie; que
« les comités révolutionnaires surtout redoublent
« de vigilance et d'activité, et qu'ils sachent se
« soustraire aux sollicitations dont on les assiége,
« et qui les portent à une indulgence funeste à la
« liberté. »

Saint-Just fit à la convention un rapport formidable sur la police générale de la république [1]. Il y répéta l'histoire fabuleuse de toutes les conspirations, il les montra comme le soulèvement de tous les vices contre le régime austère de la république; il dit que le gouvernement, loin de se ralentir, devait frapper sans cesse, jusqu'à ce qu'il eût immolé tous les êtres dont la corruption était un obstacle à l'établissement de la vertu. Il fit l'éloge accoutumé de la sévérité, et chercha, comme on le faisait alors, par des figures de toute espèce, à prouver que l'origine des grandes institutions devait être terrible. « Que serait devenue, dit-il,
« une république indulgente?... Nous avons op-
« posé le glaive au glaive, et la république est
« fondée. Elle est sortie du sein des orages : cette
« origine lui est commune avec le monde sorti du
« chaos, et avec l'homme qui pleure en naissant. »

---

[1]. 26 germinal an II (15 avril).

En conséquence de ces maximes, Saint-Just proposa une mesure générale contre les ex-nobles. C'était la première de ce genre qu'on eût rendue. Danton, l'année précédente, avait, dans un moment de fougue, fait mettre tous les aristocrates hors la loi. Ce décret étant inexécutable par son étendue, on en rendit un autre, qui condamnait tous les suspects à la détention provisoire. Mais aucune loi directe contre les ex-nobles n'avait encore été portée. Saint-Just les montra comme des ennemis irréconciliables de la révolution. « Quoi que vous « fassiez, dit-il, vous ne pourrez jamais contenter « les ennemis du peuple, à moins que vous ne ré- « tablissiez la tyrannie. Il faut donc qu'ils aillent « chercher ailleurs l'esclavage et les rois. Ils ne « peuvent faire de paix avec vous; vous ne parlez « point la même langue: vous ne vous entendrez « jamais. Chassez-les donc! L'univers n'est point « inhospitalier, et le salut public est parmi nous « la suprême loi. » Saint-Just proposa un décret qui bannissait tous les ex-nobles, tous les étrangers, de Paris, des places fortes, des ports maritimes, et qui mettait hors la loi ceux qui n'auraient pas obéi au décret dans l'intervalle de dix jours. D'autres dispositions de ce projet faisaient un devoir à toutes les autorités de redoubler d'activité et de zèle. La convention applaudit à la proposition comme elle faisait toujours, et la vota par accla-

mation. Collot-d'Herbois, le rapporteur du décret aux jacobins, ajouta ses figures à celles de Saint-Just. « Il faut, dit-il, faire éprouver au corps po-
« litique la sueur immonde de l'aristocratie; plus il
« aura transpiré, mieux il se portera. »

On vient de voir ce que fit le comité pour manifester l'énergie de sa politique; voici ce qu'il ajouta pour la concentration toujours plus grande du pouvoir. D'abord il prononça le licenciement de l'armée révolutionnaire. Cette armée, imaginée par Danton, avait d'abord été utile pour faire exécuter les volontés de la convention, lorsqu'il existait encore des restes de fédéralisme; mais étant devenue le centre de ralliement de tous les perturbateurs et de tous les aventuriers, ayant servi de point d'appui aux derniers démagogues, il était nécessaire de la disperser. Le gouvernement d'ailleurs, étant aveuglément obéi, n'avait plus besoin de ces satellites pour faire exécuter ses ordres. En conséquence elle fut licenciée par décret. Le comité proposa ensuite l'abolition des différens ministères. Des ministres étaient des puissances qui avaient encore trop d'importance, à côté des membres du comité de salut public. Ou ils laissaient tout faire au comité, et alors ils étaient inutiles; ou bien ils voulaient agir, et alors ils étaient des concurrens importuns. L'exemple de Bouchotte, qui, dirigé par Vincent, avait suscité tant d'embarras au comité, était un exemple assez instructif. En conséquence les ministères furent abolis. A leur place, on institua les douze commissions suivantes :

1. Commission des administrations civiles, police et tribunaux;
2. Commission de l'instruction publique;
3. Commission de l'agriculture et des arts;
4. Commission du commerce et des approvisionnemens;
5. Commission des travaux publics;
6. Commission des secours publics;
7. Commission des transports, postes et messageries;
8. Commission des finances;
9. Commission de l'organisation et du mouvement des armées de terre;
10. Commission de la marine et des colonies;
11. Commission des armes, poudres et exploitations des mines;
12. Commission des relations extérieures.

Ces commissions, dépendantes du comité de salut public, n'étaient autre chose que les douze bureaux entre lesquels on avait partagé le matériel de l'administration. Hermann, qui présidait le tribunal révolutionnaire pendant le procès de Danton, fut récompensé de son zèle par la qualité de chef de l'une de ces commissions. On lui donna la plus importante, celle *des administrations civiles, police et tribunaux.*

D'autres mesures furent prises pour augmenter encore la centralisation du pouvoir. D'après l'institution des comités révolutionnaires, il devait y en avoir un par chaque commune ou section de commune. Les communes rurales étant très-nombreuses et peu populeuses, le nombre des comités était trop grand, et leurs fonctions presque nulles. Leur composition d'ailleurs présentait un grand inconvénient. Les paysans étant fort révolutionnaires pour la plupart, mais illettrés, les fonctions municipales étaient en général échues aux propriétaires retirés dans leurs terres, et fort peu disposés à exercer leur pouvoir dans le sens du gouvernement ; de cette manière, la surveillance des campagnes, et surtout des châteaux, se faisait fort mal. Pour remédier à ce fâcheux état des choses, on supprima les comités révolutionnaires des communes, et on ne maintint que ceux de district. Par ce moyen, la police en se concentrant devint plus active, et passa dans les mains des bourgeois des districts, presque tous fort jacobins, et fort jaloux de l'ancienne noblesse.

Les jacobins étaient la société principale, et la seule avouée par le gouvernement. Elle en avait constamment suivi les principes et les intérêts, et s'était comme lui prononcée également contre les hébertistes et les dantonistes. Le comité de salut public aurait voulu qu'elle absorbât presque toutes les autres dans son sein, et qu'elle concentrât en elle-même toute la puissance de l'opinion, comme il avait concentré en lui toute la puissance du gouvernement. Ce vœu flattait singulièrement l'ambition des jacobins; et ils firent les plus grands efforts pour l'accomplir. Depuis que les assemblées de sections avaient été réduites à deux par semaine, afin que le peuple pût y assister et y faire triompher les motions révolutionnaires, les sections s'étaient formées en sociétés populaires. Le nombre de ces sociétés était très grand à Paris; il y en avait jusqu'à deux ou trois par section. Nous avons rapporté déjà les plaintes dont elles étaient devenues l'objet. On disait que les aristocrates, c'est-à-dire les commis, les clercs de procureurs, mécontens de la réquisition, les anciens serviteurs de la noblesse, tous ceux enfin qui avaient quelque motif de résister au système révolutionnaire, se réunissaient dans ces sociétés, et y montraient l'opposition qu'ils n'osaient manifester aux Jacobins ou dans les sections. Le grand nombre de ces sociétés secondaires en empêchait la surveillance, et on émettait là quelquefois des opinions qui n'auraient pas osé se produire ailleurs. Déjà on avait proposé de les abolir. Les jacobins n'avaient pas le droit de s'en occuper, et le gouvernement ne l'aurait pas pu sans paraître gêner la liberté de s'assembler et de délibérer en commun, liberté si préconisée à cette époque, et réputée devoir être sans limites. Sur la proposition de Collot, les jacobins décidèrent qu'ils ne recevraient plus de députation de la part des sociétés formées à Paris depuis le 10 août, et que la correspondance ne leur serait plus continuée. Quant à celles qui avaient été formées à Paris avant le 10 août, et qui jouissaient de la correspondance, il fut décidé qu'on ferait un rapport sur chacune d'elles, pour examiner si elles devaient conserver cet avantage. Cette mesure concernait particulièrement les cordeliers, déjà frappés dans leurs chefs, Ronsin, Vincent, Hébert, et regardés depuis comme suspects. Ainsi, toutes les sociétés sectionnaires étaient flétries par cette déclaration, et les cordeliers allaient subir un rapport.

L'effet qu'on espérait de cette mesure ne fut pas long-temps à se faire attendre. Toutes les sociétés sectionnaires, intimidées ou averties, vinrent l'une après l'autre à la convention et aux jacobins déclarer leur dissolution volontaire. Toutes félicitaient également la convention et les jacobins, et déclaraient que, réunies dans l'intérêt public, elles se séparaient volontairement, puisqu'on avait jugé que leurs réunions nuisaient à la cause qu'elles voulaient servir. Dès cet instant, il ne resta plus à Paris que la société-mère des jacobins, et, dans les provinces, que les sociétés affiliées. A la vérité, celle des cordeliers subsistait encore à côté de sa rivale. Créée jadis par Danton, ingrate envers son fondateur, et toute dévouée depuis à Hébert, Ronsin et Vincent, elle avait inquiété un moment le gouvernement, et rivalisé avec les jacobins. Il s'y réunissait encore les débris des bureaux de Vincent et de l'armée révolutionnaire. On ne pouvait pas la dissoudre; on fit le rapport qui la concernait. Il fut reconnu que depuis quelque temps elle ne correspondait que très rarement et très négligemment avec les jacobins, et que par conséquent il était pour ainsi dire inutile de lui conserver la correspondance. On proposa, à cette occasion, d'examiner s'il fallait à Paris plus d'une société populaire. On osa même dire qu'il faudrait établir un seul centre d'opinion, et le placer aux Jacobins. La société passa à l'ordre du jour sur toutes ces propositions, et ne décida pas même si la correspondance serait accordée aux cordeliers. Mais ce club jadis célèbre avait terminé son existence: entièrement abandonné, il ne comptait plus pour rien, et les jacobins restèrent, avec le cortége de leurs sociétés affiliées, seuls maîtres et régulateurs de l'opinion.

Après avoir centralisé, si on peut le dire, l'opinion, on songea à en régulariser l'expression, à la rendre moins bruyante et moins incommode pour le gouvernement. La censure continuelle et la dénonciation des fonctionnaires publics, magistrats, députés, généraux, administrateurs, avait fait jusqu'alors la principale occupation des jacobins. Cette fureur de poursuivre et d'attaquer sans cesse les agens de l'autorité avait eu ses inconvéniens, mais aussi ses avantages tant qu'on avait pu douter de leur zèle et de leurs opinions. Mais aujourd'hui que le comité s'était vigoureusement emparé du pouvoir, qu'il surveillait ses agens avec un grand soin, et les choisissait dans le sens le plus révolutionnaire, il ne pouvait plus long-temps permettre aux jacobins de se livrer à leurs soupçons accoutumés, et d'inquiéter les fonctionnaires pour la plupart bien surveillés et bien choisis. C'eût été même un danger pour l'état. C'est à l'occasion des généraux Charbonnier et Dagobert, calomniés tous les deux, tandis que l'un remportait des avantages sur les Autrichiens, et que l'autre expirait dans la Cerdagne, chargé d'ans et de blessures, que Collot-d'Herbois se plaignit aux jacobins de cette manière indiscrète de poursuivre les généraux et les fonctionnaires de toute espèce. Suivant l'usage de tout rejeter sur les morts, il imputa cette fureur de dénonciation aux restes de la faction Hébert, et engagea les jacobins à ne plus tolérer ces dénonciations publiques, qui faisaient perdre, disait-il, un temps précieux à la société, et qui déconsidéraient les agens choisis par le gouvernement. En conséquence, il proposa et fit instituer dans le sein de la société un comité chargé de recevoir les dénonciations, et de les transmettre secrètement au comité de salut public. De cette manière, les dénonciations devenaient moins incommodes et moins bruyantes, et au désordre démagogique commençait à succéder la régularité des formes administratives.

Ainsi donc, se prononcer d'une manière toujours plus énergique contre les ennemis de la révolution, centraliser l'administration, la police et l'opinion, furent les premiers soins du comité, et les premiers fruits de la victoire remportée sur les partis. Sans doute, l'ambition commençait maintenant à avoir part à ces déterminations, beaucoup plus que dans le premier moment de son existence, mais pas autant que le ferait supposer la grande masse de pouvoir qu'il s'était acquise. Institué au commencement de la campagne de 1793, et au milieu de périls urgens, il avait reçu son existence de la nécessité seule. Une fois établi, il avait pris successivement une plus grande part de pouvoir, suivant que l'exigeait le service de l'état, et il était ainsi arrivé à la dictature même. Sa position au milieu de cette dissolution universelle de toutes les autorités était telle, qu'il ne pouvait pas réorganiser sans gagner du pouvoir, et faire bien sans y mettre de l'ambition. Ses dernières mesures lui étaient profitables sans doute, mais elles étaient en elles-mêmes prudentes et utiles. La plupart même lui avaient été suggérées; car, dans une société qui se réorganise, tout vient s'offrir et se soumettre à l'autorité créatrice. Mais il touchait au moment où l'ambition allait régner seule, et où l'intérêt de sa propre puissance allait remplacer celui de l'État. Tel est l'homme; il ne peut pas rester désintéressé long-tems, et il s'ajoute bientôt lui-même au but qu'il poursuit.

Il restait au comité de salut public un dernier soin à prendre, celui qui préoccupe toujours les instituteurs d'une société nouvelle, c'est la religion. Déjà il s'était occupé des idées morales en mettant *la probité, la justice, et toutes les vertus, à l'ordre du jour*, il lui restait à s'occuper des idées religieuses.

Remarquons ici chez ces sectaires le singulier progrès de leurs systèmes. Quand il fallut détruire les girondins, ils virent en eux des modérés, des républicains faibles, ils parlèrent d'énergie patriotique et de *salut public*, et les immolèrent à ces idées. Quand il se forma deux nouveaux partis, l'un brutal, extravagant, voulant tout renverser, tout profaner; l'autre indulgent, facile, ami des mœurs douces et des plaisirs, ils passèrent des idées d'énergie patriotique à celles d'ordre et de vertu; ils ne virent plus qu'une fatale modération énervant les forces de la révolution; ils virent tous les vices soulevés à la fois contre la sévérité du régime républicain; d'une part l'anarchie rejetant toute idée d'ordre, et de l'autre, la mollesse et la corruption rejetant toute idée de mœurs, le délire de l'esprit rejetant toute idée de Dieu; alors ils crurent voir la république attaquée, comme la vertu, par toutes les mauvaises passions à la fois. Le mot de vertu fut partout; ils mirent la justice, la probité, à l'ordre du jour. Il leur restait à proclamer Dieu, l'immortalité de l'ame, toutes les croyances morales; il leur restait à faire une profession de foi solennelle, à déclarer en un mot la religion de l'état. Ils résolurent donc de rendre un décret à ce sujet. De cette manière, ils opposaient aux anarchistes l'ordre, aux athées Dieu, aux corrompus les mœurs. Leur système de la vertu était complet. Il mettaient surtout un grand prix à laver la république des reproches d'impiété dont elle était poursuivie dans toute l'Europe; ils voulaient dire ce qu'on dit toujours aux prêtres qui vous accusent d'être impies, parce qu'on ne croit pas à leurs dogmes: NOUS CROYONS EN DIEU.

Ils avaient encore d'autres motifs de prendre une grande mesure à l'égard du culte. On avait aboli les cérémonies de la Raison; il fallait des fêtes pour les jours de décade; et il importait, en songeant aux besoins moraux et religieux du peuple, de songer aussi à ses besoins d'imagination, et de lui donner des sujets de réunions publiques. D'ailleurs, le moment était des plus favorables : la république, victorieuse à la fin de la campagne précédente, commençait à l'être encore au début de celle-ci. Au lieu du dénuement de moyens dans lequel elle se trouvait l'année dernière, elle était, par les soins de son gouvernement, pourvue des plus puissantes ressources militaires. De la crainte d'être conquise, elle passait à l'espoir de conquérir; au lieu d'insurrections effrayantes, la soumission régnait partout. Enfin si, à cause des assignats et du *maximum*, il y avait encore de la gêne dans la distribution intérieure des produits, la nature semblait s'être plu à combler la France de tous les biens, en lui accordant les plus belles récoltes. De toutes les provinces on annonçait que la moisson serait double, et mûre un mois avant l'époque accoutumée. C'était donc le moment de prosterner cette république sauvée, victorieuse et comblée de tous les dons, aux pieds de l'Éternel. L'occasion était grande et touchante pour ceux de ces hommes qui croyaient; elle était opportune pour ceux qui n'obéissaient qu'à des idées politiques.

Remarquons une chose bien singulière. Des

sectaires pour lesquels il n'existait plus aucune convention humaine qui fût respectable; qui, grâce à leur mépris extraordinaire pour tous les autres peuples, et à l'estime dont ils étaient remplis pour eux-mêmes, ne redoutaient aucune opinion, et ne craignaient pas de blesser celle du monde; qui, en fait de gouvernement, avaient tout réduit à l'absolu nécessaire; qui n'avaient admis d'autre autorité que celle de quelques citoyens temporairement élus; qui avaient rejeté toute hiérarchie de classes; qui n'avaient pas craint d'abolir le plus ancien et le mieux enraciné de tous les cultes, de tels sectaires s'arrêtaient devant deux idées, la morale et Dieu. Après avoir rejeté toutes celles dont ils croyaient pouvoir dégager l'homme, ils restaient dominés par l'empire de ces deux dernières, et immolaient un parti à chacune. Si tous ne croyaient pas, tous cependant sentaient le besoin de l'ordre entre les hommes, et, pour appuyer cet ordre humain, ils comprenaient la nécessité de reconnaître dans l'univers un ordre général et intelligent. C'est la première fois, dans l'histoire du monde, que la dissolution de toutes les autorités laissait la société en proie au gouvernement des esprits purement systématiques (car les Anglais croyaient à des traditions chrétiennes), et ces esprits, qui avaient dépassé toutes les idées reçues, adoptaient, conservaient les idées de la morale et de Dieu. Cet exemple est unique dans les annales du monde; il est singulier, il est grand et beau; l'histoire doit s'arrêter pour en faire la remarque.

Robespierre fut rapporteur dans cette occasion solennelle, et lui seul devait l'être d'après la distribution des rôles qui s'était faite entre les membres du comité. Prieur, Robert-Lindet, Carnot, s'occupaient silencieusement de l'administration et de la guerre. Barrère faisait la plupart des rapports, particulièrement ceux qui étaient relatifs aux opérations des armées, et en général tous ceux qu'il fallait improviser. Le déclamateur Collot-d'Herbois était dépêché dans les clubs et les réunions populaires, pour y porter les paroles du comité. Couthon, quoique paralytique, allait aussi partout, parlait à la convention, aux Jacobins, au peuple, et avait l'art d'intéresser par ses infirmités, et par le ton paternel qu'il prenait en disant les choses les plus violentes. Billaud, moins mobile, s'occupait de la correspondance, et traitait quelquefois les questions de politique générale. Saint-Just, jeune, audacieux et actif, allait et venait des champs de bataille au comité; quand il avait imprimé la terreur et l'énergie aux armées, il revenait faire des rapports meurtriers contre les partis qu'il fallait envoyer à la mort. Robespierre enfin, leur chef à tous, consulté sur toutes les matières, ne prenait la parole que dans les grandes occasions. Il traitait les hautes questions morales et politiques; on lui réservait ces beaux sujets, comme plus dignes de son talent et de sa vertu. Le rôle de rapporteur lui appartenait de droit dans la question qu'on allait traiter. Aucun ne s'était prononcé plus fortement contre l'athéisme, aucun n'était aussi vénéré, aucun n'avait une aussi grande réputation de pureté et de vertu, aucun enfin, par son ascendant et son dogmatisme, n'était plus propre à cette espèce de pontificat.

Jamais occasion n'avait été plus belle pour imiter ce Rousseau, dont il professait les opinions, et du style duquel il faisait une étude continuelle. Le talent de Robespierre s'était singulièrement développé dans les longues luttes de la révolution. Cet être froid et pesant commençait à bien improviser; et quand il écrivait, c'était avec pureté, éclat et force. On retrouvait dans son style quelque chose de l'humeur âpre et sombre de Rousseau, mais il n'avait pu se donner ni les grandes pensées, ni l'ame généreuse et passionnée de l'auteur d'*Émile*.

Il parut à la tribune le 18 floréal (7 mai 1794), avec un discours soigneusement travaillé. Une attention profonde lui fut accordée. « Citoyens, dit-
« il en débutant, c'est dans la prospérité que les
« peuples, ainsi que les particuliers, doivent pour
« ainsi dire se recueillir, pour écouter dans le si-

« lence des passions la voix de la sagesse. » Alors il développe longuement le système adopté. La république, suivant lui, c'est la vertu ; et tous les adversaires qu'elle avait rencontrés ne sont que les vices de tous genres soulevés contre elle, et soudoyés par les rois. Les anarchistes, les corrompus, les athées, n'ont été que les agens de Pitt. « Les tyrans, ajoute-t-il, satisfaits de l'audace de « leurs émissaires, s'étaient empressés d'étaler aux « yeux de leurs sujets les extravagances qu'ils « avaient achetées ; et, feignant de croire que c'était « là le peuple français, ils semblaient leur dire : « Que gagnerez-vous à secouer notre joug ? *Vous* « *le voyez, les républicains ne valent pas mieux* « *que nous !* » Brissot, Danton, Hébert, figurent alternativement dans le discours de Robespierre ; et, pendant qu'il se livre contre ces prétendus ennemis de la vertu aux déclamations de la haine, déclamations déjà fort usées, il excite peu d'enthousiasme. Mais bientôt il abandonne cette partie du sujet, et s'élève à des idées vraiment grandes et morales, exprimées avec talent. Il obtient alors des acclamations universelles. Il observe avec raison que ce n'est pas comme auteurs de systèmes que les représentans de la nation doivent poursuivre l'athéisme et proclamer le déisme, mais comme des législateurs, cherchant quels sont les principes les plus convenables à l'homme réuni en

société. « Que vous importent à vous, législateurs,
« s'écrie-t-il, que vous importent les hypothèses
« diverses par lesquelles certains philosophes ex-
« pliquent les phénomènes de la nature? Vous
« pouvez abandonner tous ces objets à leurs dis-
« putes éternelles; ce n'est ni comme métaphysi-
« ciens, ni comme théologiens que vous devez les
« envisager : aux yeux du législateur, tout ce qui
« est utile au monde et bon dans la pratique, est
« la vérité. L'idée de l'Être suprême et de l'immor-
« talité de l'ame est un rappel continuel à la jus-
« tice; elle est donc sociale et républicaine..........
« Qui donc t'a donné, s'écrie encore Robespierre,
« la mission d'annoncer au peuple que la Divinité
« n'existe pas? O toi qui te passionnes pour cette
« aride doctrine, et qui ne te passionnas jamais
« pour la patrie! quel avantage trouves-tu à per-
« suader à l'homme qu'une force aveugle préside
« à ses destinées et frappe au hasard le crime et la
« vertu? que son ame n'est qu'un souffle léger qui
« s'éteint aux portes du tombeau? L'idée de son
« néant lui inspirera-t-elle des sentimens plus purs
« et plus élevés que celle de son immortalité? Lui
« inspirera-t-elle plus de respect pour ses sem-
« blables et pour lui-même, plus de dévouement
« pour la patrie, plus d'audace à braver la tyran-
« nie, plus de mépris pour la mort ou pour la vo-
« lupté? Vous, qui regrettez un ami vertueux,

« vous aimez à penser que la plus belle partie de
« lui-même a échappé au trépas! Vous, qui pleu-
« rez sur le cercueil d'un fils ou d'une épouse,
« êtes-vous consolé par celui qui vous dit qu'il ne
« reste plus d'eux qu'une vile poussière? Malheu-
« reux qui expirez sous les coups d'un assassin,
« votre dernier soupir est un appel à la justice
« éternelle! L'innocence sur l'échafaud fait pâlir le
« tyran sur son char de triomphe. Aurait-elle cet
« ascendant si le tombeau égalait l'oppresseur et
« l'opprimé?... »

Robespierre, s'attachant toujours à saisir le côté politique de la question, ajoute ces observations remarquables : « Prenons ici, dit-il, les leçons de
« l'histoire. Remarquons, je vous prie, comment
« les hommes qui ont influé sur la destinée des
« états furent déterminés vers l'un ou l'autre des
« deux systèmes opposés, par leur caractère per-
« sonnel, et par la nature même de leurs vues
« politiques. Voyez-vous avec quel art profond
« César, plaidant dans le sénat romain en faveur
« des complices de Catilina, s'égare dans une di-
« gression contre le dogme de l'immortalité de
« l'ame, tant ces idées lui paraissent propres à
« éteindre dans le cœur des juges l'énergie de la
« vertu, tant la cause du crime lui paraît liée à
« celle de l'athéisme! Cicéron, au contraire, invo-
« quait contre les traîtres et le glaive des lois et

« la foudre des dieux. Socrate mourant entretient
« ses amis de l'immortalité de l'ame. Léonidas, aux
« Thermopyles, soupant avec ses compagnons
« d'armes au moment d'exécuter le dessein le plus
« héroïque que la vertu humaine ait jamais conçu,
« les invite pour le lendemain à un autre banquet
« pour une vie nouvelle..... Caton ne balança
« point entre Épicure et Zénon. Brutus et les
« illustres conjurés qui partagèrent ses périls et sa
« gloire appartenaient aussi à cette secte sublime
« des stoïciens, qui eut des idées si hautes de la
« dignité de l'homme, qui poussa si loin l'enthou-
« siasme de la vertu, et qui n'outra que l'héroïsme.
« Le stoïcisme enfanta des émules de Brutus et de
« Caton jusque dans les siècles affreux qui suivi-
« rent la perte de la liberté romaine; le stoïcisme
« sauva l'honneur de la nature humaine, dégradée
« par les vices des successeurs de César, et surtout
« par la patience des peuples.»

Au sujet de l'athéisme, Robespierre s'explique
d'une manière singulière sur les encyclopédistes.
« Cette secte, dit-il, en matière de politique, resta
« toujours au-dessous des droits du peuple; en
« matière de morale elle alla beaucoup au-delà de
« la destruction des préjugés religieux : ses cory-
« phées déclamaient quelquefois contre le despo-
« tisme, et ils étaient pensionnés par les despotes;
« ils faisaient tantôt des livres contre la cour, et

« tantôt des dédicaces aux rois, des discours pour
« les courtisans, et des madrigaux pour les cour-
« tisanes; ils étaient fiers dans leurs écrits et ram-
« pans dans les antichambres Cette secte propagea
« avec beaucoup de zèle l'opinion du matérialisme,
« qui prévalut parmi les grands et parmi les beaux
« esprits; on lui doit en partie cette espèce de
« philosophie pratique qui, réduisant l'égoïsme
« en système, regarde la société humaine comme
« une guerre de ruse, le succès comme la règle du
« juste et de l'injuste, la probité comme une
« affaire de goût ou de bienséance, le monde
« comme le patrimoine des fripons adroits....

« Parmi ceux qui au temps dont je parle se si-
« gnalèrent dans la carrière des lettres et de la
« philosophie, un homme par l'élévation de son
« ame et la grandeur de son caractère, se montra
« digne du ministère de précepteur du genre hu-
« main : il attaqua la tyrannie avec franchise; il
« parla avec enthousiasme de la Divinité; son
« éloquence mâle et probe peignit en traits de feu
« les charmes de la vertu; elle défendit ces dogmes
« consolateurs que la raison donne pour appui au
« cœur humain. La pureté de sa doctrine, puisée
« dans la nature et dans la haine profonde du
« vice, autant que son mépris invincible pour les
« sophistes intrigans qui usurpaient le nom de
« philosophes, lui attira la haine et la persécution

« de ses rivaux et de ses faux amis. Ah! s'il avait
« été témoin de cette révolution dont il fut le pré-
« curseur, qui peut douter que son ame généreuse
« eût embrassé avec transport la cause de la jus-
« tice et de l'égalité! »

Robespierre s'attache ensuite à écarter cette idée que le gouvernement, en proclamant le dogme de l'Être suprême, travaille pour les prêtres. Il s'exprime ainsi qu'il suit: « Qu'y a-t-il de commun
« entre les prêtres et Dieu? Les prêtres sont à la
« morale ce que les charlatans sont à la médecine.
« Combien le Dieu de la nature est différent du
« Dieu des prêtres! Je ne reconnais rien de si
« ressemblant à l'athéisme que les religions qu'ils
« ont faites. A force de défigurer l'Être suprême,
« ils l'ont anéanti autant qu'il était en eux : ils en
« ont fait tantôt un globe de feu, tantôt un bœuf,
« tantôt un arbre, tantôt un homme, tantôt un
« roi. Les prêtres ont créé un Dieu à leur image;
« ils l'ont fait jaloux, capricieux, avide, cruel,
« implacable; ils l'ont traité comme jadis les maires
« du palais traitèrent les descendans de Clovis
« pour régner en son nom et se mettre à sa place;
« ils l'ont relégué dans le ciel comme dans un
« palais, et ne l'ont appelé sur la terre que
« pour demander, à leur profit, des dîmes, des
« richesses, des honneurs, des plaisirs et de la
« puissance. Le véritable temple de l'Être suprême

« c'est l'univers ; son culte, la vertu ; ses fêtes, la
« joie d'un grand peuple rassemblé sous ses yeux
« pour resserrer les nœuds de la fraternité univer-
« selle, et pour lui présenter l'hommage des cœurs
« sensibles et purs. »

Robespierre dit ensuite qu'il faut des fêtes à un peuple. « L'homme, dit-il, est le plus grand objet
« qui soit dans la nature ; et le plus magnifique
« de tous les spectacles, c'est celui d'un grand
« peuple assemblé. » En conséquence il propose des plans de réunion pour tous les jours de décadis. Son rapport s'achève au milieu des plus vifs applaudissemens. Il présente enfin le décret suivant, qui est adopté par acclamation :

« Art. 1er. Le peuple français reconnaît l'existence de l'Être suprême et l'immortalité de l'ame.

« Art. 2. Il reconnaît que le culte le plus digne de l'Être suprême est la pratique des devoirs de l'homme. »

D'autres articles portent qu'il sera institué des fêtes pour rappeler l'homme à la pensée de la Divinité et à la dignité de son être. Elles emprunteront leurs noms des événemens de la révolution, ou des vertus les plus utiles à l'homme. Outre les fêtes du 14 juillet, du 10 août, du 21 janvier et du 31 mai, la république célébrera tous les jours de décadis les fêtes suivantes : — à l'Être suprême, — au genre humain, — au peuple français, — aux bienfaiteurs de l'humanité, — aux martyrs de la liberté, — à la liberté et à l'égalité, — à la république, — à la liberté du monde, — à l'amour de la patrie, — à la haine des tyrans et des traîtres, — à la vérité, — à la justice, — à la pudeur, — à la gloire, — à l'amitié, — à la frugalité, — au courage, — à la bonne foi, — à l'héroïsme, — au désintéressement, — au stoïcisme, — à l'amour, — à la foi conjugale, — à l'amour paternel, — à la tendresse maternelle, — à la piété filiale, — à l'enfance, — à la jeunesse, — à l'âge viril, — à la vieillesse, — au malheur, — à l'agriculture, — à l'industrie, — à nos aïeux, — à la postérité, — au bonheur.

Une fête solennelle est ordonnée pour le 20 prairial, et le plan en est confié à David. Il faut ajouter que, dans ce décret, la liberté des cultes est proclamée de nouveau.

A peine ce rapport est-il achevé, qu'il est livré à l'impression. Dans la même journée, la commune, les jacobins, en demandent la lecture, le couvrent d'applaudissemens, et délibèrent d'aller en corps témoigner à la convention leurs remerciemens pour le *sublime* décret qu'elle vient de rendre. On avait observé que les jacobins n'avaient pas pris la parole après l'immolation des deux partis, et n'étaient pas allés féliciter le comité et la convention. Un membre leur en fait la remarque, et dit que l'occasion se présente de prouver l'union des jacobins avec un gouvernement qui déploie une si belle conduite. Une adresse est en effet rédigée, et présentée à la convention par une députation des jacobins. Cette adresse finit en ces termes : « Les « jacobins viennent aujourd'hui vous remercier « du décret solennel que vous avez rendu ; ils vien- « dront s'unir à vous dans la célébration de ce « grand jour où la fête à l'Être suprême réunira « de toutes les parties de la France les citoyens « vertueux, pour chanter l'hymne de la vertu. » Le président fait à la députation une réponse pompeuse. « Il est digne, lui dit-il, d'une société qui « remplit le monde de sa renommée, qui jouit « d'une si grande influence sur l'opinion publique, « qui s'associa dans tous les temps à tout ce qu'il « y eut de plus courageux parmi les défenseurs « des droits de l'homme, de venir dans le temple « des lois rendre hommage à l'Être suprême. »

Le président poursuit, et après un discours assez long sur le même sujet, cède la parole à Couthon. Celui-ci prononce un discours véhément contre les athées, les corrompus, et fait un pompeux éloge de la société ; il propose, en ce jour solennel de joie et de reconnaissance, de rendre aux jacobins une justice qui leur est due depuis longtemps, c'est que, dès l'ouverture de la révolution, ils n'ont pas cessé de bien mériter de la patrie.

Cette proposition est adoptée au milieu des plus bruyans applaudissemens. On se sépare dans des transports de joie, et dans une espèce d'ivresse.

Si la convention avait reçu de nombreuses adresses après la mort des hébertistes et des dantonistes, elle en reçut bien davantage encore, après le décret qui proclamait la croyance à l'Être suprême. La contagion des idées et des mots est chez les Français d'une rapidité extraordinaire. Chez un peuple prompt et communicatif, l'idée qui occupe quelques esprits est bientôt l'idée qui les occupe tous : le mot qui est dans quelques bouches est bientôt dans toutes. Les adresses arrivèrent encore de toutes parts, félicitant la convention de ses décrets sublimes, la remerciant d'avoir établi la vertu, proclamé l'Être suprême, et rendu l'espérance à l'homme. Toutes les sections vinrent l'une après l'autre exprimer les mêmes sentimens. La section Marat se présentant à la barre et s'adressant à la Montagne, lui dit : « Montagne bien« faisante ! Sinaï protecteur ! reçois aussi nos ex« pressions de reconnaissance et de félicitation « pour tous les décrets sublimes que tu lances « chaque jour pour le bonheur du genre humain. « De ton sein bouillonnant est sortie la foudre sa« lutaire qui, en écrasant l'athéisme, donne à tous « les vrais républicains l'idée bien consolante de « vivre libres, sous les yeux de l'Être suprême,

« et dans l'attente de l'immortalité de l'ame. *Vive
« la convention! vive la république! vive la Mon-
« tagne!* » Toutes les adresses engageaient de nouveau la convention à conserver le pouvoir. Il en est une qui l'engageait même à siéger jusqu'à ce que le règne de la vertu fût établi dans la république sur des bases impérissables.

Dès ce jour, les mots de *vertu* et d'*Être suprême* furent dans toutes les bouches. Sur le frontispice des temples, où l'on avait écrit : *A la Raison*, on écrivit : *A l'Être suprême*. Les restes de Rousseau furent transportés au Panthéon. Sa veuve fut présentée à la convention et gratifiée d'une pension.

Ainsi, le comité de salut public, triomphant de tous les partis, saisi de tous les pouvoirs, placé à la tête d'une nation enthousiaste et victorieuse, proclamant le règne de la vertu et le dogme de l'Être suprême, était au sommet de sa puissance et au dernier terme de ses systèmes.

CHAPITRE XX.

ÉTAT DE L'EUROPE AU COMMENCEMENT DE L'ANNÉE 1794 (AN II). — PRÉPARATIFS UNIVERSELS DE GUERRE. POLITIQUE DE PITT. PLANS DES COALISÉS ET DES FRANÇAIS. — ÉTAT DE NOS ARMÉES DE TERRE ET DE MER ; ACTIVITÉ ET ÉNERGIE DU GOUVERNEMENT POUR TROUVER ET UTILISER LES RESSOURCES. — OUVERTURE DE LA CAMPAGNE ; OCCUPATION DES PYRÉNÉES ET DES ALPES. — OPÉRATIONS DANS LES PAYS-BAS. COMBATS SUR LA SAMBRE ET SUR LA LYS. — VICTOIRE DE TURCOING. — FIN DE LA GUERRE DE LA VENDÉE. — COMMENCEMENT DE LA GUERRE DES CHOUANS. — ÉVÉNEMENS DANS LES COLONIES. — DÉSASTRE DE SAINT-DOMINGUE. — PERTE DE LA MARTINIQUE. — BATAILLE NAVALE.

L'HIVER avait été employé en Europe et en France à faire les préparatifs d'une nouvelle campagne. L'Angleterre était toujours l'ame de la coalition, et poussait les puissances du continent à venir détruire, sur les bords de la Seine, une révolution qui l'effrayait et une rivale qui lui était odieuse. L'implacable fils de Chatam avait fait cette année des efforts immenses pour écraser la France. Toutefois, ce n'était pas sans obstacle qu'il avait obtenu du parlement des moyens proportionnés à ses vastes projets. Lord Stanhope, dans la chambre haute, Fox, Sheridan, dans la chambre basse, étaient toujours opposés au système de la guerre. Ils refusaient tous les sacrifices demandés par les ministres; ils ne voulaient accorder que ce qui était nécessaire à l'armement des côtes, et surtout ils ne pouvaient pas souffrir que l'on qualifiât cette guerre de *juste et nécessaire;* elle était, disaient-ils, inique, ruineuse, et punie de justes revers. Les motifs tirés de l'ouverture de l'Escaut, des dangers de la Hollande, de la nécessité de défendre la constitution britannique, étaient faux. La Hollande n'avait pas été mise en péril par l'ouverture de l'Escaut, et la constitution britannique n'était point menacée. Le but des ministres était, selon eux, de détruire un peuple qui avait voulu devenir libre, et d'augmenter sans cesse leur influence et leur autorité personnelle, sous prétexte de résister aux machinations des jacobins français. Cette lutte avait été soutenue par des moyens iniques. On avait fomenté la guerre civile et le massacre; mais un peuple brave et généreux avait déjoué les tentatives de ses adversaires par un courage et des efforts sans exemple. Stanhope, Fox, Sheridan, concluaient qu'une lutte pareille déshonorait et ruinait l'Angleterre. Ils se trompaient sous un rapport. L'opposition anglaise peut souvent reprocher à son ministère de faire des guerres injustes, mais jamais désavantageuses. Si la guerre faite à la France n'avait aucun motif de justice, elle avait des motifs de politique excellens, comme on va le voir, et l'opposition, trompée par des sentimens généreux, oubliait les avantages qui allaient en résulter pour l'Angleterre.

Pitt feignait d'être effrayé des menaces de descente faites à la tribune de la convention ; il prétendait que des paysans de Kent avaient dit : Voici les Français qui vont nous apporter les droits de l'homme. Il s'autorisait de ces propos (payés, dit-on, par lui-même) pour prétendre que la constitution était menacée; il avait dénoncé les sociétés constitutionnelles de l'Angleterre, devenues un peu plus actives par l'exemple des clubs de France, et il soutenait qu'elles voulaient établir une convention sous prétexte d'une réforme parlementaire. En conséquence il demanda la suspension de l'*habeas corpus*, la saisie des papiers de ces sociétés, et la mise en accusation de quelques-uns de leurs membres. Il demanda en outre la faculté d'enrôler des volontaires, et de les entretenir au moyen des *benevolences* ou souscriptions, d'augmenter l'armée de terre et la marine, de solder un corps de quarante mille étrangers, Français émigrés ou autres. L'opposition fit une vive résistance; elle soutint que rien ne motivait la suspension de la plus précieuse des libertés anglaises; que les sociétés accusées délibéraient en public, que leurs vœux hautement exprimés ne pouvaient être des conspirations, que ces vœux étaient ceux de toute l'Angleterre, puisqu'ils se bornaient à la réforme parlementaire; que l'augmentation démesurée de l'armée de terre était un danger pour le peuple anglais; que si les volontaires pouvaient être armés par souscription, il deviendrait loisible au ministre de lever des armées sans l'autorisation du parlement; que la solde d'un aussi grand nombre d'étrangers était ruineuse, et qu'elle n'avait d'autre but que de payer les Français traîtres à leur patrie. Malgré les remontrances de l'opposition, qui n'avait jamais été ni plus éloquente, ni moins nombreuse, car elle ne comptait pas plus de trente ou quarante voix, Pitt obtint tout ce qu'il voulut, et fit sanctionner tous les bills qu'il avait présentés.

Aussitôt que ses demandes furent accordées, il fit doubler les milices; il porta l'armée de terre à soixante mille hommes, celle de mer à quatre-vingt mille; il organisa de nouveaux corps d'émigrés, et fit mettre en accusation plusieurs membres des sociétés constitutionnelles. Le jury anglais, garantie plus solide que le parlement, acquitta les prévenus; mais peu importait à Pitt, qui avait maintenant dans les mains tous les moyens de réprimer le moindre mouvement politique, et de déployer une puissance colossale en Europe.

C'était le moment de profiter de cette guerre

universelle pour accabler la France, pour ruiner à jamais sa marine, et lui enlever ses colonies; résultat beaucoup plus sûr et plus désirable aux yeux de Pitt que la répression de quelques doctrines politiques et religieuses. Il avait réussi l'année précédente à armer contre la France les deux puissances maritimes qui auraient toujours dû lui rester alliées, l'Espagne et la Hollande; il s'attachait à les maintenir dans leur erreur politique, et à en tirer le plus grand parti contre la marine française. L'Angleterre pouvait faire sortir de ses ports au moins cent vaisseaux de ligne, l'Espagne quarante, la Hollande vingt, sans compter encore une multitude de frégates. Comment la France, avec les cinquante ou soixante vaisseaux qui lui restaient depuis l'incendie de Toulon, pouvait-elle résister à de telles forces? Aussi, quoiqu'on n'eût pas livré encore un seul combat naval, le pavillon anglais dominait sur la Méditerranée, sur l'Océan atlantique et la mer des Indes. Dans la Méditerranée, les escadres anglaises menaçaient les puissances italiennes qui voulaient rester neutres, bloquaient la Corse pour nous l'enlever, et attendaient le moment de débarquer des troupes et des munitions dans la Vendée. En Amérique, elles entouraient nos Antilles, et cherchaient à profiter des affreuses discordes qui régnaient entre les blancs, les mulâtres et les noirs, pour s'en emparer. Dans la mer des Indes, elles achevaient l'établissement de la puissance britannique, et la ruine de Pondichéry. Avec une campagne encore, notre commerce était détruit, quelque fût le sort de nos armes sur le continent. Ainsi rien n'était plus politique que la guerre faite par Pitt à la France, et l'opposition avait tort de la critiquer sous le rapport de l'utilité. Elle n'aurait eu raison que dans un cas, et ce cas ne s'est pas réalisé encore; si la dette anglaise, continuellement accrue, et devenue aujourd'hui énorme, est réellement au-dessus de la richesse du pays et doit s'abîmer un jour, l'Angleterre aura excédé ses moyens, et aura eu tort de lutter pour un empire qui lui aura coûté ses forces. Mais c'est là un mystère de l'avenir.

Pitt ne se refusait aucune violence pour augmenter ses moyens et aggraver les maux de la France. Les Américains, heureux sous Washington, parcouraient librement les mers, et commençaient à faire ce vaste commerce de transport qui les a enrichis pendant les longues guerres du continent. Les escadres anglaises arrêtaient les navires américains, et enlevaient les matelots de leurs équipages. Plus de cinq cents vaisseaux avaient déjà subi cette violence, et c'était l'objet de vives et jusqu'alors inutiles réclamations de la part du gouvernement américain. Ce n'est pas tout encore : à la faveur de la neutralité, les Américains, les Danois, les Suédois, fréquentaient nos ports, y apportaient des secours en grains que la disette rendait extrêmement précieux, beaucoup d'objets nécessaires à la marine, et emportaient en retour les vins et les autres produits que le sol de la France fournit au monde. Grâce à cet intermédiaire des neutres, le commerce n'était pas entièrement interrompu, et on avait pourvu aux besoins les plus indispensables de la consommation. L'Angleterre, considérant la France comme une place assiégée qu'il fallait affamer et réduire au désespoir, voulait porter atteinte à ces droits des neutres, et venait d'adresser aux cours du Nord des notes pleines de sophismes, pour obtenir une dérogation au droit des gens.

Pendant que l'Angleterre employait ces moyens de toute espèce, elle avait toujours quarante mille hommes dans les Pays-Bas, sous les ordres du duc d'York; lord Moira, qui n'avait pu arriver à temps vers Granville, mouillait à Jersey avec son escadre et dix mille hommes de débarquement; enfin la trésorerie anglaise tenait des fonds à la disposition de toutes les puissances belligérantes.

Sur le continent, le zèle n'était pas aussi grand. Les puissances qui n'avaient pas à la guerre le même intérêt que l'Angleterre, et qui ne la faisaient que pour de prétendus principes, n'y mettaient ni la même ardeur, ni la même activité. L'Angleterre s'efforçait de les ranimer toutes. Elle tenait toujours la Hollande sous son joug au moyen du prince d'Orange, et l'obligeait à fournir son contingent dans l'armée coalisée du Nord. Ainsi cette malheureuse nation avait ses vaisseaux et ses régimens au service de sa plus redoutable ennemie, et contre sa plus sûre alliée. La Prusse, malgré le mysticisme de son roi, était fort désabusée des illusions dont on l'avait nourrie depuis deux ans. La retraite de Champagne en 1792, et celle des Vosges en 1793, n'avaient rien eu d'encourageant pour elle. Frédéric-Guillaume, qui venait d'épuiser son trésor, d'affaiblir son armée pour une guerre qui ne pouvait avoir aucun résultat favorable à son royaume, et qui pouvait servir tout au plus la maison d'Autriche, aurait voulu y renoncer. Un objet d'ailleurs beaucoup plus intéressant pour lui l'appelait au Nord : c'était la Pologne qui se mettait en mouvement, et dont les membres épars tendaient à se rejoindre. L'Angleterre, le surprenant au milieu de ces incertitudes, l'engagea à continuer la guerre par le moyen tout-puissant de son or. Elle conclut à La Haye, en son nom et en celui de la Hollande, un traité par lequel la Prusse s'obligeait à fournir soixante-deux mille quatre cents hommes à la coalition.

Cette armée devait avoir pour chef un Prussien, et ses conquêtes futures devaient appartenir en commun aux deux puissances maritimes, l'Angleterre et la Hollande. En retour, ces deux puissances promettaient de fournir cinquante mille livres sterling par mois à la Prusse pour l'entretien de ses troupes, et de lui payer de plus le pain et le fourrage; outre cette somme, elles accordaient encore trois cent mille livres sterling, pour les premières dépenses d'entrée en campagne, et cent mille pour le retour dans les états prussiens. A ce prix, la Prusse continua la guerre impolitique qu'elle avait commencée.

La maison d'Autriche n'avait plus rien à empêcher en France, puisque la reine, épouse de Louis XVI, avait expiré sur l'échafaud. Elle devait, moins qu'aucun autre pays, redouter la contagion de la révolution, puisque trente ans de discussions politiques n'ont pas encore éveillé les esprits chez elle. Elle ne nous faisait donc la guerre que par vengeance, engagement pris, et désir de gagner quelques places dans les Pays-Bas; peut-être aussi par le fol et vague espoir d'avoir une partie de nos provinces. Elle y mettait plus d'ardeur que la Prusse, mais pas beaucoup plus d'activité réelle, car elle ne fit que compléter et réorganiser ses régimens, sans en augmenter le nombre. Une grande partie de ses troupes était en Pologne, car elle avait, comme la Prusse, un puissant motif de regarder en arrière et de songer à la Vistule autant qu'au Rhin. Les Gallicies ne l'occupaient pas moins que la Belgique et l'Alsace.

La Suède et le Danemarck gardaient une sage neutralité, et répondaient aux sophismes de l'Angleterre, que le droit public était immuable, qu'il n'y avait aucune raison d'y manquer envers la France, et d'étendre à tout un pays les lois du blocus, lois applicables seulement à une place assiégée; que les vaisseaux danois et suédois étaient bien reçus en France, qu'ils n'y trouvaient pas des barbares, comme on le disait, mais un gouvernement qui faisait droit aux demandes des étrangers commerçans, et qui avait pour eux tous les égards dus aux nations avec lesquelles il était en paix; qu'il n'y avait donc aucune raison d'interrompre des relations avantageuses. En conséquence, bien que Catherine, toute disposée en faveur des projets des Anglais, semblât se prononcer contre les droits des nations neutres, la Suède et le Danemarck persistèrent dans leurs résolutions, gardèrent une neutralité prudente et ferme, et firent un traité par lequel les deux pays s'engageaient à maintenir les droits des neutres, et à faire observer la clause du traité de 1780, laquelle fermait la mer Baltique aux vaisseaux armés des puissances qui n'avaient aucun port dans cette mer. La France pouvait donc espérer de recevoir encore les grains du Nord, et les bois et chanvres nécessaires à sa marine.

La Russie, affectant toujours beaucoup d'indignation contre la révolution française, et donnant de grandes espérances aux émigrés, ne songeait qu'à la Pologne, et n'abondait si fort dans la politique des Anglais que pour obtenir leur adhésion à la sienne. C'est là ce qui explique le silence de l'Angleterre sur un événement aussi grand que la disparition d'un royaume de la scène politique. Dans ce moment de spoliation générale, où l'Angleterre recueillait une si grande part d'avantages dans le midi de l'Europe et sur toutes les mers, il lui convenait peu de parler le langage de la justice aux copartageans de la Pologne. Ainsi la coalition, qui accusait la France d'être tombée dans la barbarie, commettait au Nord le brigandage le plus audacieux que se soit jamais permis la politique, en méditait un pareil sur la France, et contribuait à détruire pour jamais la liberté des mers.

Les princes allemands suivaient l'impulsion de la maison d'Autriche. La Suisse, protégée par ses montagnes, et dispensée par ses institutions de se croiser pour la cause des monarchies, persistait à ne prendre aucun parti, et couvrait de sa neutralité nos provinces de l'Est, les moins défendues de toutes. Elle faisait sur le continent ce que les Américains, les Suédois et les Danois, faisaient sur mer; elle rendait au commerce français les mêmes services, et en recueillait la même récompense. Elle nous donnait des chevaux dont nos armées avaient besoin, des bestiaux qui nous manquaient depuis que la guerre avait ravagé les Vosges et la Vendée; elle exportait les produits de nos manufactures, et devenait ainsi l'intermédiaire du commerce le plus avantageux. Le Piémont continuait la guerre, sans doute avec regret; mais il ne pouvait consentir à mettre bas les armes, après avoir perdu deux provinces, la Savoie et Nice, à ce jeu sanglant et maladroit. Les puissances italiennes voulaient être neutres, mais elles étaient fort inquiétées dans ce projet. La république de Gênes avait vu les Anglais commettre dans son port un acte indigne, un véritable attentat au droit des gens. Ils s'étaient emparés d'une frégate française qui mouillait à l'abri de la neutralité générale, et en avaient massacré l'équipage. La Toscane avait été obligée de renvoyer le résident français. Naples, qui avait reconnu la république lorsque les escadres françaises menaçaient ses rivages, faisait de grandes démonstrations contre elle depuis que le pavillon anglais s'était déployé dans la Méditerranée, et promettait dix-huit mille hommes de secours au Piémont. Rome, heureusement impuissante, nous maudissait, et laissait égorger dans ses murs l'agent français Basseville. Venise enfin, quoique peu flattée du langage démagogique de la France, ne voulait nullement s'engager dans une guerre, et, à la faveur de sa position éloignée, espérait garder la neutralité. La Corse était prête à nous échapper depuis que Paoli s'était déclaré pour les Anglais; il ne nous restait plus, dans cette île, que Bastia et Calvi.

L'Espagne, la moins coupable de tous nos ennemis, continuait une guerre impolitique, et persistait à commettre la même faute que la Hollande. Les prétendus devoirs des trônes, les victoires de Ricardos et l'influence anglaise la décidèrent à essayer encore d'une campagne, quoiqu'elle fût fort épuisée, qu'elle manquât de soldats, et surtout d'argent. Le célèbre Alcudia fit disgracier d'Aranda pour avoir conseillé la paix.

La politique avait donc peu changé depuis l'année précédente. Intérêts, erreurs, fautes et crimes, étaient, en 1794, les mêmes qu'en 1793. L'Angleterre seule avait augmenté ses forces. Les coalisés possédaient toujours dans les Pays-Bas cent cinquante mille hommes, Autrichiens, Allemands, Hollandais et Anglais. Vingt-cinq ou trente mille Autrichiens étaient à Luxembourg; soixante-cinq mille Prussiens et Saxons aux environs de Mayence. Cinquante mille Autrichiens, mêlés de quelques émigrés, bordaient le Rhin, de Manheim à Bâle. L'armée piémontaise était toujours de quarante mille hommes et de sept ou huit mille Autrichiens auxiliaires. L'Espagne avait fait quelques recrues pour recomposer ses bataillons, et avait demandé des secours pécuniaires au clergé; mais son armée n'était pas plus considérable que l'année précédente, et se bornait toujours à une soixantaine de mille hommes, répartis entre les Pyrénées occidentales et orientales.

C'est au Nord que l'on se proposait de nous porter les coups les plus décisifs, en s'appuyant sur Condé, Valenciennes et le Quesnoy. Le célèbre Mack avait rédigé à Londres un plan duquel on espérait de grands résultats. Cette fois, le tacticien allemand, se montrant un peu plus hardi, avait fait entrer dans son projet une marche sur Paris. Malheureusement, il était trop tard pour déployer de la hardiesse, car les Français ne pouvaient plus être surpris, et leurs forces étaient immenses. Le plan consistait à prendre encore une place, celle de Landrecies, de se grouper en force sur ce point, d'amener les Prussiens des Vosges vers la Sambre, et de marcher en avant en laissant deux corps sur les ailes, l'un en Flandre, l'autre sur la Sambre. En même temps, lord Moira devait débarquer des troupes dans la Vendée, et aggraver nos dangers par une double marche sur Paris.

Prendre Landrecies quand on avait Valenciennes, Condé et le Quesnoy, était un soin puéril; couvrir ses communications vers la Sambre était fort sage; mais placer un corps pour garder la Flandre était fort inutile; quand il s'agissait de former une masse puissante d'invasion : amener les Prussiens sur la Sambre était fort douteux, comme nous le verrons; enfin, la diversion dans la Vendée était depuis un an devenue impossible, car la grande Vendée avait péri. On va voir, par la comparaison du projet avec l'événement, la vanité de ces plans écrits à Londres [1].

La coalition n'avait pas, disons-nous, déployé de grandes ressources. Il n'y avait dans ce moment que trois puissances vraiment actives en Europe, l'Angleterre, la Russie et la France. La raison en est simple : l'Angleterre voulait envahir les mers, la Russie s'assurer la Pologne, et la France sauver son existence et sa liberté. Il n'y avait d'énergiques que ces trois grands intérêts; il n'y avait de noble que celui de la France; et elle déploya pour cet intérêt les plus grands efforts dont l'histoire fasse mention.

La réquisition permanente, décrétée au mois

---

1. Ceux qui voudront lire la meilleure discussion politique et militaire sur ce sujet, n'ont qu'à chercher le mémoire critique écrit par le général Jomini sur cette campagne, et joint à sa grande Histoire des guerres de la révolution.

d'août de l'année précédente, avait déjà procuré des renforts aux armées, et contribué aux succès qui terminèrent la campagne; mais cette grande mesure ne devait produire tous ses effets que dans la campagne suivante. Grâce à ce mouvement extraordinaire, douze cent mille hommes avaient quitté leurs foyers, et couvraient les frontières, ou remplissaient les dépôts de l'intérieur. On avait commencé l'embrigadement de ces nouvelles troupes. On réunissait un bataillon de ligne avec deux bataillons de la nouvelle levée, et on formait ainsi d'excellens régimens. On avait déjà organisé sur ce plan sept cent mille hommes, envoyés aussitôt sur les frontières et dans les places. Il y en avait, les garnisons comprises, deux cent cinquante mille au Nord, quarante dans les Ardennes, deux cents sur le Rhin et la Moselle, cent aux Alpes, cent vingt aux Pyrénées, et quatre-vingts depuis Cherbourg jusqu'à La Rochelle. Les moyens pour les équiper n'avaient été ni moins prompts, ni moins extraordinaires que pour les réunir. Les manufactures d'armes établies à Paris et dans les provinces eurent bientôt atteint le degré d'activité qu'on voulait leur donner, et produit des quantités étonnantes de canons, de fusils et de sabres. Le comité de salut public, profitant habilement du caractère français, avait su mettre à la mode la fabrication du salpêtre. Déjà, l'année précédente, il avait ordonné la visite des caves pour en extraire la terre salpétrée. Bientôt il fit mieux; il rédigea une instruction, modèle de simplicité et de clarté, pour apprendre à tous les citoyens à lessiver eux-mêmes la terre des caves. Il paya en outre quelques ouvriers chimistes pour leur enseigner la manipulation. Bientôt ce goût s'introduisit; on se transmit les instructions qu'on avait reçues, et chaque maison fournit quelques livres de ce sel précieux. Des quartiers de Paris se réunissaient pour apporter en pompe à la convention et aux Jacobins le salpêtre qu'ils avaient fabriqué. On imagina une fête dans laquelle chacun venait déposer ses offrandes sur l'autel de la patrie. On donnait à ce sel des formes emblématiques; on lui prodiguait toutes sortes d'épithètes : on l'appelait *sel vengeur*, *sel libérateur*. Le peuple s'en amusait, mais il en produisait des quantités considérables, et le gouvernement avait atteint son but. Un peu de désordre se mêlait naturellement à tout cela. Les caves étaient creusées, et la terre, après avoir été lessivée, gisait dans les rues qu'elle embarrassait et dégradait. Un arrêté du comité de salut public mit un terme à cet abus, et les terres lessivées furent replacées dans les caves. Les salins manquaient; le comité ordonna que toutes les herbes qui n'étaient employées ni à la nourriture des animaux, ni aux usages domestiques ou ruraux, seraient de suite brûlées, pour servir à l'exploitation du salpêtre ou être converties en salins.

Le gouvernement eut l'art d'introduire encore une autre mode non moins avantageuse. Il était plus facile de lever des hommes et de fabriquer des armes que de trouver des chevaux : l'artillerie et la cavalerie en manquaient. La guerre les avait rendus rares ; le besoin et le renchérissement général de toutes choses en augmentaient beaucoup le prix. Il fallut recourir au grand moyen des réquisitions, c'est-à-dire prendre de force ce qu'un besoin indispensable exigeait. On leva dans chaque canton un cheval sur vingt-cinq, en le payant neuf cents francs. Cependant, quelque puissante que soit la force, la bonne volonté est plus efficace encore. Le comité imagina de se faire offrir un cavalier tout équipé par les jacobins. L'exemple fut alors suivi partout. Communes, clubs, sections, s'empressaient d'offrir à la république ce qu'on appela des *cavaliers jacobins*, tous parfaitement montés et équipés.

On avait des soldats, il fallait des officiers. Le comité agit ici avec sa promptitude ordinaire. « La révolution, dit Barrère, doit tout hâter pour « ses besoins. La révolution est à l'esprit humain « ce que le soleil de l'Afrique est à la végétation. » On rétablit l'école de Mars ; des jeunes gens, choisis dans toutes les provinces, se rendirent à pied et militairement, à Paris. Campés sous des tentes, au milieu de la plaine des Sablons, ils devaient s'y instruire rapidement dans toutes les parties de l'art de la guerre, et se répandre ensuite dans les armées.

Des efforts non moins grands étaient faits pour recomposer notre marine. Elle était, en 1789, de cinquante vaisseaux et d'autant de frégates. Les désordres de la révolution et les malheurs de Toulon l'avaient réduite à une cinquantaine de bâtimens, dont trente au plus pouvaient être mis en mer. Ce qui manquait surtout, c'étaient les équipages et les officiers. La marine exigeait des hommes expérimentés; et tous les hommes expérimentés étaient incompatibles avec la révolution. La réforme opérée dans les états-majors de l'armée de terre, était donc plus inévitable encore dans les états-majors de l'armée de mer, et devait y causer une bien plus grande désorganisation. Les deux ministres Monge et d'Albarade avaient succombé à ces difficultés, et avaient été renvoyés. Le comité résolut encore ici l'emploi des moyens extraordinaires. Jean-Bon-Saint-André et Prieur (de la Marne) furent envoyés à Brest avec les pouvoirs accoutumés des commissaires de la convention. L'escadre de Brest, après avoir péniblement croisé, pendant quatre mois, le long des côtes de l'Ouest, pour empêcher les communications des

Vendéens avec les Anglais, s'était révoltée, par suite de ses longues souffrances. A peine fut-elle rentrée, que l'amiral Morard de Gales fut arrêté par les représentans, et rendu responsable des désordres de l'escadre. Les équipages furent entièrement décomposés, et réorganisés à la manière prompte et violente des jacobins. Des paysans, qui n'avaient jamais navigué, furent placés à bord des vaisseaux de la république, pour manœuvrer contre les vieux matelots anglais; on éleva de simples officiers aux plus hauts grades, et le capitaine de vaisseau Villaret-Joyeuse fut promu au commandement de l'escadre. En un mois de temps une flotte de trente vaisseaux se trouva prête à appareiller; elle sortit pleine d'enthousiasme, et aux acclamations du peuple de Brest, non pas, il est vrai, pour aller braver les formidables escadres de l'Angleterre, de la Hollande et de l'Espagne, mais pour protéger un convoi de deux cents voiles, apportant d'Amérique une quantité considérable de grains, et pour se battre à outrance si le salut du convoi l'exigeait. Pendant ce temps, Toulon était le théâtre de créations non moins rapides. On réparait les vaisseaux échappés à l'incendie, on en construisait de nouveaux. Les frais étaient pris sur les propriétés des Toulonnais qui avaient contribué à livrer leur port aux ennemis. A défaut des grandes flottes qui étaient en réparation, une multitude de corsaires couvraient la mer, et faisaient des prises considérables. Une nation hardie et courageuse, à qui les moyens de faire la guerre d'ensemble manquent, peut toujours recourir à la guerre de détail, et y déployer son intelligence et sa valeur; elle fait sur terre la guerre des partisans, et sur mer celle des corsaires. Au rapport de lord Stanhope, nous avions, de 1793 à 1794, pris quatre cent dix bâtimens, tandis que les Anglais ne nous en avaient pris que trois cent seize. Le gouvernement ne renonçait donc pas à rétablir nos forces, même sur mer.

De si prodigieux travaux devaient porter leurs fruits, et nous allions recueillir en 1794 le prix des efforts de 1793.

La campagne s'ouvrit d'abord sur les Pyrénées et les Alpes. Peu active aux Pyrénées occidentales, elle devait l'être davantage sur les Pyrénées orientales, où les Espagnols avaient conquis la ligne du Tech, et occupaient encore le fameux camp du Boulou. Ricardos était mort, et cet habile général avait été remplacé par un de ses lieutenans, le comte de La Union, excellent soldat, mais chef médiocre. N'ayant pas reçu encore les nouveaux renforts qu'il attendait, La Union songeait tout au plus à garder le Boulou. Les Français étaient commandés par le brave Dugommier, le vainqueur de Toulon. Une partie du matériel et des troupes qui lui servirent à prendre cette place, avaient été transportés devant Perpignan, tandis que les nouvelles recrues s'organisaient sur les derrières. Dugommier pouvait mettre trente-cinq mille hommes en ligne, et profiter du mauvais état où se trouvaient actuellement les Espagnols. Dagobert, toujours ardent malgré son âge, proposait un plan d'invasion par la Cerdagne, qui, portant les Français au-delà des Pyrénées, et sur les derrières de l'armée espagnole, aurait obligé celle-ci à rétrograder. On préféra d'essayer d'abord l'attaque du camp de Boulou, et Dagobert, qui était avec sa division dans la Cerdagne, dut attendre le résultat de cette attaque. Le camp de Boulou, placé sur les bords du Tech, et adossé aux Pyrénées, avait pour issue la chaussée de Bellegarde, qui forme la grande route de France en Espagne. Dugommier, au lieu d'aborder de front les positions ennemies, qui étaient très bien fortifiées, songea à pénétrer par quelque moyen entre le Boulou et la chaussée de Bellegarde, de manière à faire tomber le camp espagnol. Tout lui réussit à merveille. La Union avait porté le gros de ses forces à Céret, et avait laissé les hauteurs de Saint-Christophe, qui dominent le Boulou, mal gardées. Dugommier passa le Tech, jeta une partie de ses forces vers Saint-Christophe, attaqua avec le reste le front des positions espagnoles, et, après un combat assez vif, resta maître des hauteurs. Dès ce moment, le camp n'était plus tenable, il fallait se retirer par la chaussée de Bellegarde; mais Dugommier s'en empara, et ne laissa plus aux Espagnols qu'une route étroite et difficile à travers le col de Porteil. Leur retraite se changea bientôt en déroute. Chargés avec à-propos et vivacité, ils s'enfuirent en désordre, et nous laissèrent quinze cents prisonniers, cent quarante pièces de canon, huit cents mulets chargés de leurs bagages, et des effets de campement pour vingt mille hommes. Cette victoire, remportée au milieu de floréal (commencement de mai), nous rendit le Tech, et nous porta au-delà des Pyrénées. Dugommier bloqua aussitôt Collioure, Port-Vendre et Saint-Elme, pour les reprendre aux Espagnols. Pendant cette importante victoire, le brave Dagobert, atteint d'une fièvre, achevait sa longue et glorieuse carrière. Ce noble vieillard, âgé de 76 ans, emporta les regrets et l'admiration de l'armée.

Rien n'était plus brillant que notre début aux Pyrénées orientales; du côté des Pyrénées occidentales, nous enlevâmes la vallée de Bastan, et ces triomphes sur les Espagnols que nous n'avions pas encore vaincus jusqu'alors, excitèrent une joie universelle.

Du côté des Alpes, il nous restait toujours à établir notre ligne de défense sur la grande chaîne.

Vers la Savoie, nous avions, l'année précédente, rejeté les Piémontais dans les vallées du Piémont, mais il nous restait à prendre les postes du petit Saint-Bernard et du Mont-Cenis. Du côté de Nice, l'armée d'Italie campait toujours en présence de Saorgio, sans pouvoir forcer ce formidable camp des Fourches. Le général Dugommier avait été remplacé par le vieux Dumerbion, brave, mais presque toujours malade de la goutte. Heureusement, il se laissait entièrement diriger par le jeune Bonaparte, qui, comme on l'a vu, avait décidé la prise de Toulon en conseillant l'attaque du *Petit-Gibraltar*. Ce service avait valu à Bonaparte le grade de général de brigade, et une grande considération dans l'armée. Après avoir observé les positions ennemies, et reconnu l'impossibilité d'enlever le camp des Fourches, il fut frappé d'une idée aussi heureuse que celle qui rendit Toulon à la république. Saorgio est placé dans la vallée de la Roya. Parallèlement à cette vallée se trouve celle d'Oneille, dans laquelle coule la Taggia. Bonaparte imagina de jeter une division de quinze mille hommes dans la vallée d'Oneille, de faire remonter cette division jusqu'aux sources du Tanaro, de la porter ensuite jusqu'au mont Tanarello, qui borde la Roya supérieure, et d'intercepter ainsi la chaussée de Saorgio, entre le camp des Fourches et le col de Tende. Par ce moyen, le camp des Fourches, isolé des grandes Alpes, tombait nécessairement. Il n'y avait qu'une objection à faire à ce plan, c'est qu'il obligeait l'armée à emprunter le territoire de Gênes. Mais la république ne devait pas s'en faire un scrupule, car l'année précédente deux mille Piémontais avaient traversé le territoire génois, et étaient venus s'embarquer à Oneille pour Toulon; d'ailleurs, l'attentat commis par les Anglais sur la frégate *la Modeste*, dans le port même de Gênes, était la plus éclatante violation du pays neutre. Il y avait en outre un grand avantage à étendre la droite de l'armée d'Italie jusqu'à Oneille ; on pouvait par là couvrir une partie de la rivière de Gênes, chasser les corsaires du petit port d'Oneille où ils se réfugiaient habituellement, et assurer ainsi le commerce de Gênes avec le midi de la France. Ce commerce, qui se faisait par le cabotage, était fort troublé par les corsaires et les escadres anglaises, et il importait de le protéger, parce qu'il contribuait à alimenter le midi en grains. On ne devait donc pas hésiter à adopter le plan de Bonaparte. Les représentans demandèrent au comité de salut public l'autorisation nécessaire, et l'exécution de ce plan fut aussitôt ordonnée.

Le 17 germinal (6 avril), une division de quatorze mille hommes, partagés en cinq brigades, passa la Roya. Le général Masséna se porta sur le mont Tanardo, et Bonaparte avec trois brigades se dirigea sur Oneille, en chassa une division autrichienne, et y fit son entrée. Il trouva dans Oneille douze pièces de canon, et purgea le port de tous les corsaires qui infestaient ces parages. Tandis que Masséna remontait du Tanardo jusqu'à Tanarello, Bonaparte continua son mouvement, et marcha d'Oneille jusqu'à Orméa dans la vallée du Tanaro. Il y entra le 15 avril (28 germinal), et y trouva quelques fusils, vingt pièces de canon, et des magasins pleins de draps pour l'habillement des troupes. Dès que les brigades françaises furent réunies dans la vallée du Tanaro, elles se portèrent vers la haute Roya, pour exécuter le mouvement prescrit sur la gauche des Piémontais. Le général Dumerbion attaqua de front les positions des Piémontais, pendant que Masséna arrivait sur leurs flancs et sur leurs derrières. Après plusieurs actions assez vives, les Piémontais abandonnèrent Saorgio, et se replièrent sur le col de Tende, et enfin abandonnèrent le col de Tende même pour se réfugier à Limone, au-delà de la grande chaîne. Tandis que ces choses se passaient dans la vallée de la Roya, les vallées de la Tinéa et de la Vésubia étaient balayées par la gauche de l'armée d'Italie; et bientôt après, l'armée des grandes Alpes, piquée d'émulation, prit de vive force le Saint-Bernard et le Mont-Cenis. Ainsi, dès le milieu de floréal (commencement de mai) nous étions victorieux sur toute la chaîne des Alpes, et nous l'occupions depuis les premiers mamelons de l'Apennin jusqu'au Mont-Blanc. Notre droite, appuyée à Orméa, s'étendait jusqu'aux portes de Gênes, couvrait une grande partie de la rivière du Ponant, et mettait ainsi le commerce à l'abri des pirateries. Nous avions pris trois ou quatre mille prisonniers, cinquante ou soixante pièces de canon, beaucoup d'effets d'équipement, et deux places fortes. Notre début était donc aussi heureux aux Alpes qu'aux Pyrénées, puisque sur les deux points il nous donnait une frontière et une partie des ressources de l'ennemi.

La campagne s'était ouverte un peu plus tard sur le grand théâtre de la guerre, c'est-à-dire au Nord. Là, cinq cent mille hommes allaient se heurter depuis les Vosges jusqu'à la mer. Les Français avaient toujours leurs principales forces vers Lille, Guise et Maubeuge. Pichegru était devenu leur général. Chef de l'armée du Rhin, l'année précédente, il était parvenu à se donner l'honneur du déblocus de Landau, qui appartenait au jeune Hoche; il avait capté la confiance de Saint-Just, tandis que Hoche était jeté en prison, et avait obtenu le commandement de l'armée du Nord. Jourdan, estimé comme général sage, ne fut pas jugé assez énergique pour conserver le grand commandement du Nord, et il remplaça Hoche à l'armée de la Moselle. Michaud remplaçait Pichegru à celle du Rhin. Carnot présidait toujours aux opérations militaires, et les dirigeait de ses bureaux. Saint-Just et Lebas avaient été envoyés à Guise pour ranimer l'énergie de l'armée.

La nature des lieux commandait un plan d'opérations fort simple, et qui pouvait avoir des résultats très prompts et très vastes : c'était de porter la plus grande masse des forces françaises sur la Meuse, vers Namur, et de menacer ainsi les communications des Autrichiens. C'est là qu'était la clef du théâtre de la guerre, et qu'elle sera toujours, tant que la guerre se fera dans les Pays-Bas contre des Autrichiens venus du Rhin. Toute diversion en Flandre était une imprudence ; car si l'aile jetée en Flandre se trouvait assez forte pour tenir tête aux coalisés, elle ne contribuait qu'à les repousser de front, sans compromettre leur retraite ; et si elle n'était pas assez considérable pour obtenir des résultats décisifs, les coalisés n'avaient qu'à la laisser s'avancer dans la West-Flandre, et pouvaient ensuite l'enfermer et l'acculer à la mer. Pichegru, avec des connaissances, de l'esprit et assez de résolution, mais un génie militaire assez médiocre, jugea mal la position, et Carnot, préoccupé de son plan de l'année précédente, persista à attaquer directement le centre de l'ennemi, et à le faire inquiéter sur ses deux ailes. En conséquence, la masse principale dut agir de Guise sur le centre des coalisés, tandis que deux fortes divisions, opérant l'une sur la Lys, l'autre sur la Sambre, devaient faire une double diversion. Tel fut le plan opposé au plan offensif de Mack.

Cobourg commandait toujours en chef les coalisés. L'empereur d'Allemagne s'était rendu en personne dans les Pays-Bas pour exciter son armée, et surtout pour terminer par sa présence les divisions qui s'élevaient à chaque instant entre les généraux alliés. Cobourg réunit une masse d'environ cent mille hommes, dans les plaines du Cateau, pour bloquer Landrecies. C'était là le premier acte par lequel les coalisés voulaient débuter, en attendant qu'ils pussent obtenir des Prussiens la marche de la Moselle sur la Sambre.

Les mouvemens commencèrent vers les derniers jours de germinal (mars). La masse ennemie, après avoir repoussé les divisions françaises disséminées devant elle, s'établit autour de Landrecies; le duc d'York fut placé en observation vers Cambray; Cobourg vers Guise. Par le mouvement que venaient de faire les coalisés, les divisions françaises du centre, ramenées en arrière, se trouvaient séparées des divisions de Maubeuge, qui formaient l'aile droite. Le 2 floréal (21 avril), un effort fut tenté pour se rattacher à ces divisions de Maubeuge. Un combat meurtrier fut livré sur la Helpe. Nos colonnes, toujours trop divisées, furent repoussées sur tous les points, et ramenées dans les positions d'où elles étaient parties.

On résolut alors une nouvelle attaque, mais générale, au centre et sur les deux ailes. La division Desjardins, qui était vers Maubeuge, devait faire un mouvement pour se réunir à la division Charbonnier, qui venait des Ardennes. Au centre, sept colonnes devaient agir à la fois et concentriquement, sur toute la masse ennemie groupée autour de Landrecies. Enfin, à la gauche, Souham et Moreau, partant de Lille avec deux divisions, formant en tout cinquante mille hommes, avaient ordre de s'avancer en Flandre, et d'enlever sous les yeux de Clerfayt, Menin et Courtray.

La gauche de l'armée française opéra sans obstacles, car le prince de Kaunitz, avec la division qu'il avait sur la Sambre, ne pouvait empêcher la jonction de Charbonnier et de Desjardins. Les colonnes du centre s'ébranlèrent le 7 floréal (26 avril), et marchèrent de sept points différens sur l'armée autrichienne. Ce système d'attaques simultanées et décousues, qui nous avait si mal réussi l'année précédente, ne nous réussit pas mieux cette fois. Ces colonnes, trop séparées les unes des autres, ne purent se soutenir, et n'obtinrent sur aucun point un avantage décisif. L'une d'elles, celle du général Chappuis, fut même entièrement défaite. Ce général, parti de Cambray, se trouva opposé au duc d'York, qui, avons-nous dit, couvrait Landrecies de ce côté. Il éparpilla ses troupes sur divers points, et se trouva devant les positions retranchées de Trois-Villes avec des forces insuffisantes. Accablé par le feu des Anglais, chargé en flanc par la cavalerie, il fut mis en déroute, et sa division dispersée rentra pêle-mêle dans Cambray. Ces échecs provenaient moins de nos troupes que de la mauvaise conduite des opérations. Nos jeunes soldats, étonnés quelquefois d'un feu nouveau pour eux, étaient cependant faciles à conduire et à ramener à l'attaque, et ils déployaient souvent une ardeur et un enthousiasme extraordinaires.

Pendant qu'on faisait cette infructueuse tentative sur le centre, la diversion opérée en Flandre contre Clerfayt, réussissait pleinement. Souham et Moreau étaient partis de Lille et s'étaient portés à Menin et Courtray, le 7 floréal (26 avril). On sait que ces deux places sont situées à la suite l'une de l'autre sur la Lys. Moreau investit la première, Souham s'empara de la seconde. Clerfayt, trompé sur la marche des Français, les cherchait où ils n'étaient pas. Bientôt, cependant, il apprit l'investissement de Menin et la prise de Courtray, et voulut essayer de nous faire rétrograder en menaçant nos communications avec Lille. Le 9 floréal (28 avril), en effet, il se porta à Moucroën avec dix-huit mille hommes, et vint s'exposer imprudemment aux coups de cinquante mille Français, qui auraient pu l'écraser en se repliant. Moreau et Souham, ramenant aussitôt une partie de leurs troupes vers leurs communications menacées, marchèrent sur Moucroën et résolurent de livrer bataille à Clerfayt. Il était retranché sur une position à laquelle on ne pouvait parvenir que par cinq défilés étroits, défendus par une formidable artillerie. Le 10 floréal (29 avril), l'attaque fut ordonnée. Nos jeunes soldats, dont la plupart voyaient le feu pour la première fois, n'y résistèrent pas d'abord; mais les généraux et les officiers bravèrent tous les dangers pour les rallier; ils y réussirent, et les positions furent enlevées. Clerfayt perdit douze cents prisonniers, dont quatre-vingt-quatre officiers, trente-trois pièces de canon, quatre drapeaux et cinq cents fusils. C'était notre première victoire au Nord, et elle releva singulièrement le courage de l'armée. Menin fut pris immédiatement après. Une division d'émigrés, qui s'y trouvait renfermée, se sauva bravement, en se faisant jour le fer à la main.

Le succès de la gauche et les revers du centre décidèrent Pichegru et Carnot à abandonner tout à fait le centre pour agir exclusivement sur les ailes. Pichegru envoya le général Bonnaud avec vingt mille hommes à Sanghien, près Lille, afin d'assurer les communications de Moreau et de Souham. Il ne laissa à Guise que vingt mille hommes sous les ordres du général Ferrand, et détacha le reste vers Maubeuge, pour le réunir aux divisions Desjardins et Charbonnier. Ces forces réunies portèrent à cinquante-six mille hommes l'aile droite destinée à agir sur la Sambre. Carnot, jugeant encore mieux que Pichegru la situation des choses, donna un ordre qui décida le destin de la campagne. Commençant à sentir que le point sur lequel il fallait frapper les coalisés était la Sambre et la Meuse; que, battus sur cette ligne, ils étaient séparés de leurs base, il ordonna à Jourdan d'amener à lui quinze mille hommes de l'armée du Rhin, de laisser sur le versant occidental des Vosges les troupes indispensables pour couvrir cette frontière, de quitter ensuite la Moselle, avec quarante-cinq mille hommes, et de se porter sur la Sambre à marches forcées. L'armée de Jourdan, réunie à celle de Maubeuge, devait former une masse de quatre-vingt-dix ou cent mille hommes, et entraîner la défaite des coalisés sur le point décisif. Cet ordre, le plus beau de la campagne, celui auquel il faut en attribuer tous les résultats, partit le 11 floréal (30 avril) des bureaux du comité de salut public.

Pendant ce temps, Cobourg avait pris Landrecies. N'attachant pas une assez grande importance à la défaite de Clerfayt, il se contenta de détacher le duc d'York vers Lamain, entre Tournay et Lille.

Clerfayt s'était porté dans la West-Flandre, entre la gauche avancée des Français et la mer ; de cette manière, il était encore plus éloigné qu'auparavant de la grande armée, et du secours que lui apportait le duc d'York. Les Français échelonnés à Lille, Menin et Courtray, formaient une colonne avancée en Flandre ; Clerfayt, transporté à Thielt, se trouvait entre la mer et cette colonne ; le duc d'York, posté à Lamain, devant Tournay, était entre cette colonne et la grande masse coalisée. Clerfayt voulut faire une tentative sur Courtray, et vint l'attaquer le 21 floréal (10 mai). Souham se trouvait dans ce moment en arrière de Courtray ; il fit promptement ses dispositions, revint dans la place au secours de Vandamme, et, tandis qu'il préparait une sortie, il détacha Macdonald et Malbranck sur Menin, pour y passer la Lys, et venir tourner Clerfayt. Le combat se livra le 22 (11 mai). Clerfayt avait fait sur la chaussée de Bruges et dans les faubourgs les meilleures dispositions ; mais nos jeunes réquisitionnaires bravèrent hardiment le feu des maisons et des batteries, et après un choc violent, obligèrent Clerfayt à se retirer. Quatre mille hommes des deux partis couvrirent le champ de bataille; et si, au lieu de tourner l'ennemi du côté de Menin, on l'avait tourné du côté opposé, on aurait pu lui couper sa retraite sur la Flandre.

C'était la seconde fois que Clerfayt était battu par notre aile gauche victorieuse. Notre aile droite, sur la Sambre, n'était pas aussi heureuse. Commandée par plusieurs généraux, qui délibéraient en conseil de guerre avec les représentans Saint-Just et Lebas, elle ne fut pas aussi bien dirigée que les deux divisions commandées par Souham et Moreau. Kléber et Marceau, qu'on y avait transportés de la Vendée, auraient pu la conduire à la victoire, mais leurs avis étaient peu écoutés. Le mouvement prescrit à cette aile droite consistait à passer la Sambre pour se diriger sur Mons. Un premier passage fut tenté le 20 floréal (9 mai); mais les dispositions nécessaires n'ayant pas été faites sur l'autre rive, l'armée ne put s'y maintenir, et fut obligée de repasser la Sambre en désordre. Le 22, Saint-Just voulut tenter un nouveau passage, malgré le mauvais succès du premier. Il eût bien mieux valu attendre l'arrivée de Jourdan, qui, avec ses quarante-cinq mille hommes, devait rendre les succès de l'aile droite infaillibles. Mais Saint-Just ne voulait ni hésitation ni retard; et il fallut obéir à ce proconsul terrible. Le nouveau passage ne fut pas plus heureux. L'armée franchit une seconde fois la Sambre; mais, attaquée encore sur l'autre rive, avant de s'y être solidement établie, elle eût été perdue, sans la bravoure de Marceau et la fermeté de Kléber.

Ainsi, depuis un mois, on se battait de Maubeuge jusqu'à la mer, avec un acharnement incroyable, et sans succès décisifs. Heureux à la gauche, nous étions malheureux à la droite; mais nos troupes se formaient, et le mouvement habile et hardi prescrit à Jourdan préparait des résultats immenses.

Le plan de Mack était devenu inexécutable. Le général prussien Moellendorf refusait de se rendre sur la Sambre, et disait n'avoir pas d'ordre de sa cour. Les négociateurs anglais étaient allés faire expliquer le cabinet prussien sur le traité de La Haye, et, en attendant, Cobourg, menacé sur l'une de ses ailes, avait été obligé de dissoudre son centre à l'exemple de Pichegru. Il avait renforcé Kaunitz sur la Sambre, et porté le gros de son armée vers la Flandre, aux environs de Tournay. Une action décisive se préparait donc à la gauche, car le moment approchait où de grandes masses allaient s'aborder et se combattre.

On conçut alors dans l'état-major autrichien un plan qui fut appelé *de destruction*, et qui avait pour but de couper l'armée française de Lille, de l'envelopper et de l'anéantir. Une pareille opération était possible, car les coalisés pouvaient faire agir près de cent mille hommes contre soixante-dix, mais ils firent des dispositions singulières pour arriver à ce but. Les Français étaient toujours distribués comme il suit : Souham et Moreau à Menin et Courtray, avec cinquante mille hommes, et Bonnaud aux environs de Lille avec vingt. Les coalisés étaient toujours répartis sur les deux flancs de cette ligne avancée; la division de Clerfayt à gauche dans la West-Flandre, la masse des coalisés à droite du côté de Tournay. Les coalisés résolurent de faire un effort concentrique sur Turcoing, qui sépare Menin et Courtray de Lille. Clerfayt dut y marcher de la West-Flandre, en passant par Werwick et Lincelles. Les généraux de Busch, Otto et le duc d'York eurent ordre d'y marcher du côté opposé, c'est-à-dire de Tournay. De Busch devait se rendre à Moucroën, Otto à Turcoing même, et le duc d'York, s'avançant sur Roubaix et Mouvaux, devait donner la main à Clerfayt. Par cette dernière jonction, Souham et Moreau se trouvaient coupés de Lille. Le général Kinsky et l'archiduc Charles étaient chargés, avec deux fortes colonnes, de replier Bonnaud dans Lille. Ces dispositions, pour réussir, exigeaient un ensemble de mouvemens impossible à obtenir. La plupart de ces corps, en effet, partaient de points extrêmement éloignés, et Clerfayt avait à marcher au travers de l'armée française.

Ces mouvemens devaient s'exécuter le 28 floréal (17 mai). Pichegru s'était porté dans ce moment à l'aile droite de la Sambre, pour y réparer les échecs que cette aile venait d'essuyer. Souham et Moreau dirigeaient l'armée en l'absence de Pichegru. Le premier signe des projets des coalisés leur fut donné par la marche de Clerfayt sur Werwick; ils se portèrent aussitôt de ce côté; mais, en apprenant que la masse de l'ennemi arrivait du côté opposé, et menaçait leurs communications, ils prirent une résolution prompte et habile : ce fut de diriger un effort sur Turcoing pour s'emparer de cette position décisive entre Menin et Lille. Moreau resta avec la division Vandamme devant Clerfayt, afin de ralentir sa marche, et Souham marcha sur Turcoing avec quarante-cinq mille hommes. Les communications avec Lille n'étant pas encore interrompues, on put ordonner à Bonnaud de se porter de son côté sur Turcoing, et de faire un effort puissant pour conserver la communication de cette position avec Lille. Les dispositions des généraux français eurent un plein succès. Clerfayt n'avait pu s'avancer que lentement; retardé à Werwick, il n'arriva pas à Lincelles au jour convenu. Le général de Busch s'était d'abord emparé de Moucroën; mais il avait éprouvé ensuite un léger échec, et Otto, s'étant morcelé pour le secourir, n'était pas resté assez en forces à Turcoing; enfin le duc d'York s'était avancé à Roubaix et à Mouvaux, sans voir venir Clerfayt, et sans pouvoir se lier à lui; Kinsky et l'archiduc Charles n'arrivèrent vers Lille que fort tard dans la journée du 28 (17 mai). Le lendemain matin 29 (18 mai), Souham marcha vivement sur Turcoing, culbuta tout ce qui se rencontra devant lui, et s'empara de cette position importante. De son côté, Bonnaud, marchant de Lille sur le duc d'York, qui devait s'interposer entre cette place et Turcoing, le trouva morcelé sur une ligne étendue. Les Anglais, quoique surpris, voulurent résister; mais nos jeunes réquisitionnaires, marchant avec ardeur, les obligèrent à céder et à fuir en jetant leurs armes. La déroute fut telle, que le duc d'York, courant à toute bride, ne dut son salut qu'à la vitesse de son cheval. Dès ce moment la confusion devint générale chez les coalisés, et l'empereur d'Autriche, des hauteurs de Templeuve, vit toute son armée en fuite. Pendant ce temps, l'archiduc Charles, mal averti, mal placé, demeurait inactif au-dessous de Lille, et Clerfayt, arrêté vers la Lys, était réduit à se retirer. Telle fut l'issue de ce *plan de destruction*. Il nous valut plusieurs milliers de prisonniers, beaucoup de matériel, et le prestige d'une grande victoire, remportée avec soixante-dix mille hommes sur près de cent mille.

Pichegru arriva lorsque la bataille était gagnée. Tous les corps coalisés se replièrent sur Tournay, et Clerfayt, regagnant la Flandre, reprit sa position de Thielt. Pichegru profita mal de cette importante victoire. Les coalisés s'étaient groupés près de Tournay, ayant leur droite appuyée à l'Escaut. Le général français voulut faire enlever quelques fourrages qui remontaient l'Escaut, et fit combattre toute l'armée pour ce but puéril. S'approchant du fleuve, il resserra les coalisés dans leur position demi-circulaire de Tournay. Bientôt tous ses corps se trouvèrent successivement engagés sur ce demi-cercle. Le combat le plus vif fut livré à Pont-à-Chin, le long de l'Escaut. Il y eut pendant douze heures un carnage affreux, et sans aucun résultat possible. Il périt des deux côtés sept à huit mille hommes. L'armée française se replia après avoir brûlé quelques bateaux, et en perdant une partie de l'ascendant que la bataille de Turcoing lui avait valu.

Cependant nous pouvions nous considérer comme victorieux en Flandre, et la nécessité où se trouvait Cobourg de porter des renforts ailleurs allait y rendre notre supériorité plus décidée. Sur la Sambre, Saint-Just avait voulu opérer un troisième passage, et investir Charleroi; mais Kaunitz, renforcé, avait fait lever le siége au moment même où, par bonheur, Jourdan arrivait avec toute l'armée de la Moselle. Dès ce moment quatre-vingt-dix mille hommes allaient agir sur la ligne véritable d'opérations, et terminer les hésitations de la victoire. Au Rhin, il ne s'était rien passé d'important. Seulement, le général Moëllendorf, profitant de la diminution de nos forces sur ce point, nous avait enlevé le poste de Kayserslautern; mais il était rentré dans l'inaction aussitôt après cet avantage. Ainsi, dès le mois de prairial (fin de mai), et sur toute la ligne du Nord, nous avions non-seulement résisté à la coalition, mais triomphé d'elle en plusieurs rencontres; nous avions remporté une grande victoire, et nous nous avancions sur deux ailes dans la Flandre et sur la Sambre. La perte de Landrecies n'était rien auprès de ces avantages et de ceux que la situation présente nous assurait.

La guerre de la Vendée n'avait pas entièrement fini après la déroute de Savenay. Trois chefs s'étaient sauvés, La Rochejaquelein, Stofflet et Marigny. Outre ces trois chefs, Charette, qui, au lieu de passer la Loire, avait pris l'île de Noirmoutiers, restait dans la Basse-Vendée. Mais cette guerre se bornait maintenant à de simples escarmouches, et n'avait plus rien d'inquiétant pour la république. Le général Turreau avait reçu le commandement de l'Ouest. Il avait partagé l'armée disponible en colonnes mobiles qui parcouraient le pays, en se dirigeant concentriquement sur un même point; elles battaient les bandes fugitives, et, quand elles n'avaient pas à se battre, elles exécutaient le décret de la convention, c'est-à-dire, brûlaient les forêts et les villages, et enlevaient la population pour la transporter ailleurs. Plusieurs engagemens avaient eu lieu, mais sans grands résultats. Haxo, après avoir repris sur Charette les îles de Noirmoutiers et de Bouin, avait espéré plusieurs fois de se saisir de lui; mais ce partisan hardi lui échappait toujours et reparaissait bientôt sur le champ de bataille, avec une constance non moins admirable que son adresse. Cette malheureuse guerre n'était plus désormais qu'une guerre de dévastation. Le général Turreau fut contraint de prendre une mesure cruelle, c'était d'ordonner aux habitans des bourgs d'abandonner le pays, sous peine d'être traités en ennemis s'ils y restaient. Cette mesure les réduisait ou à quitter le sol sur lequel ils avaient tous leurs moyens d'existence, ou à se soumettre aux exécutions militaires. Tels sont les inévitables maux des guerres civiles.

La Bretagne était devenue le théâtre d'un nouveau genre de guerre, la guerre des Chouans. Déjà cette province avait montré quelques dispositions à imiter la Vendée; cependant le penchant à s'insurger n'étant pas aussi général, quelques individus seulement, profitant de la nature des lieux, s'étaient livrés à des brigandages isolés. Bientôt les débris de la colonne vendéenne qui avait passé en Bretagne accrurent le nombre de ces partisans. Leur principal établissement était dans la forêt du Perche, et ils parcouraient le pays en troupes de quarante ou cinquante, attaquant quelquefois la gendarmerie, faisant contribuer les petites communes, et commettant ces désordres au nom de la cause royale et catholique. Mais la véritable guerre était finie, et il ne restait plus qu'à déplorer les calamités particulières qui affligeaient ces malheureuses provinces.

Aux colonies et sur mer, la guerre n'était pas moins active que sur le continent. Le riche établissement de Saint-Domingue avait été le théâtre des plus grandes horreurs dont l'histoire fasse mention. Les blancs avaient embrassé avec enthousiasme la cause de la révolution, qui, selon eux, devait amener leur indépendance de la métropole; les mulâtres ne l'avaient pas embrassée avec moins de chaleur, mais ils en espéraient autre chose que l'indépendance politique de la colonie, et ils aspiraient aux droits de bourgeoisie qu'on leur avait toujours refusés. L'assemblée constituante avait reconnu les droits des mulâtres ; mais les blancs, qui ne voulaient de la révolution que pour eux, s'étaient alors révoltés, et la guerre civile avait commencé entre l'ancienne race des hommes libres et les affranchis. Profitant de cette guerre, les nègres avaient paru à leur tour sur la scène, et s'y étaient annoncés par le feu et le sang. Ils avaient égorgé leurs maîtres et incendié leurs propriétés Dès ce moment, la colonie se trouva livrée à la plus horrible confusion ; chaque parti reprochait à l'autre le nouvel ennemi qui venait de se présenter, et l'accusait de lui avoir donné des armes. Les nègres, sans se ranger encore pour aucune cause, ravageaient le pays. Bientôt cependant, excités par les envoyés de la partie espagnole, ils prétendirent servir la cause royale. Pour ajouter encore à la confusion, les Anglais étaient intervenus. Une partie des blancs les avaient appelés dans un moment de danger, et leur avaient cédé le fort important de Saint-Nicolas. Le commissaire Santhonax, aidé surtout des mulâtres et d'une partie des blancs, résista à l'invasion des Anglais, et ne trouva enfin qu'un moyen de la repousser : ce fut de reconnaître la liberté des nègres qui se déclareraient pour la république. La convention avait confirmé cette mesure et proclamé par un décret tous les nègres libres. Dès cet instant, une portion d'entre eux, qui servaient la cause royale, passèrent du côté des républicains; et les Anglais, retranchés dans le fort de Saint-Nicolas, n'eurent plus aucun espoir d'envahir cette riche possession, qui, long-temps ravagée, devait enfin n'appartenir qu'à elle-même. La Guadeloupe, après avoir été prise et reprise, nous était enfin restée, mais la Martinique était définitivement perdue.

Tels étaient les désordres des colonies. Sur l'Océan se passait un événement important; c'était l'arrivée de ce convoi d'Amérique si impatiemment attendu dans nos ports. L'escadre de Brest, au nombre de trente vaisseaux, était sortie, comme on l'a vu, avec l'ordre de croiser, et de ne combattre que dans le cas où le salut du convoi l'exigerait impérieusement. Nous avons déjà dit que Jean-Bon-Saint-André était à bord du vaisseau amiral; que Villaret-Joyeuse avait été fait, de simple capitaine, chef d'escadre; que des paysans n'ayant jamais vu la mer avaient été placés dans les équipages; et que ces matelots, ces officiers, ces amiraux d'un jour, étaient chargés de lutter contre la vieille marine anglaise. L'amiral Villaret-Joyeuse appareilla le 1er prairial (20 mai), et fit voile vers les îles Coves et Flores pour attendre le convoi. Il prit en route beaucoup de vaisseaux de commerce anglais, et les capitaines lui disaient : *Vous nous prenez en détail, mais l'amiral Howe va vous prendre en gros.* En effet, cet amiral croisait sur les côtes de la Bretagne et de la Normandie, avec trente-trois vaisseaux et douze frégates. Le 9 prairial (28 mai), l'escadre française aperçut une flotte. Les équipages impatiens regardaient grossir à l'horizon ces points noirs; et, lorsqu'ils reconnurent les Anglais, ils poussèrent des cris d'enthousiasme, et demandèrent le combat avec cette chaleur de patriotisme qui a toujours distingué nos habitans des côtes. Quoique les instructions données au général ne lui permissent de se battre que pour sauver le convoi, cependant Jean-Bon-Saint-André, entraîné lui-même par l'enthousiame universel, consentit au combat, et fit donner l'ordre de s'y préparer. Vers le soir, un vaisseau de l'arrière-garde, *le Révolutionnaire*, qui avait diminué de voiles, se trouva engagé contre les Anglais, fit une résistance opiniâtre, perdit son capitaine, et fut obligé de se faire remorquer à Rochefort. La nuit empêcha l'action de devenir générale.

Le lendemain 10 (29 mai), les deux escadres se trouvèrent en présence. L'amiral anglais manœuvra contre notre arrière-garde. Le mouvement que nous fîmes pour la protéger amena l'engagement général. Les Français ne manœuvrant pas aussi bien, deux de leurs vaisseaux, *l'Indomptable* et *le Tyrannicide*, se trouvèrent en présence de forces supérieures, et se battirent avec un courage opiniâtre. Villaret-Joyeuse donna l'ordre de secouru es vaisseaux engagés; mais ses ordres n'étant ni bien compris, ni bien exécutés, il se porta seul en avant, au risque de n'être pas suivi. Cependant il le fut bientôt après : toute notre escadre s'avança sur l'escadre ennemie, et l'obligea de reculer. Malheureusement nous avions perdu l'avantage du vent; nous fîmes un feu terrible sur les Anglais, mais nous ne pûmes pas les poursuivre. Il nous resta cependant les deux vaisseaux et le champ de bataille.

Le 11 et le 12 (30 et 31 mai), une brume épaisse enveloppa les deux armées navales. Les Français tâchèrent d'entraîner les Anglais au nord et à l'ouest de la route que devait suivre le convoi. Le 13, la brume se dissipa; un soleil éclatant éclaira les deux flottes. Les Français n'avaient plus que vingt-six vaisseaux, tandis que leurs ennemis en avaient trente-six; ils demandaient de nouveau le combat, et il convenait de céder à leur ardeur pour occuper les Anglais, et les éloigner de la route du convoi, qui devait passer sur le champ de bataille du 10.

Ce combat, l'un des plus mémorables dont l'Océan ait été le témoin, commença à neuf heures du matin. L'amiral Howe s'avança pour couper notre ligne. Une fausse manœuvre du vaisseau *la Montagne* lui permit d'y pénétrer, d'isoler notre aile gauche, et de l'accabler de toutes ses forces.

Notre droite et notre avant-garde restèrent isolées. L'amiral voulait les rallier à lui pour se reporter sur l'escadre anglaise, mais il avait perdu l'avantage du vent, et resta cinq heures sans pouvoir se rapprocher du champ de bataille. Pendant ce temps, les vaisseaux engagés se battaient avec un héroïsme extraordinaire. Les Anglais, supérieurs dans la manœuvre, perdaient leur avantage dans les luttes de vaisseau à vaisseau, trouvaient des feux terribles et des abordages formidables. C'est au milieu de cette action acharnée que le vaisseau *le Vengeur*, démâté, à moitié détruit, et près de couler, refusa d'amener son pavillon, au risque de s'abîmer sous les eaux. Les Anglais cessèrent les premiers le feu, et se retirèrent étonnés d'une pareille résistance. Ils avaient pris six de nos vaisseaux. Le lendemain Villaret-Joyeuse, ayant réuni son avant-garde et sa droite, voulait fondre sur eux et leur enlever leur proie. Les Anglais, fort endommagés, nous auraient peut-être cédé la victoire. Jean-Bon-Saint-André s'opposa à un nouveau combat malgré l'enthousiasme des équipages. Les Anglais purent donc regagner paisiblement leurs ports; ils y rentrèrent épouvantés de leur victoire, et pleins d'admiration pour la bravoure de nos jeunes marins. Mais le but essentiel de ce terrible combat était rempli. L'amiral Venstabel avait traversé, pendant cette journée du 13, le champ de bataille du 10, l'avait trouvé couvert de débris; et était entré heureusement dans les ports de France.

Ainsi, victorieux aux Pyrénées et aux Alpes, menaçans dans les Pays-Bas, héroïques sur mer, et assez forts pour disputer chèrement une victoire navale aux Anglais, nous commencions l'année 1794 de la manière la plus brillante et la plus glorieuse.

CHAPITRE XXI.

SITUATION INTÉRIEURE AU COMMENCEMENT DE L'ANNÉE 1794. — TRAVAUX ADMINISTRATIFS DU COMITÉ. — LOIS DES FINANCES. — CAPITALISATION DES RENTES VIAGÈRES. — ÉTAT DES PRISONS. — PERSÉCUTIONS POLITIQUES. — NOMBREUSES EXÉCUTIONS. — TENTATIVE D'ASSASSINAT SUR ROBESPIERRE ET COLLOT-D'HERBOIS. — DOMINATION DE ROBESPIERRE. — LA SECTE DE LA *mère de Dieu*. — DES DIVISIONS SE MANIFESTENT ENTRE LES COMITÉS. — FÊTE A L'ÊTRE SUPRÊME. — LOI DU 22 FRIMAIRE RÉORGANISANT LE TRIBUNAL RÉVOLUTIONNAIRE. — TERREUR EXTRÊME. — GRANDES EXÉCUTIONS A PARIS. — MISSIONS DE LEBON, CARRIER ET MAIGNET; CRUAUTÉS ATROCES COMMISES PAR EUX. — NOYADES DANS LA LOIRE. — RUPTURE ENTRE LES CHEFS DU COMITÉ DE SALUT PUBLIC; RETRAITE DE ROBESPIERRE.

Tandis qu'au dehors la république était victorieuse, son état intérieur n'avait pas cessé d'être violent. Ses maux étaient toujours les mêmes : c'étaient les assignats, le *maximum*, la rareté des subsistances, la loi des suspects, les tribunaux révolutionnaires.

Les embarras résultant de la nécessité de régler tous les mouvemens du commerce n'avaient fait que s'accroître. On était obligé de modifier sans cesse la loi du *maximum*; il fallait en excepter tantôt les fils retors et leur accorder dix pour cent au-dessus du tarif; tantôt les épingles, les baptistes, les linons, les mousselines, les gazes, les dentelles de fil et de soie, les soies et les soieries. Mais tandis qu'il fallait excepter du *maximum* une foule d'objets, il en était d'autres qu'il devenait urgent d'y soumettre. Ainsi, le prix des chevaux étant devenu excessif, on n'avait pu s'empêcher d'en déterminer la valeur suivant la taille et la qualité. De ces moyens résultait toujours le même inconvénient. Le commerce s'arrêtait et fermait ses marchés, ou bien s'en ouvrait de clandestins; et ici l'autorité devenait impuissante. Si par les assignats elle avait pu réaliser la valeur des biens nationaux, et si par le *maximum* elle avait pu mettre les assignats en rapport avec les marchandises, il n'y avait aucun moyen d'empêcher les marchandises de se supprimer ou de se cacher aux acheteurs. Aussi les plaintes ne cessaient de s'élever contre les marchands qui se retiraient, ou qui fermaient leurs magasins.

Cependant l'état des subsistances causait moins d'inquiétude cette année. Les convois arrivés du nord de l'Amérique, et une récolte abondante, avaient fourni une quantité suffisante de grains pour la consommation de la France. Le comité, administrant toutes choses avec la même vigueur, avait ordonné que le recensement de la récolte serait fait par la commission des subsistances, et qu'une partie des grains serait battue sur-le-champ pour suffire aux approvisionnemens des marchés. On avait eu quelque crainte de voir les moissonneurs errans qui se déplacent pour se rendre dans les provinces à grains, exiger des salaires extraordinaires ; le comité déclara que tous les citoyens et citoyennes connus pour s'employer aux travaux des récoltes étaient en réquisition forcée, et que leurs salaires seraient déterminés par les autorités locales. Bientôt des garçons bouchers et boulangers s'étant mutinés, le comité prit une mesure plus générale, et mit en réquisition les ouvriers de toute espèce, qui s'employaient à la manipulation, au transport et au débit des marchandises de première nécessité.

Les approvisionnemens en viande étaient beaucoup plus difficiles et plus inquiétans. On en manquait surtout à Paris; et, depuis le moment où les hébertistes avaient voulu se servir de cette disette pour exciter un mouvement, le mal n'avait fait que s'accroître. On fut obligé de mettre la ville de Paris à la ration de viande. La commission des subsistances fixa la consommation journalière à soixante-quinze bœufs, cent cinquante quintaux de veau et de mouton, et deux cents cochons. Elle se procurait les bestiaux nécessaires, et les envoyait à l'hospice de l'Humanité, qui était désigné comme l'abattoir commun, et comme le seul autorisé. Les bouchers nommés par chaque section venaient y chercher la viande qui leur était destinée, et en recevaient une quantité proportionnée à la population qu'ils avaient à servir. Tous les cinq jours, ils devaient distribuer à chaque famille une demi-livre de viande par tête. On employait encore ici la ressource des cartes, délivrées par les comités révolutionnaires, pour la distribution du pain, et portant le nombre d'individus dont se composait chaque famille. Pour éviter les tumultes et les longues veilles, défense était faite de se rendre avant six heures du matin à la porte des bouchers.

L'insuffisance de ces règlemens se fit bientôt sentir; déjà il s'était établi, comme nous l'avons dit ailleurs, des boucheries clandestines. Le nombre en devint tous les jours plus grand. Les bestiaux n'avaient pas le temps d'arriver aux marchés de Neubourg, Poissy et Sceaux; les bouchers des campagnes les devançaient, et venaient les acheter dans les herbages même. Profitant de la négligence des communes rurales dans l'exécution de la loi, ces bouchers vendaient au-dessus du *maximum*, et fournissaient tous les habitans des grandes communes, et particulièrement ceux de Paris, qui ne se contentaient pas de la demi-livre distribuée tous les cinq jours. De cette manière, les bouchers de campagne absorbaient le commerce de ceux des villes, qui n'avaient presque plus rien à faire depuis qu'ils étaient bornés à distribuer les rations. Plusieurs d'entre eux demandèrent même une loi qui les autorisât à résilier les baux de leurs boutiques. Il fallut alors porter de nouveaux règlemens pour empêcher que les bestiaux fussent détournés des marchés; et on obligea les propriétaires d'herbages à des déclarations et à des formalités extrêmement gênantes. On fut forcé de descendre à des détails bien plus minutieux encore; le bois et le charbon n'arrivant plus, à cause du *maximum*, ce qui donnait lieu à des soupçons d'accaparement, on défendit d'avoir chez soi plus de quatre voies de bois, et plus de deux voies de charbon.

Le nouveau gouvernement suffisait avec une activité singulière à toutes les difficultés de la carrière où il se trouvait engagé. Tandis qu'il rendait ces règlemens si multipliés, il s'occupait de réformer l'agriculture, de changer la législation du fermage, pour diviser l'exploitation des terres; d'introduire les nouveaux assolemens, les prairies artificielles et l'éducation des bestiaux; il décrétait l'institution de jardins botaniques, dans tous les chefs-lieux de département, pour naturaliser les plantes exotiques, former des pépinières d'arbres de toute espèce, et ouvrir des cours d'agriculture à l'usage et à la portée des cultivateurs; il ordonnait le dessèchement général des marais, d'après un plan vaste et bien conçu; il décidait que l'état ferait les avances de cette grande entreprise, et que les propriétaires dont les terres seraient desséchées et assainies paieraient un droit, ou céderaient leurs terres moyennant un prix déterminé; enfin, il engageait tous les architectes à présenter des plans pour rebâtir les villages en démolissant les châteaux; il ordonnait des embellissemens pour rendre le jardin des Tuileries plus commode au public; il demandait à tous les artistes un projet pour changer la salle d'Opéra en une arène couverte, où le peuple s'assemblerait en hiver.

Ainsi donc, il exécutait ou du moins essayait presque tout à la fois; tant il est vrai que c'est lorsqu'on a le plus à faire, qu'on est le plus capable de beaucoup faire! Le soin des finances n'était pas le moins difficile et le moins inquiétant de tous. On a vu quelles ressources furent imaginées, au mois d'août 1793, pour remettre les assignats en valeur, en les retirant en partie de la circulation. Le milliard retiré par l'emprunt forcé, et les victoires qui terminèrent la campagne de 1793, les relevèrent, et, comme nous l'avons dit ailleurs, ils remontèrent presque au pair, grâce aux lois terribles qui rendaient la possession du numéraire si dangereuse. Cependant cette apparente prospérité dura peu; les assignats retombèrent bientôt, et la quantité des émissions les déprécia rapidement. Il en rentrait bien une partie par les ventes des biens nationaux, mais cette rentrée était insuffisante. Les biens se vendaient au-dessus de l'estimation, ce qui n'avait rien d'étonnant, car l'estimation avait été faite en argent, et le paiement se faisait en assignats. De cette manière, le prix était réellement fort au-dessous de l'estimation, quoiqu'il parût être au-dessus. D'ailleurs, cette absorption des assignats ne pouvait être que lente, tandis que l'émission était nécessairement immense et rapide. Douze cent mille hommes à solder et à armer, un matériel à créer, une marine à construire, avec un papier déprécié, exigeaient des quantités énormes de ce papier. Cette ressource étant devenue la seule, et le capital des assignats, d'ailleurs, s'augmentant chaque jour par les confiscations, on se résigna à en user autant que le besoin le réclamerait. On abolit la distinction entre la caisse de l'ordinaire et de l'extraordinaire, l'une réservée au produit des impôts, l'autre à la création des assignats. On confondit les deux natures de ressources, et chaque fois que le besoin l'exigeait, on suppléait au revenu par des émissions nouvelles. Au commencement de 1794 (an II), la somme totale des émissions s'était accrue du double. Près de quatre milliards avaient été ajoutés à la somme qui existait déjà, et l'avaient portée à environ huit milliards. En retranchant les sommes rentrées et brûlées, et celles qui n'avaient pas encore été dépensées, il restait en circulation réelle cinq milliards cinq cent trente six millions. On décréta, en messidor an II (juin 1794), la création d'un nouveau milliard d'assignats de toute valeur depuis 1,000 francs jusqu'à 15 sous. Le comité des finances eut encore recours à l'emprunt forcé sur les riches. On se servit des rôles de l'année précédente, et on imposa à ceux qui étaient portés sur ces rôles une contribution extraordinaire de guerre, du dixième de l'emprunt forcé, c'est-à-dire de cent millions. Cette somme ne leur fut pas imposée à titre d'emprunt remboursable, mais à titre d'impôt qui devait être payé par eux sans retour.

Pour compléter l'établissement du Grand-Livre, et le projet d'uniformiser la dette publique, il restait à *capitaliser* les rentes viagères, et à les convertir en une *inscription*. Ces rentes de toute espèce et de toute forme étaient l'objet de l'agiotage le plus compliqué; comme les anciens contrats sur l'état, elles avaient l'inconvénient de reposer sur un titre royal, et d'obtenir une préférence marquée sur les valeurs républicaines; car on se disait toujours que si la république consentait à payer les dettes de la monarchie, la monarchie ne consentirait pas à payer celles de la république. Cambon acheva donc son grand ouvrage de la régénération de la dette, en proposant et en faisant rendre la loi qui capitalisait les rentes viagères; les titres devaient être remis par les notaires, et brûlés ensuite, comme l'avaient été les contrats. Le capital fourni autrefois par le rentier était converti en une inscription, et portait un intérêt perpétuel de cinq pour cent, au lieu d'un revenu viager. Cependant, par égard pour les vieillards et les rentiers peu fortunés, qui avaient voulu doubler leurs ressources en les rendant viagères, on conserva les rentes modiques, en les proportionnant à l'âge des individus. De quarante à cinquante ans, on laissa exister toute rente de quinze cents à deux mille francs; de cinquante à soixante, toute rente de trois mille à quatre mille; et ainsi de suite jusqu'à l'âge de cent ans, et jusqu'à la somme de 10,500 francs. Si le rentier compris dans les cas ci-dessus avait une rente supérieure au taux désigné, le surplus était capitalisé. Certes, on ne pouvait garder plus de ménagemens pour les fortunes médiocres et la vieillesse; cependant aucune loi ne donna lieu à plus de réclamations et de plaintes, et la convention essuya, pour une mesure sage et ménagée avec humanité, plus de blâme que pour les mesures terribles qui signalaient chaque jour sa dictature. Les agioteurs étaient fort contrariés, parce que la loi exigeait, pour reconnaître les créances, les certificats de vie. Les porteurs de titres d'émigrés ne pouvaient pas se procurer aisément ces certificats; aussi les agioteurs, qui étaient lésés par cette condition, firent de grandes déclamations au nom des vieillards et des infirmes; ils disaient qu'on ne respectait ni l'âge ni l'indigence; ils persuadaient aux rentiers qu'ils ne seraient pas payés, parce que l'opération et les formalités qu'elle exigeait entraîneraient des délais interminables; cependant il n'en fut rien. Cambon fit modifier quelques clauses du décret, et, veillant sans cesse à la trésorerie, y fit exécuter le travail avec la plus grande promptitude. Les rentiers qui n'agiotaient pas sur les titres d'autrui, et qui vivaient de leur propre revenu, furent payés promptement; et, comme dit Barrère, au lieu d'attendre leur tour de paiement, dans des cours découvertes, et exposés à l'intempérie des saisons, ils l'attendaient dans les salles chaudes et couvertes de la trésorerie.

A côté de ces réformes utiles, les cruautés continuaient d'avoir leur cours. La loi qui expulsait les ex-nobles de Paris, des places fortes et maritimes, donnait lieu à une foule de vexations. Distinguer les vrais nobles, aujourd'hui que la noblesse était une calamité, n'était pas plus facile qu'à l'époque où elle avait été une prétention. Les roturières mariées à des nobles, et devenues veuves, les acheteurs de charges qui avaient pris le titre d'écuyers, réclamaient pour être exemptés d'une distinction qu'ils avaient autrefois avidement recherchée. Cette loi ouvrait donc une nouvelle carrière à l'arbitraire et aux vexations les plus tyranniques.

Les représentans en mission exerçaient leur autorité avec la dernière rigueur, et quelques-uns se livraient à des cruautés extravagantes et monstrueuses. A Paris, les prisons se remplissaient tous les jours davantage. Le comité de sûreté générale avait institué une police qui répandait la terreur en tous lieux. Le chef était un nommé Héron, qui avait sous sa direction une nuée d'agens, tous dignes de lui. Ils étaient ce qu'on appelait les *porteurs d'ordre* des comités. Les uns faisaient l'espionnage; les autres, munis d'ordres secrets, souvent même d'ordres en blanc, allaient faire des arrestations soit dans Paris, soit dans les provinces. On leur allouait des sommes pour chacune de leurs expéditions; ils en exigeaient en outre des prisonniers, et ils ajoutaient ainsi la rapine à la cruauté. Tous les aventuriers licenciés avec l'armée révolutionnaire, ou renvoyés des bureaux de Bouchotte, avaient passé dans ces nouveaux emplois, et en étaient devenus bien plus redoutables. Ils s'introduisaient partout; dans les promenades, les cafés, les spectacles; à chaque instant on se croyait poursuivi ou écouté par l'un de ces inquisiteurs. Grâce à leurs soins, le nombre des suspects avait été porté à sept ou huit mille dans Paris seulement. Les prisons n'offraient plus le même spectacle qu'autrefois; on n'y voyait plus les riches contribuant pour les pauvres, et des hommes de toute opinion, de tout rang, menant à frais communs une vie assez douce, et se consolant, par les plaisirs des arts, des rigueurs de la captivité. Ce régime avait paru trop supportable pour ce qu'on appelait des aristocrates; on avait prétendu que le luxe et l'abondance régnaient chez les suspects, tandis qu'au dehors le peuple était réduit à la ration; que les riches détenus se plaisaient à gaspiller des subsistances qui auraient pu servir à alimenter les citoyens indigens, et il avait été décidé que le régime des prisons serait changé. En conséquence il avait été établi des réfectoires et des tables communes; on donnait aux prisonniers, à des heures fixées et dans de grandes salles, une nourriture détestable et malsaine, qu'on leur faisait payer très cher. Il ne leur était plus permis d'acheter des alimens pour suppléer à ceux qu'ils ne pouvaient pas manger. On faisait des visites, on leur enlevait leurs assignats, et on leur ôtait ainsi tout moyen de se procurer des soulagemens. On ne leur donnait plus la même liberté de se voir et de vivre en commun ; et aux tourmens de l'isolement venaient s'ajouter les terreurs de la mort, qui devenait chaque jour plus active et plus prompte. Le tribunal révolutionnaire commençait, depuis le procès des hébertistes et des dantonistes, à immoler les victimes par troupes de vingt à la fois. Il avait condamné la famille des Malesherbes, et leur parenté, au nombre de quinze ou vingt personnes. Le respectable chef de cette maison était allé à la mort avec la sérénité et la gaieté d'un sage. Faisant un faux pas tandis qu'il marchait à l'échafaud, il avait dit : « Ce faux pas est d'un mauvais augure; un Romain serait rentré chez lui. » Aux Malesherbes avaient été joints vingt-deux membres du parlement. Le parlement de Toulouse fut immolé presque tout entier. Enfin les fermiers-généraux venaient d'être mis en jugement à cause de leurs anciens marchés avec le fisc. On leur prouva que ces marchés renfermaient des conditions onéreuses à l'état, et le tribunal révolutionnaire les envoya à l'échafaud, pour des exactions sur le tabac, le sel, etc. Dans le nombre était un savant illustre, le chimiste Lavoisier, qui demanda en vain quelques jours de sursis pour écrire une découverte.

L'impulsion était donnée; on administrait, on combattait, on égorgeait avec un ensemble effrayant. Les comités, placés au centre, gouvernaient avec la même vigueur. La convention, toujours silencieuse, décernait des pensions aux veuves et aux enfans des soldats morts pour la patrie, réformait des jugemens de tribunaux, interprétait des décrets, réglait l'échange de certaines propriétés du domaine, s'occupait en un mot des soins les plus insignifians et les plus accessoires. Barrère venait tous les jours lui lire les rapports des victoires : il appelait ces rapports des *carmagnoles*. A la fin de chaque mois, il annonçait, pour la forme, que les pouvoirs des comités étaient expirés, et qu'il fallait les renouveler. Alors on lui répondait avec des applaudissemens que les comités n'avaient qu'à poursuivre leurs travaux. Quelquefois même il oubliait cette formalité, et les comités n'en restaient pas moins en fonctions.

C'est dans ces momens d'une soumission absolue que les ames exaspérées éclatent, et que les coups de poignard sont à redouter pour les autorités despotiques. Il se trouvait alors à Paris un homme, employé comme garçon de bureau à la loterie nationale, qui avait été autrefois au service de plusieurs grandes familles, et qui éprouvait une violente haine contre le régime actuel. Il était âgé de cinquante ans, et se nommait Ladmiral. Il avait formé le projet d'assassiner l'un des membres les plus influens du comité de salut public, Robespierre ou Collot-d'Herbois. Depuis quelque temps il s'était logé dans la même maison que Collot-d'Herbois, rue Favart, et il hésitait entre Collot et Robespierre. Le 3 prairial (22 mai), résolu de frapper Robespierre, il se rendit au comité de salut public, et l'attendit toute la journée dans la galerie qui aboutissait à la salle du comité. N'ayant pu l'y rencontrer, il était revenu chez lui, et s'était placé dans l'escalier afin de frapper Collot-d'Herbois. Vers minuit, Collot rentrait et montait son escalier, lorsque Ladmiral lui tire un coup de pistolet à bout portant. Le pistolet fait faux feu. Ladmiral tire un second coup, et l'arme se refuse encore à son dessein. Il tire une troisième fois ; cette fois le coup part, mais il n'atteint que les murailles; alors une lutte s'engage. Collot-d'Herbois crie à l'assassin. Heureusement pour lui une patrouille passait dans la rue, elle accourt à ce bruit; Ladmiral prend la fuite alors, remonte dans sa chambre, et s'y enferme. On le suit et on veut enfoncer la porte. Il déclare qu'il est armé, et qu'il va faire feu sur ceux qui se présenteront pour le saisir. Cette menace n'intimide pas la patrouille. On force la porte; un serrurier, nommé Geffroy, s'avance le premier, et reçoit un coup de fusil qui le blesse presque mortellement. Ladmiral est aussitôt arrêté et conduit en prison. Interrogé par Fouquier-Tinville, il raconte sa vie, ses projets, et les tentatives qu'il a faites pour frapper

Robespierre avant de songer à Collot-d'Herbois. On lui demande qui l'a porté à commettre ce crime. Il répond avec fermeté que ce n'est point un crime; que c'est un service qu'il a voulu rendre à son pays; que lui seul a conçu ce projet sans aucune suggestion étrangère, et que son unique regret est de n'avoir pas réussi.

Le bruit de cette tentative se répand avec rapidité, et, suivant l'usage, elle augmente la puissance de ceux contre lesquels elle était dirigée. Barrère s'empresse le lendemain, 4 prairial, de venir à la convention faire le récit de cette nouvelle machination de Pitt. « Les factions intérieures, « dit-il, ne cessent de correspondre avec ce gou- « vernement marchand de coalitions, acheteur d'as- « sassinats, qui poursuit la liberté comme sa plus « grande ennemie. Tandis que nous mettons à « l'ordre du jour la justice et la vertu, les tyrans « coalisés mettent à l'ordre du jour le crime et l'as- « sassinat. Partout vous trouverez le fatal génie « de l'Anglais : dans nos marchés, dans nos achats, « sur les mers, dans le continent, chez les roite- « lets de l'Europe comme dans nos cités. C'est la « même tête qui dirige les mains qui assassinent « Basseville à Rome, les marins français dans le « port de Gênes, les Français fidèles en Corse; « c'est la même tête qui dirige le fer contre Le- « pelletier et Marat, la guillotine sur Chalier,

« et les armes à feu sur Collot-d'Herbois. » Barrère produit ensuite des lettres de Londres et de Hollande qui ont été interceptées, et qui annoncent que les complots de Pitt sont dirigés contre les comités et particulièrement contre Robespierre. Une de ces lettres dit en substance : « Nous
« craignons beaucoup l'influence de Robespierre.
« Plus le gouvernement français républicain sera
« concentré, plus il aura de force, et plus il sera
« difficile de le renverser. »

Une pareille manière de présenter les faits était bien propre à exciter le plus vif intérêt en faveur des comités, et surtout de Robespierre, et à identifier leur existence avec celle de la république. Barrère raconte ensuite le fait avec toutes ses circonstances, parle de *l'empressement attendrissant* que les autorités constituées ont montré pour protéger la représentation nationale, et raconte en termes magnifiques la conduite du citoyen Geffroy, qui a reçu une blessure grave en saisissant l'assassin. La convention couvre d'applaudissemens le rapport de Barrère; elle ordonne des recherches pour s'assurer si Ladmiral n'aurait pas des complices; elle décrète des remerciemens pour le citoyen Geffroy, et décide, pour le récompenser, que le bulletin de ses blessures sera lu tous les jours à la tribune. Couthon fait ensuite un discours fulminant, pour demander que le rapport

de Barrère soit traduit en toutes les langues, et répandu dans tous les pays. « Pitt, Cobourg, s'é-
« crie-t-il, et vous tous, lâches et petits tyrans,
« qui regardez le monde comme votre héritage,
« et qui, dans les derniers instans de votre agonie,
« vous débattez avec tant de fureur, aiguisez, ai-
« guisez vos poignards; nous vous méprisons trop
« pour vous craindre, et vous savez bien que nous
« sommes trop grands pour vous imiter. » La salle retentit d'applaudissemens. Couthon ajoute: « Mais
« la loi dont le règne vous épouvante a son glaive
« levé sur vous: elle vous frappera tous. Le genre
« humain a besoin de cet exemple, et le ciel, que
« vous outragez, l'a ordonné! »

Collot-d'Herbois arrive alors comme pour recevoir les marques d'intérêt de l'assemblée; il est accueilli par des acclamations redoublées, et il a peine à se faire entendre. Robespierre, beaucoup plus adroit, ne paraît pas, et semble se soustraire aux hommages qui l'attendent.

Dans cette même journée du 4, une jeune fille, nommée Cécile Renault, se présente à la porte de Robespierre, avec un paquet sous le bras; elle demande à le voir; et insiste avec force pour être introduite auprès de lui. Elle dit qu'un fonctionnaire public doit toujours être prêt à recevoir ceux qui ont à l'entretenir, et finit même par injurier les hôtes de Robespierre, les Duplaix, qui ne voulaient pas la recevoir. Aux instances de cette jeune fille, et à son air étrange, on conçoit des soupçons ; on se saisit d'elle, et on la livre à la police. On ouvre son paquet, et on y trouve des hardes et deux couteaux. Aussitôt on prétend qu'elle a voulu assassiner Robespierre, on l'interroge ; elle s'explique avec autant d'assurance que Ladmiral. On lui demande ce qu'elle voulait de Robespierre, elle dit que c'était pour voir comment était fait un tyran. On la presse, on veut savoir pourquoi ce paquet, pourquoi ces hardes, ces couteaux ; elle répond qu'elle n'a voulu faire aucun usage des couteaux ; que quant aux hardes, elle s'en était munie parce qu'elle s'attendait à être conduite en prison, et de la prison à la guillotine. Elle ajoute qu'elle est royaliste, parce qu'elle aime mieux un roi que cinquante mille. On insiste davantage, on lui fait de nouvelles questions, mais elle refuse de répondre, et demande à être conduite à l'échafaud.

Il suffisait de ces indices pour en conclure que la jeune Renault était un des assassins armés contre Robespierre. A ce dernier fait vint s'en ajouter un autre. Le lendemain, à Choisy-sur-Seine, un citoyen racontait dans un café la tentative d'assassinat commise sur Collot-d'Herbois, et se réjouissait de ce qu'elle n'avait pas réussi. Un nommé Saintanax, moine, qui écoutait ce récit, répond qu'il est malheureux que ces scélérats du comité aient échappé, mais qu'il espère que tôt ou tard ils seront atteints. On s'empare sur-le-champ du malheureux, et on le traduit dans la nuit même à Paris. C'était plus qu'il n'en fallait pour supposer de vastes ramifications; on prétendit qu'il y avait une bande d'assassins préparée, on s'empressa d'accourir autour des membres du comité, on les engagea à se garder, et à veiller sur leurs jours si précieux à la patrie. Les sections s'assemblèrent, et envoyèrent de nouveau des députations et des adresses à la convention. Elles disaient que parmi les miracles que la Providence avait faits en faveur de la république, la manière dont Robespierre et Collot-d'Herbois venaient d'échapper aux coups des assassins n'était pas le moindre. L'une d'elles proposa même de fournir une garde de vingt-cinq hommes pour veiller sur les jours des membres du comité.

Le surlendemain était le jour où s'assemblaient les jacobins. Robespierre et Collot-d'Herbois s'y rendirent, et furent reçus avec un enthousiasme extrême. Quand le pouvoir a su s'assurer une soumission générale, il n'a qu'à laisser faire les âmes basses, elles viennent achever elles-mêmes l'œuvre de sa domination, et y ajouter un culte et des honneurs divins. On regardait Robespierre et Collot - d'Herbois avec une avide curiosité. —

« Voyez, disait-on, ces hommes précieux, le Dieu des hommes libres les a sauvés; il les a couverts de son égide, et les a conservés à la république! Il faut leur faire partager les honneurs que la France a décernés aux martyrs de la liberté; elle aura ainsi la satisfaction de les honorer, sans avoir à pleurer sur leur urne funèbre[1]. » Collot prend le premier la parole avec sa véhémence ordinaire, et dit que l'émotion qu'il éprouve dans le moment lui prouve combien il est doux de servir la patrie, même au prix des plus grands périls. « Il recueille, dit-il, « cette vérité que celui qui a couru quelque dan- « ger pour son pays reçoit de nouvelles forces du « fraternel intérêt qu'il inspire. Ces applaudisse- « mens bienveillans sont un nouveau pacte d'union « entre toutes les ames fortes. Les tyrans réduits « aux abois, et sentant leur fin approcher, veulent « en vain recourir aux poignards, au poison, au « guet-apens, les républicains ne s'intimideront « pas. Les tyrans ne savent-ils pas que lorsqu'un « patriote expire sous leurs coups, c'est sur sa « tombe que les patriotes qui lui survivent jurent « la vengeance du crime et l'éternité de la liberté? »

Collot achève au milieu des applaudissemens. Bentabolle demande que le président donne à Collot et à Robespierre l'accolade fraternelle, au nom

---

[1]. Voyez la séance des jacobins du 6 prairial.

de toute la société. Legendre, avec l'empressement d'un homme qui avait été ami de Danton, et qui était obligé à plus de bassesse pour faire oublier cette amitié, dit que la main du crime s'est levée pour frapper la vertu, mais que le Dieu de la nature a empêché que le forfait fût consommé. Il engage tous les citoyens à former une garde autour des membres du comité, et s'offre à veiller le premier sur leurs jours précieux. Dans ce moment, des sections demandent à être introduites dans la salle; l'empressement est extrême, mais la foule est si grande qu'on est obligé de les laisser à la porte.

On offrait au comité les insignes du pouvoir souverain, et c'était le moment de les repousser. Il suffit à des chefs adroits de se les faire offrir, et ils doivent se donner le mérite du refus. Les membres présens du comité combattent avec une indignation affectée la proposition de se donner des gardes. Couthon prend aussitôt la parole. Il s'étonne, dit-il, de la proposition qui vient d'être faite aux Jacobins, et qui l'a déjà été à la convention. Il veut bien l'attribuer à des intentions pures, mais il n'y a que des despotes qui s'entourent de gardes, et les membres du comité ne veulent point être assimilés à des despotes. Ils n'ont pas besoin de gardes pour les défendre. C'est la vertu, c'est la confiance du peuple et la Providence qui veillent sur leurs jours; il ne leur faut pas d'autres garanties pour leur sûreté. D'ailleurs ils sauront mourir à leur poste et pour la liberté.

Legendre se hâte de justifier sa proposition. Il dit qu'il n'a pas voulu précisément donner une garde organisée aux membres du comité, mais engager les bons citoyens à veiller sur leurs jours; que si du reste il s'est trompé, il se rétracte et que son intention a été pure. Robespierre lui succède à la tribune. C'est pour la première fois qu'il prend la parole. Des applaudissemens éclatent, et se prolongent long-temps; enfin on fait silence, et on lui permet de se faire entendre. « Je suis, dit-
« il, un de ceux que les événemens qui se sont
« passés doivent le moins intéresser, cependant
« je ne puis me défendre de quelques réflexions.
« Que les défenseurs de la liberté soient en butte
« aux poignards de la tyrannie, il fallait s'y at-
« tendre. Je l'avais déjà dit : si nous battons les
« ennemis, si nous déjouons les factions, nous se-
« rons assassinés. Ce que j'avais prévu est arrivé :
« les soldats des tyrans ont mordu la poussière,
« les traîtres ont péri sur l'échafaud, et les poi-
« gnards ont été aiguisés contre nous. Je ne sais
« quelle impression doivent vous faire éprouver
« ces événemens, mais voici celle qu'ils ont pro-
« duite sur moi. J'ai senti qu'il était plus facile de

« nous assassiner que de vaincre nos principes
« et de subjuguer nos armées. Je me suis dit que
« plus la vie des défenseurs du peuple est incertaine
« et précaire, plus ils doivent se hâter de remplir
« leurs derniers jours d'actions utiles à la liberté.
« Moi, qui ne crois pas à la nécessité de vivre, mais
« seulement à la vertu et à la Providence, je me
« trouve placé dans un état où sans doute les
« assassins n'ont pas voulu me mettre; je me sens
« plus indépendant que jamais de la méchanceté
« des hommes. Les crimes des tyrans et le fer des
« assassins m'ont rendu plus libre et plus redou-
« table pour tous les ennemis du peuple; mon ame
« est plus disposée que jamais à dévoiler les traîtres,
« et à leur arracher le masque dont ils osent se
« couvrir. Français, amis de l'égalité, reposez-vous
« sur nous du soin d'employer le peu de vie que la
« Providence nous accorde à combattre les enne-
« mis qui nous environnent ! » Les acclamations
redoublent après ce discours, et des transports
éclatent dans toutes les parties de la salle. Robespierre, après avoir joui quelques instants de cet
enthousiasme, prend encore une fois la parole
contre un membre de la société, qui avait demandé
qu'on rendît des honneurs civiques à Geffroy. Il
rapproche cette motion de celle qui tendait à donner des gardes aux membres des comités, et soutient que ces motions ont pour but d'exciter l'envie

et la calomnie contre le gouvernement, en l'accablant d'honneurs superflus. En conséquence il propose et fait prononcer l'exclusion contre celui qui avait demandé pour Geffroy les honneurs civiques.

Au degré de puissance auquel il était parvenu, le comité devait tendre à écarter les apparences de la souveraineté. Il exerçait une dictature absolue, mais il ne fallait pas qu'on s'en aperçût trop ; et tous les dehors, toutes les pompes du pouvoir, ne pouvaient que le compromettre inutilement. Un soldat ambitieux qui est maître par son épée, et qui veut un trône, se hâte de caractériser son autorité le plus tôt qu'il peut, et d'ajouter les insignes de la puissance à la puissance même ; mais les chefs d'un parti qui ne gouvernent ce parti que par leur influence, et qui veulent en rester maîtres, doivent le flatter toujours, rapporter sans cesse à lui le pouvoir dont ils jouissent, et, tout en le gouvernant, paraître lui obéir.

Le membres du comité de salut public, chefs de la Montagne, ne devaient pas s'isoler d'elle et de la convention, et devaient repousser au contraire tout ce qui paraîtrait les élever trop au-dessus de leurs collègues. Déjà on s'était ravisé, et l'étendue de leur puissance frappait les esprits, même dans leur propre parti. Déjà on voyait en eux des dictateurs, et c'était Robespierre surtout dont la haute influence commençait à offusquer les yeux. On s'habituait à dire, non plus, *le comité le veut*, mais *Robespierre le veut*. Fouquier-Tinville disait à un individu qu'il menaçait du tribunal révolutionnaire : *Si Robespierre le veut, tu y passeras*. Les agens du pouvoir nommaient sans cesse Robespierre dans leurs opérations, et semblaient rapporter tout à lui, comme à la cause de laquelle tout émanait. Les victimes ne manquaient pas de lui imputer leurs maux, et dans les prisons on ne voyait qu'un oppresseur, *Robespierre*. Les étrangers eux-mêmes dans leurs proclamations appelaient les soldats français *soldats de Robespierre*. Cette expression se trouvait dans une proclamation du duc d'York. Sentant combien était dangereux l'usage qu'on faisait de son nom, Robespierre s'empressa de prononcer à la convention un discours, pour repousser ce qu'il appelait des insinuations perfides, dont le but était de le perdre; il le répéta aux Jacobins, et il s'attira les applaudissemens qui accueillaient toutes ses paroles. Le *Journal de la Montagne* et le *Moniteur*, ayant le lendemain répété ce discours, et ayant dit que c'était un chef-d'œuvre dont l'analyse était impossible, parce que *chaque mot valait une phrase, et chaque phrase une page*, il s'emporta vivement, et vint le lendemain se plaindre aux Jacobins des jounaux qui flagornaient avec affectation les membres du comité, afin de les perdre en leur donnant les apparences de la toute-puissance. Les deux journaux furent obligés de se rétracter, et de s'excuser d'avoir loué Robespierre, en assurant que leurs intentions étaient pures.

Robespierre avait de la vanité, mais il n'était pas assez grand pour être ambitieux. Avide de flatteries et de respects, il s'en nourrissait, et se justifiait de les recevoir en assurant qu'il ne voulait pas de la toute-puissance. Il avait autour de lui une espèce de cour composée de quelques hommes, mais surtout de beaucoup de femmes, qui lui prodiguaient les soins les plus délicats. Toujours empressées à sa porte, elles témoignaient pour sa personne la sollicitude la plus constante; elles ne cessaient de célébrer entre elles sa vertu, son éloquence, son génie; elles l'appelaient un homme divin et au-dessus de l'humanité. Une vieille marquise était la principale de ces femmes, qui soignaient en véritables dévotes ce pontife sanglant et orgueilleux. L'empressement des femmes est toujours le symptôme le plus sûr de l'engouement public. Ce sont elles qui, par leurs soins actifs, leurs discours, leurs sollicitudes, se chargent d'y ajouter le ridicule.

Aux femmes qui adoraient Robespierre s'était jointe une secte ridicule et bizarre, formée depuis peu. C'est au moment de l'abolition des cultes que les sectes abondent, parce que le besoin impérieux de croire cherche à se repaître d'autres illusions, à défaut de celles qui sont détruites. Une vieille femme dont le cerveau s'était enflammé dans les prisons de la Bastille, et qui se nommait Catherine Théot, se disait mère de Dieu, et annonçait la prochaine apparition d'un nouveau Messie. Il devait, suivant elle, apparaître au milieu des bouleversemens, et, au moment où il paraîtrait, commencerait une vie éternelle pour les élus. Ces élus devaient propager leur croyance par tous les moyens, et exterminer les ennemis du vrai Dieu. Le chartreux dom Gerle, qui figura sous la constituante et dont l'imagination faible avait été égarée par des rêves mystiques, était l'un des deux prophètes, Robespierre était l'autre. Son déisme lui avait sans doute valu cet honneur. Catherine Théot l'appelait son fils chéri; les initiés le considéraient avec respect, et voyaient en lui un être surnaturel, appelé à des destinées mystérieuses et sublimes. Probablement il était instruit de leurs folies, et sans être leur complice il jouissait de leur erreur. Il est certain qu'il avait protégé dom Gerle, qu'il en recevait des visites fréquentes, et qu'il lui avait donné un certificat de civisme signé de sa main, pour le soustraire aux poursuites d'un comité révolutionnaire. Cette secte s'était fort répandue; elle avait son culte et ses pratiques, ce qui ne contribuait pas peu à sa propagation ; elle se réunissait chez Catherine Théot, dans un quartier reculé de Paris, près du Panthéon. C'était là que se faisaient les initiations, en présence de la mère de Dieu, de dom Gerle et des principaux élus. Cette secte commençait à être connue, et on savait vaguement que Robespierre était pour elle un prophète. Ainsi tout contribuait à le grandir et à le compromettre.

C'était surtout parmi ses collègues que les ombrages commençaient à naître. Des divisions se prononçaient déjà, et c'était naturel, car la puissance du comité étant établie, le temps des rivalités était venu. Le comité s'était partagé en plusieurs groupes distincts. La mort de Hérault-Séchelles avait réduit à onze les douze membres qui le composaient. Jean-Bon-Saint-André et Prieur (de la Marne) n'avaient pas cessé d'être en mission. Carnot était entièrement occupé de la guerre, Prieur (de la Côte-d'Or) des approvisionnemens, Robert Lindet des subsistances. On appelait ceux-ci les gens *d'examen*. Ils ne prenaient aucune part ni à la politique ni aux rivalités. Robespierre, Saint-Just, Couthon, s'étaient rapprochés. Une espèce de supériorité d'esprit et de manières, le grand cas qu'ils semblaient faire d'eux-mêmes, et le mépris qu'ils semblaient avoir pour leurs autres collègues, les avaient portés à se ranger à part ; on les nommait les gens de *la haute main*. Barrère n'était à leurs yeux qu'un être faible et pusillanime, ayant de la facilité au service de tout le monde, Collot-d'Herbois qu'un déclamateur de clubs, Billaud-Varennes qu'un esprit médiocre, sombre et envieux. Ces trois derniers ne leur pardonnaient pas leurs dédains secrets. Barrère n'osait se prononcer; mais Collot-d'Herbois, et surtout Billaud, dont le caractère était indomptable, ne pouvaient dissimuler la haine dont ils commençaient à s'enflammer. Ils cherchaient à s'appuyer sur leurs collègues appelés gens *d'examen*, et à les mettre de leur côté. Ils pouvaient espérer un appui de la part du comité de sûreté générale, qui commençait à être importuné de la suprématie du comité de salut public. Spécialement borné à la police, et souvent surveillé ou contrôlé dans ses opérations par le comité de salut public, le comité de sûreté générale supportait impatiemment cette dépendance. Amar, Vadier, Vouland, Jagot, Louis (du Bas-Rhin), ses membres les plus cruels, étaient en même temps les plus disposés à secouer le joug. Deux de leurs collègues, qu'on appelait *les écouteurs*, les observaient pour le compte de Robespierre, et cet espionnage leur était devenu insupportable. Les mécontens de l'un et l'autre comité pouvaient donc se réunir et devenir dangereux pour Robespierre, Couthon et Saint-Just.

Il faut bien le remarquer : c'étaient les rivalités d'orgueil et de pouvoir qui commençaient la division, et non une différence d'opinion politique, car Billaud-Varennes, Collot-d'Herbois, Vadier, Vouland, Amar, Jagot et Louis, étaient des révolutionnaires non moins redoutables que les trois adversaires qu'ils voulaient renverser.

Une circonstance indisposa encore davantage le comité de sûreté générale contre les dominateurs du comité de salut public. On se plaignait beaucoup des arrestations, qui devenaient toujours plus nombreuses, et qui étaient souvent injustes, car elles portaient contre une foule d'individus connus pour excellens patriotes; on se plaignait des rapines et des vexations des agens nombreux auxquels le comité de sûreté générale avait délégué son inquisition. Robespierre, Saint-Just et Couthon, n'osant ni faire abolir, ni faire renouveler ce comité, imaginèrent d'établir un bureau de police dans le sein du comité de salut public. C'était, sans détruire le comité de sûreté générale, envahir ses fonctions et l'en dépouiller. Saint-Just devait avoir la direction de ce bureau; mais, appelé à l'armée, il n'avait pu remplir ce soin, et Robespierre s'en était chargé à sa place. Le bureau de police élargissait ceux que faisait arrêter le comité de sûreté générale, et ce dernier comité rendait la pareille à l'autre. Cet envahissement de fonctions amena une brouille ouverte. Le bruit s'en répandit, et malgré le secret qui enveloppait le gouvernement, on sut bientôt que ses membres n'étaient pas d'accord.

D'autres mécontentemens, non moins graves, éclataient dans la convention. Elle était toujours fort soumise, mais quelques-uns de ses membres, qui avaient conçu des craintes pour eux-mêmes, recevaient du danger un peu plus de hardiesse. C'étaient d'anciens amis de Danton, compromis par leurs liaisons avec lui, et menacés quelquefois comme restes du parti des *corrompus et des indulgens*. Les uns avaient malversé dans leurs fonctions, et craignaient l'application du *système de la vertu;* les autres avaient paru opposés à un déploiement de rigueurs tous les jours croissant. Le plus compromis d'entre eux était Tallien. On disait qu'il avait malversé à la commune lorsqu'il en était membre, et à Bordeaux lorsqu'il y était en mission. On ajoutait que dans cette dernière ville il s'était laissé amollir et séduire par une jeune et belle femme qui l'avait accompagné à Paris, et qui venait d'être jetée en prison. Après Tallien on citait Bourdon (de l'Oise), compromis par sa lutte avec le parti de Saumur, et expulsé des Jacobins, conjointement avec Fabre, Camille et Philippeau; on citait encore Thuriot, exclu aussi des Jacobins; Legendre, qui, malgré ses soumissions journalières, ne pouvait se faire pardonner ses anciennes liaisons avec Danton; enfin Fréron, Barras, Lecointre, Rovère, Monestier, Panis, etc., tous, ou amis de Danton, ou désapprobateurs du système suivi par le gouvernement. Ces inquiétudes personnelles se propageaient, le nombre des mécontens augmentait chaque jour, et ils étaient prêts à s'unir aux membres de l'un ou de l'autre comité qui voudraient leur tendre la main.

Le 20 prairial (8 juin) approchait; c'était le jour fixé pour la fête à l'Être suprême. Le 16, il fallait nommer un président; la convention nomma à l'unanimité Robespierre pour occuper le fauteuil. C'était lui assurer le premier rôle dans la journée du 20. Ses collègues, comme on le voit, cherchaient encore à le flatter et à l'apaiser à force d'honneurs. De vastes préparatifs avaient été faits conformément au plan conçu par David. La fête devait être magnifique. Le 20, au matin, le soleil brillait de tout son éclat. La foule, toujours prête à assister aux représentations que lui donne le pouvoir, était accourue. Robespierre se fit attendre long-temps. Il parut enfin au milieu de la convention. Il était soigneusement paré; il avait la tête couverte de plumes, et tenait à la main, comme tous les représentans, un bouquet de fleurs, de fruits et d'épis de blé. Sur son visage, ordinairement si sombre, éclatait une joie qui ne lui était

pas ordinaire. Un amphithéâtre était placé au milieu du jardin des Tuileries. La convention l'occupait ; à droite et à gauche, se trouvaient plusieurs groupes d'enfans, d'hommes, de vieillards et de femmes. Les enfans étaient couronnés de violette, les adolescens de myrte, les hommes de chêne, les vieillards de pampre et d'olivier. Les femmes tenaient leurs filles par la main, et portaient des corbeilles de fleurs. Vis-à-vis de l'amphithéâtre, se trouvaient des figures représentant l'Athéisme, la Discorde, l'Égoïsme. Elles étaient destinées à être brûlées. Dès que la convention eut pris sa place, une musique ouvrit la cérémonie. Le président fit ensuite un premier discours sur l'objet de la fête. « Français républicains, dit-il, il est
« enfin arrivé le jour à jamais fortuné que le peuple
« français consacre à l'Être suprême ! Jamais le
« monde qu'il a créé ne lui offrit un spectacle aussi
« digne de ses regards. Il a vu régner sur la terre
« la tyrannie, le crime et l'imposture : il voit dans
« ce moment une nation entière, aux prises avec
« tous les oppresseurs du genre humain, suspendre
« le cours de ses travaux héroïques pour élever
« sa pensée et ses vœux vers le grand Être qui
« lui donna la mission de les entreprendre, et le
« courage de les exécuter ! »

Après avoir parlé quelques minutes, le président descend de l'amphithéâtre, et, se saisissant d'une torche, met le feu aux monstres de l'Athéisme, de la Discorde et de l'Égoïsme. Du milieu de leurs cendres paraît la statue de la Sagesse, mais on remarque qu'elle est enfumée par les flammes au milieu desquelles elle vient de paraître. Robespierre retourne à sa place, et prononce un second discours sur l'extirpation des vices ligués contre la république. Après cette première cérémonie, on se met en marche pour se rendre au Champ-de-Mars. L'orgueil de Robespierre semble redoubler, et il affecte de marcher très en avant de ses collègues. Mais quelques-uns, indignés, se rapprochent de sa personne, et lui prodiguent les sarcasmes les plus amers. Les uns se moquent du nouveau pontife, et lui disent, en faisant allusion à la statue de la Sagesse, qui avait paru enfumée, que sa sagesse est obscurcie. D'autres font entendre le mot de tyran, et s'écrient qu'il *est encore des Brutus*. Bourdon de l'Oise lui dit ces mots : *La roche Tarpéienne est près du Capitole.*

Le cortége arrive enfin au Champ-de-Mars. Là se trouvait, au lieu de l'ancien autel de la patrie, une vaste montagne. Au sommet de cette montagne était un arbre : la convention s'assied sous ses rameaux. De chaque côté de la montagne se placent les différens groupes des enfans, des vieillards et des femmes. Une symphonie commence; les groupes chantent ensuite des strophes en se répondant alternativement; enfin, à un signal donné, les adolescens tirent leurs épées et jurent, dans les mains des vieillards, de défendre la patrie : les mères élèvent leurs enfans dans leurs bras; tous les assistans lèvent leurs mains vers le ciel, et les sermens de vaincre se mêlent aux hommages rendus à l'Être suprême. On retourne ensuite au jardin des Tuileries, et la fête se termine par des jeux publics.

Telle fut la fameuse fête célébrée en l'honneur de l'Être suprême. Robespierre, en ce jour, était parvenu au comble des honneurs; mais il n'était arrivé au faîte que pour en être précipité. Son orgueil avait blessé tout le monde. Les sarcasmes étaient parvenus jusqu'à son oreille, et il avait vu chez quelques-uns de ses collègues une hardiesse qui ne leur était pas ordinaire. Le lendemain il se rend au comité de salut public, et exprime sa colère contre les députés qui l'ont outragé la veille. Il se plaint de ces amis de Danton, de ces restes impurs du parti *indulgent et corrompu*, et en demande le sacrifice. Billaud-Varennes et Collot-d'Herbois, qui n'étaient pas moins blessés que leurs collègues du rôle que Robespierre avait joué la veille, se montrent très froids et peu empressés à le venger. Ils ne défendent pas les députés dont se plaint Robespierre, mais ils reviennent sur la dernière fête, ils expriment des craintes sur ses effets. Elle a indisposé, disent-ils, beaucoup d'esprits. D'ailleurs ces idées d'Être suprême, d'immortalité de l'ame, ces pompes semblent un retour vers les superstitions d'autrefois, et peuvent faire rétrograder la révolution. Robespierre s'irrite alors de ces remarques; il soutient qu'il n'a jamais voulu faire rétrograder la révolution, qu'il a tout fait au contraire pour accélérer sa marche. En preuve, il cite un projet de loi qu'il vient de rédiger avec Couthon, et qui tend à rendre le tribunal révolutionnaire encore plus meurtrier. Voici quel était ce projet :

Depuis deux mois il avait été question d'apporter quelques modifications à l'organisation du tribunal révolutionnaire. La défense de Danton, Camille, Fabre, Lacroix, avait fait sentir l'inconvénient des restes de formalités qu'on avait laissé exister. Tous les jours encore il fallait entendre des témoins et des avocats, et quelque briève que fût l'audition des témoins, quelque restreinte que fût la défense des avocats, néanmoins elles emportaient une grande perte de temps, et amenaient toujours un certain éclat. Les chefs de ce gouvernement, qui voulaient que tout se fît promptement et sans bruit, désiraient supprimer ces formalités incommodes. S'étant habitués à penser que la révolution avait le droit de détruire tous ses ennemis, et qu'à la simple inspection on devait les distinguer, ils croyaient qu'on ne pouvait rendre la procédure révolutionnaire trop expéditive. Robespierre, particulièrement chargé du tribunal, avait préparé la loi avec Couthon seul, car Saint-Just était absent. Il n'avait pas daigné consulter ses autres collègues du comité de salut public, et il venait seulement leur lire le projet avant de le présenter. Quoique Barrère et Collot-d'Herbois fussent tout aussi disposés que lui à en admettre les dispositions sanguinaires, ils devaient l'accueillir froidement, puisqu'il était conçu et arrêté sans leur participation. Cependant il fut convenu qu'il serait proposé le lendemain, et que Couthon en ferait le rapport. Mais aucune satisfaction ne fut accordée à Robespierre pour les outrages qu'il avait reçus la veille.

Le comité de sûreté générale ne fut pas plus consulté sur la loi que ne l'avait été le comité de salut public. Il sut qu'une loi se préparait, mais il ne fut point appelé à y prendre part. Il voulut du moins, sur cinquante jurés qui devaient être désignés, en faire nommer vingt ; mais Robespierre les rejeta tous, et ne choisit que ses créatures. La proposition fut faite le 22 prairial ; Couthon fut le rapporteur. Après les déclamations habituelles sur l'inflexibilité et la promptitude qui devaient être les caractères de la justice révolutionnaire, il lut le projet, qui était rédigé dans un style effrayant. Le tribunal devait se diviser en quatre sections, composées d'un président, trois juges et neuf jurés. Il était nommé douze juges, et cinquante jurés qui devaient se succéder dans l'exercice de leurs fonctions, de manière que le tribunal pût siéger tous les jours. La seule peine était la mort. Le tribunal, disait la loi, était institué pour punir les ennemis du peuple, suivant la définition la plus vague et la plus étendue des ennemis du peuple. Dans le nombre étaient compris les fournisseurs infidèles et les alarmistes qui débitaient de mauvaises nouvelles. La faculté de traduire les citoyens au tribunal révolutionnaire était attribuée aux deux comités, à la convention, aux représentans en mission, et à l'accusateur public, Fouquier-Tinville. S'il existait des preuves, *soit matérielles, soit morales*, il ne devait pas être entendu de témoins. Enfin, un article portait ces mots : *La loi donne pour défenseurs aux patriotes calomniés des jurés patriotes; elle n'en accorde point aux conspirateurs.*

Une loi qui supprimait toutes les garanties, qui bornait l'instruction à un simple appel nominal, et qui, en attribuant aux deux comités la faculté de traduire les citoyens au tribunal révolutionnaire, leur donnait aussi droit de vie et de mort; une pareille loi dut causer un véritable effroi, surtout chez les membres de la convention, déjà

inquiets pour eux-mêmes. Il n'était pas dit dans le projet si les comités auraient la faculté de traduire les représentans au tribunal sans demander un décret préalable d'accusation, dès lors les comités pouvaient envoyer leurs collègues à la mort, sans autre formalité que celle de les désigner à Fouquier-Tinville. Aussi les restes de la prétendue faction des *indulgens* se soulevèrent, et, pour la première fois depuis long-temps, on vit une opposition se manifester dans le sein de l'assemblée. Ruamps demanda l'impression et l'ajournement du projet, disant que si cette loi était adoptée sans ajournement, il ne restait qu'à se brûler la cervelle. Lecointre de Versailles appuya l'ajournement. Robespierre se présenta aussitôt pour combattre cette résistance inattendue. « Il y a, dit-il, deux
« opinions aussi anciennes que notre révolution;
« l'une, qui tend à punir d'une manière prompte
« et inévitable les conspirateurs; l'autre, qui tend
« à absoudre les coupables : cette dernière n'a
« cessé de se reproduire dans toutes les occasions.
« Elle se manifeste de nouveau aujourd'hui, et je
« viens la repousser. Depuis deux mois, le tribunal
« se plaint des entraves qui embarrassent sa
« marche; il se plaint de manquer de jurés; il faut
« donc une loi. Au milieu des victoires de la ré-
« publique, les conspirateurs sont plus actifs et
« plus ardens que jamais; il faut les frapper. Cette

« opposition inattendue qui se manifeste n'est pas
« naturelle. On veut diviser la convention, on veut
« l'épouvanter. — Non, non, s'écrient plusieurs
« voix, on ne nous divisera pas! — C'est nous,
« ajoute Robespierre, qui avons toujours défendu
« la convention, ce n'est pas nous qu'elle a à
« craindre. Du reste, nous en sommes arrivés au
« point où l'on pourra nous tuer, mais où l'on ne
« nous empêchera pas de sauver la patrie. »

Robespierre ne manquait plus une seule fois de parler de poignards et d'assassins, comme s'il avait toujours été menacé. Bourdon de l'Oise lui répond, et dit que si le tribunal a besoin de jurés, on n'a qu'à adopter sur-le-champ la liste proposée, car personne ne veut arrêter la marche de la justice, mais qu'il faut ajourner le reste du projet. Robespierre remonte à la tribune, et répond que la loi n'est ni plus compliquée ni plus obscure qu'une foule d'autres qui ont été adoptées sans discussion, et que, dans un moment où les défenseurs de la liberté sont menacés du poignard, on ne devrait pas chercher à ralentir la répression des conspirateurs. Enfin il propose de discuter toute la loi, article par article, et de siéger jusqu'au milieu de la nuit, s'il le faut, pour la décréter le jour même. La domination de Robespierre l'emporte encore; la loi est lue, et adoptée en quelques instans.

Cependant Bourdon, Tallien, tous les membres

qui avaient des craintes personnelles, étaient effrayés d'une loi pareille. Les comités pouvant traduire tous les citoyens au tribunal révolutionnaire, et les membres de la représentation nationale n'en étant pas exceptés, ils tremblaient d'être enlevés tous en une nuit, et livrés à Fouquier sans que la convention même fût prévenue. Le lendemain, 23 prairial, Bourdon demande la parole. « En « donnant, dit-il, aux comités de salut public et « de sûreté générale le droit de traduire les citoyens « au tribunal révolutionnaire, la convention n'a « pas entendu sans doute que le pouvoir des co- « mités s'étendrait sur tous ses membres, sans un « décret préalable. — Non, non, s'écrie-t-on de « toutes parts. — Je m'attendais, reprend Bourdon, « à ces murmures; ils me prouvent que la liberté « est impérissable. » Cette réflexion causa une sensation profonde. Bourdon proposa de déclarer que les membres de la convention ne pourraient être livrés au tribunal révolutionnaire sans un décret d'accusation. Les comités étaient absens; la proposition de Bourdon fut accueillie. Merlin demanda la question préalable; on murmura contre lui; mais il s'expliqua et demanda la question préalable avec un considérant, c'est que la convention n'avait pu se dessaisir du droit de décréter seule ses propres membres. Le considérant fut adopté à la satisfaction générale.

Une scène qui se passa dans la soirée donna encore plus d'éclat à cette opposition si nouvelle. Tallien et Bourdon se promenaient dans les Tuileries; des espions du comité de salut public les suivaient de très près. Tallien fatigué se retourne, les provoque, les appelle de vils espions du comité, et leur dit d'aller rapporter à leurs maîtres ce qu'ils ont vu et entendu. Cette scène causa une grande sensation. Couthon et Robespierre étaient indignés. Le lendemain ils se présentent à la convention, décidés à se plaindre vivement de la résistance qu'ils essuyaient. Delacroix et Mallarmé leur en fournissent l'occasion. Delacroix demande qu'on caractérise d'une manière plus précise ceux que la loi a qualifiés de *dépravateurs des mœurs.* Mallarmé demande ce qu'elle a voulu dire par ces mots: *la loi ne donne pour défenseurs aux patriotes calomniés que la conscience des jurés patriotes.* Couthon monte alors à la tribune, se plaint des amendemens proposés aujourd'hui. « On a ca-
« lomnié, dit-il, le comité de salut public, en pa-
« raissant supposer qu'il voulait avoir la faculté
« d'envoyer les membres de la convention à l'écha-
« faud. Que les tyrans calomnient le comité, c'est
« naturel; mais que la convention elle-même sem-
« ble écouter la calomnie, une pareille injustice
« est insupportable, et il ne peut s'empêcher de
« s'en plaindre. On s'est applaudi hier d'une *heu-*

« *reuse clameur* qui prouvait que la liberté était
« impérissable, comme si la liberté avait été me-
« nacée. On a choisi, pour porter cette attaque,
« le moment où les membres du comité étaient
« absens. Une telle conduite est déloyale, et je pro-
« pose de rapporter les amendemens adoptés hier,
« et ceux qu'on vient de proposer aujourd'hui. »
Bourdon répond que demander des explications
sur une loi n'est pas un crime; que s'il s'est applaudi d'une clameur, c'est qu'il a été satisfait de
se trouver d'accord avec la convention; que si de
part et d'autre on montrait la même aigreur, il
serait impossible de discuter. « On m'accuse, dit-il,
« de parler comme Pitt et Cobourg; si je répondais
« de même, où en serions-nous? J'estime Couthon,
« j'estime les comités, j'estime la *Montagne* qui a
« sauvé la liberté. » On applaudit ces explications de Bourdon; mais ces explications étaient
des excuses, et l'autorité des dictateurs était trop
forte encore pour être bravée sans égards. Robespierre prend la parole, et fait un discours diffus,
plein d'orgueil et d'amertume. « Montagnards,
« dit-il, vous serez toujours le boulevart de la
« liberté publique, mais vous n'avez rien de com-
« mun avec les intrigans et les pervers, quels qu'ils
« soient. S'ils s'efforcent de se ranger parmi vous,
« ils n'en sont pas moins étrangers à vos principes.
« Ne souffrez pas que quelques intrigans, plus

« méprisables que les autres, parce qu'ils sont plus
« hypocrites, s'efforcent d'entraîner une partie
« d'entre vous, et de se faire les chefs d'un parti... »
Bourdon de l'Oise interrompt Robespierre en
disant qu'il n'a jamais voulu se faire le chef d'un
parti. Robespierre ne répond pas, et reprend :
« Ce serait, dit-il, le comble de l'opprobre, si
« des calomniateurs, égarant nos collègues....... »
Bourdon l'interrompt de nouveau. « Je demande,
« s'écrie-t-il, qu'on prouve ce qu'on avance; on
« vient de dire assez clairement que j'étais un scé-
« lérat. — Je n'ai pas nommé Bourdon, répond
« Robespierre; malheur à qui se nomme lui-même!
« Oui, la Montagne est pure, elle est sublime; les
« intrigans ne sont pas de la Montagne. » Robespierre s'étend ensuite longuement sur les efforts
qu'on fait pour effrayer les membres de la convention, et pour leur persuader qu'ils sont en
danger; il dit qu'il n'y a que des coupables qui
soient ainsi effrayés, et qui veuillent effrayer les
autres. Il raconte alors ce qui s'est passé la veille
entre Tallien et les espions, qu'il appelle des
courriers du comité. Ce récit amène des explications très vives de la part de Tallien, et vaut à ce
dernier beaucoup d'injures. Enfin on termine
toutes ces discussions par l'adoption des demandes
faites par Couthon et Robespierre. Les amendemens de la veille sont rapportés, ceux du jour sont

repoussés, et l'affreuse loi du 22 reste telle qu'elle avait été proposée.

Les meneurs du comité triomphaient donc encore une fois; leurs adversaires tremblaient. Tallien, Bourdon, Ruamps, Delacroix, Mallarmé, tous ceux qui avaient fait des objections à la loi, se croyaient perdus, et craignaient à chaque instant d'être arrêtés. Bien que le décret préalable de la convention fût nécessaire pour la mise en accusation, elle était encore tellement intimidée qu'elle pouvait accorder tout ce qu'on lui demanderait. Elle avait rendu le décret contre Danton; elle pouvait bien le rendre encore contre ceux de ses amis qui lui survivaient. Le bruit se répandit que la liste était faite; on portait le nombre des victimes à douze, puis à dix-huit. On les nommait. Bientôt l'effroi se répandit, et plus de soixante membres de la convention ne couchaient plus chez eux.

Cependant un obstacle s'opposait à ce qu'on disposât de leur vie aussi aisément qu'ils le craignaient. Les chefs du gouvernement étaient divisés. On a déjà vu que Billaud-Varennes, Collot, Barrère, avaient froidement répondu aux premières plaintes de Robespierre contre ses collègues. Les membres du comité de sûreté générale lui étaient plus opposés que jamais, car ils venaient d'être éloignés de toute coopération à la loi du 22, et il paraît même que quelques-uns d'entre eux étaient menacés. Robespierre et Couthon poussaient l'exigence fort loin; ils auraient voulu sacrifier un grand nombre de députés; ils parlaient de Tallien, Bourdon de l'Oise, Thuriot, Rovère, Lecointre, Panis, Monestier, Legendre, Fréron, Barras; ils demandaient même Cambon, dont la renommée financière les gênait, et qui avait paru opposé à leurs cruautés; enfin ils auraient voulu porter leurs coups jusque sur plusieurs membres de la Montagne les plus prononcés, tels que Duval, Audouin, Léonard Bourdon [1]. Les membres du comité de salut public, Billaud, Collot, Barrère, et tous ceux du comité de sûreté générale, refusaient d'y consentir. Le danger, en s'étendant sur un aussi grand nombre de têtes, pouvait finir bientôt par les menacer eux-mêmes.

Ils étaient dans ces dispositions hostiles, et peu portés à s'entendre sur un nouveau sacrifice, lorsqu'une dernière circonstance amena une rupture définitive. Le comité de sûreté générale avait fait la découverte des assemblées qui se tenaient chez Catherine Théot. Il avait appris que cette secte extravagante faisait de Robespierre un prophète, et que celui-ci avait donné un certificat de civisme à dom Gerle. Aussitôt Vadier, Vouland, Jagot,

---

[1]. Voyez la liste fournie par Villate dans ses Mémoires.

Amar, résolurent de se venger, en présentant cette secte comme une réunion de conspirateurs dangereux, en la dénonçant à la convention, et en faisant partager ainsi à Robespierre le ridicule et l'odieux qui s'attacheraient à elle. On envoya un agent, Sénart, qui, sous prétexte de se faire initier, s'introduisit dans l'une des réunions. Au milieu de la cérémonie, il s'approcha d'une fenêtre, donna le signal à la force armée, et fit saisir la secte presque entière. Dom Gerle, Catherine Théot furent arrêtés. On trouva le certificat de civisme donné par Robespierre à dom Gerle; on découvrit même dans le lit de la mère de Dieu une lettre qu'elle écrivait à son fils chéri, au premier prophète, à Robespierre enfin. Quand Robespierre apprit qu'on allait poursuivre la secte, il voulut s'y opposer, et provoqua une discussion sur ce sujet dans le comité de salut public. On a déjà vu que Billaud et Collot n'étaient pas déjà très portés pour le déisme, et qu'ils voyaient avec ombrage l'usage politique que Robespierre voulait faire de cette croyance. Ils opinaient pour les poursuites. Robespierre insistant pour les empêcher, la discussion devint extrêmement vive; il essuya les expressions les plus injurieuses, ne réussit pas, et se retira en pleurant de rage. La querelle avait été si forte, que pour éviter d'être entendus de ceux qui traversaient les galeries, les membres du comité résolurent de transporter le lieu de leurs séances à l'étage supérieur. Le rapport contre la secte de Catherine Théot fut fait à la convention. Barrère, pour se venger de Robespierre à sa manière, avait rédigé secrètement le rapport que Vouland devait prononcer. La secte y était représentée comme aussi ridicule qu'atroce. La convention, tantôt révoltée, tantôt égayée par le tableau tracé par Barrère, décréta d'accusation les principaux chefs de la secte, et les envoya au tribunal révolutionnaire.

Robespierre, indigné et de la résistance qu'il rencontrait, et des propos injurieux qu'il avait essuyés, renonça de paraître au comité, et résolut de ne plus prendre part à ses délibérations. Il se retira dans les derniers jours de prairial (milieu de juin). Cette retraite prouve de quelle nature était son ambition. Un ambitieux n'a jamais d'humeur; il s'irrite par les obstacles, s'empare du pouvoir, et en écrase ceux qui l'ont outragé. Un rhéteur faible et vaniteux se dépite, et cède quand il ne trouve plus ni flatteries ni respects. Danton s'était retiré par paresse et dégoût, Robespierre par vanité blessée. Cette retraite lui fut aussi funeste qu'à Danton. Couthon restait seul contre Billaud-Varennes, Collot-d'Herbois, Barrère, et ces derniers allaient s'emparer de toutes les affaires.

Ces divisions n'étaient pas encore ébruitées; on

savait seulement que les comités de salut public et de sûreté générale n'étaient pas d'accord; on était enchanté de cette mésintelligence, on espérait qu'elle empêcherait de nouvelles proscriptions. Ceux qui étaient menacés se rapprochaient du comité de sûreté générale, le flattaient, l'imploraient, et avaient même reçu de quelques membres les promesses les plus rassurantes. Élie, Lacoste, Moyse Bayle, Lavicomterie, Dubarran, les meilleurs des membres du comité de sûreté générale, avaient promis de refuser leur signature à toute nouvelle liste de proscription.

Au milieu de ces luttes, les jacobins étaient toujours dévoués à Robespierre; ils n'établissaient pas encore de distinction entre les divers membres du comité, entre Couthon, Robespierre, Saint-Just d'un côté, et Billaud-Varennes, Collot, Barrère de l'autre. Ils ne voyaient que le gouvernement révolutionnaire d'une part, et de l'autre quelques restes de la faction des indulgens, quelques amis de Danton, qui, à propos de la loi du 22 prairial, venaient de s'élever contre ce gouvernement salutaire. Robespierre, qui avait défendu ce gouvernement en défendant la loi, était toujours pour eux le premier et le plus grand citoyen de la république: tous les autres n'étaient que des intrigans qu'il fallait achever de détruire. Aussi ne manquèrent-ils pas d'exclure Tallien de leur

comité de correspondance, parce qu'il n'avait pas répondu aux accusations dirigées contre lui dans la séance du 24. Dès ce jour, Collot et Billaud-Varennes, sentant l'influence de Robespierre, s'abstinrent de paraître aux Jacobins. Qu'auraient-ils pu dire? Ils n'auraient pu exposer leurs griefs tout personnels, et faire le public juge entre leur orgueil et celui de Robespierre. Il ne leur restait qu'à se taire et à attendre. Robespierre et Couthon avaient donc le champ libre. Le bruit d'une nouvelle proscription ayant produit un effet dangereux, Couthon se hâta de démentir devant la société les projets qu'on leur supposait contre vingt-quatre et même soixante membres de la convention. « Les ombres de Danton, d'Hébert, de
« Chaumette, se promènent, dit-il, encore parmi
« nous; elles cherchent à perpétuer le trouble et
« la division. Ce qui s'est passé dans la séance du
« 24 en est un exemple frappant; on veut diviser le
« gouvernement, discréditer ses membres, en les
« peignant comme des Sylla et des Néron; on dé-
« libère en secret, on se réunit, on forme de préten-
« dues listes de proscription, on effraie les citoyens
« pour en faire des ennemis de l'autorité publique.
« On répandait, il y a peu de jours, le bruit que
« les comités devaient faire arrêter dix-huit mem-
« bres de la convention; déjà même on les nom-
« mait. Défiez-vous de ces insinuations perfides;

« ceux qui répandent ces bruits sont des complices
« d'Hébert et de Danton; ils craignent la punition
« de leur conduite criminelle; ils cherchent à s'ac-
« coler des gens purs, dans l'espoir que, cachés
« derrière eux, ils pourront aisément échapper à
« l'œil de la justice. Mais rassurez-vous, le nombre
« des coupables est heureusement très petit; il n'est
« que de quatre, de six peut-être ; et ils seront
« frappés, car le temps est venu de délivrer la ré-
« publique des derniers ennemis qui conspirent
« contre elle. Reposez-vous de son salut sur l'éner-
« gie et la justice des comités. »

Il était adroit de réduire à un petit nombre les proscrits que Robespierre voulait frapper. Les jacobins applaudirent, suivant l'usage, le discours de Couthon; mais ce discours ne rassura aucune des victimes menacées, et ceux qui se croyaient en péril n'en continuèrent pas moins de coucher hors de leurs maisons. Jamais la terreur n'avait été plus grande, non-seulement dans la convention, mais dans les prisons, et par toute la France.

Les cruels agens de Robespierre, l'accusateur Fouquier-Tinville, le président Dumas, s'étaient emparés de la loi du 22 prairial, et allaient s'en servir pour ravager les prisons. Bientôt, disait Fouquier, on mettra sur leurs portes cet écriteau: *Maison à louer*. Le projet était de se délivrer de la plus grande partie des suspects. On s'était accoutumé à les considérer comme des ennemis irréconciliables, qu'il fallait détruire pour le salut de la république. Immoler des milliers d'individus n'ayant d'autre tort que de penser d'une certaine manière, et souvent même ne pensant pas autrement que leurs persécuteurs, semblait une chose toute naturelle, par l'habitude qu'on avait prise de se détruire les uns les autres. La facilité à faire mourir et à mourir soi-même était devenue extraordinaire. Sur les champs de bataille, sur l'échafaud, des milliers d'hommes périssaient chaque jour, et on n'en était plus étonné. Les premiers meurtres commis en 93 provenaient d'une irritation réelle et motivée par le danger. Aujourd'hui les périls avaient cessé, la république était victorieuse, on n'égorgeait plus par indignation, mais par l'habitude funeste qu'on avait contractée du meurtre. Cette machine formidable qu'on fut obligé de construire pour résister à des ennemis de toute espèce commençait à n'être plus nécessaire; mais une fois mise en action, on ne savait plus l'arrêter. Tout gouvernement doit avoir son excès, et ne périt que lorsqu'il a atteint cet excès. Le gouvernement révolutionnaire ne devait pas finir le jour même où les ennemis de la république seraient assez terrifiés; il devait aller au-delà, il devait s'exercer jusqu'à ce qu'il eût révolté tous les cœurs par son atrocité même. Les choses humaines ne vont pas autrement. Pourquoi d'affreuses circonstances avaient-elles obligé de créer un gouvernement de mort, qui ne régnerait et ne vaincrait que par la mort?

Ce qui est plus effrayant encore, c'est que lorsque le signal est donné, lorsque l'idée est établie qu'il faut sacrifier des vies, et qu'en les sacrifiant on sauvera l'état, tout se dispose pour ce but affreux avec une singulière facilité. Chacun agit sans remords, sans répugnance; on s'habitue à cela comme le juge à envoyer des coupables au supplice, le médecin à voir des êtres souffrans sous son instrument, le général à ordonner le sacrifice de vingt mille soldats. On se fait un affreux langage suivant ses nouvelles œuvres; on sait même le rendre gai, on trouve des mots piquans pour exprimer des idées sanguinaires. Chacun marche, entraîné, étourdi avec l'ensemble; et on voit des hommes, qui la veille s'occupaient doucement des arts et du commerce, s'occuper avec la même facilité de mort et de destruction.

Le comité avait donné le signal par la loi du 22; Dumas et Fouquier l'avaient trop bien compris. Il fallait cependant des prétextes pour immoler tant de malheureux. Quel crime pouvait-on leur supposer, lorsque la plupart d'entre eux étaient des citoyens paisibles, inconnus, qui n'avaient jamais donné à l'état aucun signe de vie? On imagina que, plongés dans les prisons, ils devaient songer à en sortir, que leur nombre devait leur inspirer le sentiment de leurs forces, et leur donner l'idée de s'en servir pour se sauver. La prétendue conspiration de Dillon fut le germe de cette idée, qu'on développa d'une manière atroce. On se servit de quelques misérables qui étaient détenus, et qui consentirent à jouer le rôle infame de délateurs. Ils désignèrent au Luxembourg cent soixante prisonniers qui, disaient-ils, avaient pris part au complot de Dillon. On se procura quelques-uns de ces faiseurs de listes dans toutes les autres maisons d'arrêt, et ils dénoncèrent dans chacune cent ou deux cents individus comme complices de la conspiration des prisons. Une tentative d'évasion faite à la Force ne servit qu'à autoriser cette fable indigne, et sur-le-champ on commença à envoyer des centaines de malheureux au tribunal révolutionnaire. On les acheminait des diverses prisons à la Conciergerie, pour aller de là au tribunal et à l'échafaud. Dans la nuit du 18 au 19 messidor (6 juin), on traduisit les cent soixante désignés au Luxembourg. Ils tremblaient en entendant cet appel; ils ne savaient ce qu'on leur imputait, et ce qu'ils voyaient de plus probable, c'était la mort qu'on leur réservait. L'affreux Fouquier, depuis qu'il était nanti de la loi du 22, avait opéré de grands changemens dans la salle du tribunal. Au lieu des siéges des avocats, et du banc des accusés qui ne contenait que 18 ou 20 places, il avait fait construire un amphithéâtre qui pouvait contenir cent ou cent cinquante accusés à la fois. Il appelait cela *ses petits gradins*. Poussant son ardeur jusqu'à une espèce d'extravagance, il avait fait élever l'échafaud dans la salle même du tribunal, et il se proposait de faire juger en une même séance les cent soixante accusés du Luxembourg.

Le comité de salut public, en apprenant l'espèce de délire de son accusateur public, l'envoya chercher, lui ordonna de faire enlever l'échafaud de la salle où il était dressé, et lui défendit de traduire plus de soixante individus à la fois. *Tu veux donc,* lui dit Collot-d'Herbois dans un transport de colère, *démoraliser le supplice?* Il faut cependant remarquer que Fouquier a prétendu le contraire, et soutenu que c'était lui qui avait demandé le jugement des cent soixante en trois fois. Cependant tout prouve que c'est le comité qui fut moins extravagant que son ministre, et qui réprima son délire. Il fallut renouveler une seconde fois à Fouquier-Tinville l'ordre d'enlever la guillotine de la salle du tribunal.

Les cent soixante furent partagés en trois troupes, jugés et exécutés en trois jours. La procédure était devenue aussi expéditive et aussi affreuse que celle qui s'employait dans le guichet de l'Abbaye dans les nuits des 2 et 3 septembre. Les charrettes, commandées pour tous les jours, attendaient dès le matin dans la cour du Palais-de-Justice, et les accusés pouvaient les voir en montant au tribunal. Le président Dumas, siégeant comme un furieux, avait deux pistolets sur la table. Il demandait aux accusés leur nom seulement, et y ajoutait à peine une question fort générale. Dans l'interrogatoire des cent soixante, le président dit à l'un d'eux, Dorival : Connaissez-vous la conspiration ? — Non. — Je m'attendais que vous feriez cette réponse, mais elle ne réussira pas. A un autre. Il s'adresse au nommé Champigny : N'êtes-vous pas ex-noble ? — Oui. — A un autre. A Guédreville : Êtes-vous prêtre ? — Oui, mais j'ai prêté le serment. — Vous n'avez plus la parole. A un autre. Au nommé Ménil : N'étiez-vous pas domestique de l'ex-constituant Menou ? — Oui. — A un autre. Au nommé Vély : N'étiez-vous pas architecte de Madame ? — Oui, mais j'ai été disgracié en 1788. — A un autre. A Gondrecourt : N'avez-vous pas votre beau-père au Luxembourg ? — Oui. — A un autre. A Durfort : N'étiez-vous pas garde-du-corps ? — Oui, mais j'ai été licencié en 1789. — A un autre.

C'est ainsi que s'instruisait le procès de ces malheureux. La loi portait qu'on ne serait dispensé de faire entendre des témoins que lorsqu'il y aurait des preuves matérielles ou morales ; néanmoins on n'en faisait jamais appeler, prétendant toujours qu'il existait des preuves de cette espèce. Les jurés ne se donnaient pas même la peine de rentrer dans la salle du conseil. Ils opinaient à l'audience même, et le jugement était aussitôt prononcé. Les accusés avaient eu à peine le temps de se lever et d'énoncer leurs noms. Un jour, il y en eut un dont le nom n'était pas sur la liste des accusés, et qui dit au tribunal : « Je ne suis pas accusé, mon nom n'est pas dans votre liste. — Eh qu'importe ! lui dit Fouquier ; donne-le vite. » Il le donna, et fut envoyé à la mort comme les autres. La plus grande négligence régnait dans cette espèce d'administration barbare. Souvent on omettait, par l'effet de la grande précipitation, de signifier les actes d'accusation, et on les donnait aux accusés à l'audience même. On commettait les plus étranges erreurs. Un digne vieillard, Loizerolles, entend prononcer à côté de son nom les prénoms de son fils ; il se garde de réclamer, et il est envoyé à la mort. Quelque temps après, le fils est jugé à son tour ; et il se trouve qu'il aurait dû ne plus exister, car un individu ayant tous ses noms avait été exécuté : c'était son père. Il n'en périt pas moins. Plus d'une fois on appela des détenus qui avaient déjà été exécutés depuis long-temps. Il y avait des centaines d'actes d'accusation tout prêts, auxquels on ne faisait qu'ajouter la désignation des individus. On faisait de même pour les jugemens. L'imprimerie était à côté de la salle même du tribunal; les planches étaient toutes prêtes, le titre, les motifs étaient tout composés; il n'y avait que les noms à y ajouter; on les transmettait par une petite lucarne au prote. Sur-le-champ des milliers d'exemplaires étaient tirés, et allaient répandre la douleur dans les familles et l'effroi dans les prisons. Les petits colporteurs venaient vendre le bulletin du tribunal sous les fenêtres des prisonniers, en criant : *Voici ceux qui ont gagné à la loterie de la sainte guillotine!* Les accusés étaient exécutés au sortir de l'audience, ou tout au plus le lendemain, si la journée était trop avancée.

Les têtes tombaient, depuis la loi du 22 prairial, par cinquante ou soixante chaque jour. *Ça va bien*, disait Fouquier, *les têtes tombent comme des ardoises;* et il ajoutait: *Il faut que ça aille mieux encore la décade prochaine; il m'en faut quatre cent cinquante au moins* [1]. Pour cela, on faisait ce qu'ils appelaient des *commandes* aux *moutons* qui se chargeaient d'espionner les suspects. Ces infames étaient devenus la terreur des prisons. Enfermés comme suspects, on ne savait pas au juste quels étaient ceux d'entre eux qui se

---

[1]. Voyez pour tous ces détails le long procès de Fouquier-Tinville.

chargeaient de désigner les victimes; mais on s'en doutait à leur insolence, aux préférences qu'ils obtenaient des geôliers, aux orgies qu'ils faisaient dans les guichets avec les agens de la police. Souvent ils laissaient connaître leur importance pour en trafiquer. Ils étaient caressés, implorés par les prisonniers tremblans; ils recevaient même des sommes pour ne pas mettre un nom sur leur liste. Ils faisaient leurs choix au hasard; ils disaient de celui-ci qu'il avait tenu un propos aristocrate; de celui-là, qu'il avait bu un jour où l'on annonçait une défaite des armées; et leur seule désignation équivalait à un arrêt de mort. On portait les noms fournis par eux sur autant d'actes d'accusation, et on venait le soir signifier ces actes aux prisonniers, et les traduire à la Conciergerie. Cela s'appelait dans la langue des geôliers *le journal du soir*. Quand ces infortunés entendaient le roulement des tombereaux qui venaient les chercher, ils étaient dans une anxiété aussi cruelle que la mort; ils accouraient aux guichets, se collaient contre les grilles pour écouter la liste, et tremblaient d'entendre leur nom dans la bouche des huissiers. Quand ils avaient été nommés, ils embrassaient leurs compagnons d'infortune, et recevaient les adieux de mort. Souvent on voyait les séparations les plus douloureuses : c'était un père qui se détachait de ses enfans, un époux de son

L'APPEL DES CONDAMNÉS.

épouse. Ceux qui survivaient étaient aussi malheureux que ceux que l'on conduisait à la caverne de Fouquier-Tinville; ils rentraient en attendant d'être promptement réunis à leurs proches. Quand ce funeste appel était achevé, les prisons respiraient, mais jusqu'au lendemain seulement. Alors les angoisses recommençaient de nouveau, et le funeste roulement des charrettes ramenait la terreur.

Cependant la pitié publique commençait à éclater d'une manière inquiétante pour les exterminateurs. Les marchands de la rue Saint-Honoré, où passaient tous les jours les charrettes, fermaient leurs boutiques. Pour priver les victimes de ces témoignages de douleur, on transporta l'échafaud à la barrière du Trône, et on ne rencontra pas moins de pitié dans ce quartier des ouvriers que dans les rues les mieux habitées de Paris. Le peuple, dans un moment d'enivrement, peut devenir impitoyable pour des victimes qu'il égorge lui-même; mais voir expirer chaque jour cinquante et soixante malheureux, contre lesquels il n'est pas entraîné par la fureur, est un spectacle qui finit bientôt par l'émouvoir. Cependant cette pitié était silencieuse et timide encore. Tout ce que les prisons renfermaient de plus distingué avait succombé; la malheureuse sœur de Louis XVI avait été immolée à son tour; des rangs élevés on descendait déjà aux derniers rangs de la société. Nous voyons sur les listes du tribunal révolutionnaire à cette époque, des tailleurs, des cordonniers, des perruquiers, des bouchers, des cultivateurs, des limonadiers, des ouvriers même, condamnés pour sentimens et propos réputés contre-révolutionnaires. Pour donner enfin une idée du nombre des exécutions de cette époque, il suffira de dire que du mois de mars 1793, époque où le tribunal entra en exercice, jusqu'au mois de juin 1794 (22 prairial an II), il avait condamné cinq cent soixante-dix-sept personnes; et que du 10 juin (22 prairial) au 9 thermidor (27 juillet), il en condamna mille deux cent quatre-vingt-cinq; ce qui porte en tout le nombre des victimes jusqu'au 9 thermidor, à mille huit cent soixante-deux.

Cependant les exécuteurs n'étaient pas tranquilles. Dumas était troublé, et Fouquier n'osait sortir la nuit; il voyait les parens de ses victimes toujours prêts à le frapper. Traversant un jour les guichets du Louvre avec Sénart, il s'effraie d'un bruit léger; c'était un individu qui passait tout près de lui. — « Si j'avais été seul, s'écriat-il, il me serait arrivé quelque chose. »

Dans les principales villes de France la terreur n'était pas moins grande qu'à Paris. Carrier avait été envoyé à Nantes pour y punir la Vendée. Carrier, jeune encore, était un de ces êtres médiocres et violens qui, dans l'entraînement de ces guerres

A. Johannot pinx.   Pollet sc.

CARRIER À NANTES.

civiles, deviennent des monstres de cruauté et d'extravagance. Il débuta par dire, en arrivant à Nantes, qu'il fallait tout égorger, et que, malgré la promesse de grâce faite aux Vendéens qui mettraient bas les armes, il ne fallait accorder quartier à aucun d'entre eux. Les autorités constituées ayant parlé de tenir la parole donnée aux rebelles, « Vous êtes des j... f....., leur dit Carrier, vous ne savez pas votre métier, je vous ferai tous guillotiner; » et il commença par faire fusiller et mitrailler par troupes de cent et de deux cents les malheureux qui se rendaient. Il se présentait à la société populaire le sabre à la main, l'injure à la bouche, menaçant toujours de la guillotine. Bientôt cette société ne lui convenant plus, il la fit dissoudre. Il intimida les autorités à un tel point, qu'elles n'osaient plus paraître devant lui. Un jour elles voulaient lui parler des subsistances, il répondit aux officiers municipaux que ce n'était pas son affaire, que le premier b..... qui lui parlerait de subsistances, il lui ferait mettre la tête à bas, et qu'il n'avait pas le temps de s'occuper de leurs sottises. Cet insensé ne croyait avoir d'autre mission que celle d'égorger.

Il voulait punir à la fois et les Vendéens rebelles, et les Nantais fédéralistes, qui avaient essayé un mouvement en faveur des girondins, après le siége de leur ville. Chaque jour, les malheureux qui avaient échappé au massacre du Mans et de Savenay arrivaient en foule, chassés par les armées qui les pressaient de tous côtés. Carrier les faisait enfermer dans les prisons de Nantes, et en avait accumulé là près de dix mille. Il avait ensuite formé une compagnie d'assassins, qui se répandaient dans les campagnes des environs, arrêtaient les familles nantaises, et joignaient les rapines à la cruauté. Carrier avait d'abord institué une commission révolutionnaire devant laquelle il faisait passer les Vendéens et les Nantais. Il faisait fusiller les Vendéens, et guillotiner les Nantais suspects de fédéralisme ou de royalisme. Bientôt il trouva la formalité trop longue, et le supplice de la fusillade sujet à des inconvéniens. Ce supplice était lent; il était difficile d'enterrer les cadavres. Souvent ils restaient sur le champ du carnage, et infectaient l'air à tel point, qu'une épidémie régnait dans la ville. La Loire, qui traverse Nantes, suggéra une affreuse idée à Carrier : ce fut de se débarrasser des prisonniers en les plongeant dans le fleuve. Il fit un premier essai, chargea une gabarre de quatre-vingt-dix prêtres, sous prétexte de les déporter, et la fit échouer à quelque distance de la ville. Ce moyen trouvé, il se décida à en user plus largement. Il n'employa plus la formalité dérisoire de faire passer les condamnés devant une commission : il les faisait prendre la nuit dans les prisons, par bandes de cent et deux cents, et conduire sur des bateaux. De ces bateaux on les transportait sur de petits bâtimens préparés pour cette horrible fin. On jetait les malheureux à fond de cale; on clouait les sabords, on fermait l'entrée des ponts avec des planches; puis les exécuteurs se retiraient dans des chaloupes, et des charpentiers placés dans des batelets, ouvraient les flancs des bâtimens à coups de hache, et les faisaient couler bas. Quatre ou cinq mille individus périrent de cette manière affreuse. Carrier se réjouissait d'avoir trouvé ce moyen plus expéditif et plus salubre de délivrer la république de ses ennemis. Il noya non-seulement des hommes, mais un grand nombre de femmes et d'enfans. Lorsque les familles vendéennes s'étaient dispersées après la déroute de Savenay, une foule de Nantais avaient recueilli des enfans pour les élever. « Ce sont des louveteaux, » dit Carrier; et il ordonna qu'ils fussent restitués à la république. Ces malheureux enfans furent noyés pour la plupart.

La Loire était chargée de cadavres; les vaisseaux, en jetant l'ancre, soulevaient quelquefois des bateaux remplis de noyés. Les oiseaux de proie couvraient les rivages du fleuve, et se nourrissaient de débris humains[1]. Les poissons étaient repus

---

[1]. Déposition d'un capitaine de vaisseau dans le procès de Carrier.

d'une nourriture qui en rendait l'usage dangereux, et la municipalité avait défendu d'en pêcher. A ces horreurs se joignaient une maladie contagieuse et la disette. Au milieu de ce désastre, Carrier, toujours bouillant de colère, défendait le moindre mouvement de pitié, saisissait au collet, menaçait de son sabre ceux qui venaient lui parler, et avait fait afficher que quiconque viendrait solliciter pour un détenu serait jeté en prison. Heureusement le comité de salut public venait de le remplacer, car il voulait bien l'extermination, mais sans extravagance. On évalue à quatre ou cinq mille les victimes de Carrier. La plupart étaient des Vendéens.

Bordeaux, Marseille, Toulon, expiaient leur fédéralisme. A Toulon, les représentans Fréron et Barras avaient fait mitrailler deux cents habitans, et avaient puni sur eux un crime dont les véritables auteurs s'étaient sauvés sur les escadres étrangères. Maignet exerçait dans le département de Vaucluse une dictature aussi redoutable que les autres envoyés de la convention. Il avait fait incendier le bourg de Bédouin, pour cause de révolte, et, à sa requête, le comité de salut public avait institué à Orange un tribunal révolutionnaire, dont le ressort comprenait tout le Midi. Ce tribunal était organisé sur le modèle même du tribunal révolutionnaire de Paris, avec cette différence, qu'il n'y avait point de jurés, et que cinq juges condamnaient, sur ce qu'ils appelaient *des preuves morales*, les malheureux que Maignet recueillait dans ses tournées. A Lyon, les sanglantes exécutions ordonnées par Collot-d'Herbois avaient cessé. La commission révolutionnaire venait de rendre compte de ses travaux, et avait fourni le nombre des acquittés et des condamnés. Mille six cent quatre-vingt-quatre individus avaient été guillotinés, fusillés ou mitraillés. Mille six cent quatre-vingt-deux avaient été mis en liberté, par la *justice de la commission*.

Le Nord avait aussi son proconsul. C'était Joseph Lebon. Il avait été prêtre, et avouait lui-même que dans sa jeunesse il aurait poussé le fanatisme religieux jusqu'à tuer son père et sa mère, si on le lui avait ordonné. C'était un véritable aliéné, moins féroce peut-être que Carrier, mais encore plus frappé de folie. A ses paroles, à sa conduite, on voyait que sa tête était égarée. Il avait fixé sa principale résidence à Arras. Il avait institué un tribunal avec l'autorisation du comité de salut public, et parcourait les départemens du Nord, suivi de ses juges et d'une guillotine. Il avait visité Saint-Pol, Saint-Omer, Béthune, Bapaume, Aire, etc., et avait laissé partout des traces sanglantes. Les Autrichiens s'étant approchés de Cambray, et Saint-Just ayant cru apercevoir que les aristocrates de cette ville entretenaient des liaisons cachées avec l'ennemi, il y appela Lebon, qui en quelques jours envoya à l'échafaud une multitude de malheureux, et prétendit avoir sauvé Cambray par sa fermeté. Quand Lebon avait fini ses tournées, c'est à Arras qu'il revenait. Là, il se livrait aux plus dégoûtantes orgies, avec ses juges et divers membres des clubs. Le bourreau était admis à sa table, et y était traité avec la plus grande considération. Lebon assistait aux exécutions, placé sur un balcon; de là il parlait au peuple, et faisait jouer la *ça ira* pendant que le sang coulait. Un jour, il venait de recevoir la nouvelle d'une victoire, il courut à son balcon, et fit suspendre l'exécution, afin que les malheureux qui allaient recevoir la mort eussent connaissance des succès de la république.

Lebon avait mis tant de folie dans sa conduite, qu'il était accusable, même devant le comité de salut public. Des habitans d'Arras s'étaient réfugiés à Paris, et faisaient tous leurs efforts pour parvenir auprès de leur concitoyen Robespierre, et lui faire entendre leurs plaintes. Quelques-uns l'avaient connu, et même obligé dans sa jeunesse; mais ils ne pouvaient parvenir à le voir. Le député Guffroy, qui était d'Arras, et qui avait un grand courage, se donna beaucoup de mouvement auprès des comités pour appeler leur attention sur la conduite de Lebon. Il eut même la noble audace de faire à la convention une dénonciation expresse. Le comité de salut public en prit connaissance, et ne put s'empêcher de mander Lebon. Cependant, comme le comité ne voulait pas désavouer ses agens, ni avoir l'air de convenir qu'on pût être trop sévère envers les aristocrates, il renvoya Lebon à Arras, et employa en lui écrivant les expressions suivantes. « Continue de faire le bien, « et fais-le avec la sagesse et avec la dignité qui ne « laissent point prise aux calomnies de l'aristocra- « tie. » Les réclamations élevées contre Lebon par Guffroy, dans la convention, exigeaient un rapport du comité. Barrère en fut chargé. « Toutes « les réclamations contre les représentans, dit-il, « doivent être jugées par le comité, pour éviter « des débats qui troubleraient le gouvernement « et la convention. C'est ce que nous avons fait ici, « à l'égard de Lebon ; nous avons recherché les « motifs de sa conduite. Ces motifs sont-ils purs? « le résultat est-il utile à la révolution? profite-t-il « à la liberté? les plaintes sont-elles récrimina- « toires, ou ne sont-elles que les cris vindica- « tifs de l'aristocratie? c'est ce que le comité a « vu dans cette affaire. Des formes un peu acerbes « ont été employées ; mais ces formes ont détruit « les piéges de l'aristocratie. Le comité a pu sans « doute les improuver ; mais Lebon a complète-

« ment battu les aristocrates et sauvé Cambray;
« d'ailleurs que n'est-il pas permis à la haine d'un
« républicain contre l'aristocratie! de combien de
« sentimens généreux un patriote ne trouve-t-il
« pas à couvrir ce qu'il peut y avoir d'acrimonieux
« dans la poursuite des ennemis du peuple! Il ne
« faut parler de la révolution qu'avec respect, des
« mesures révolutionnaires qu'avec égard. *La li-*
« *berté est une vierge dont il est coupable de sou-*
« *lever le voile.* »

De tout cela il résulta que Lebon fut autorisé à continuer, et que Guffroy fut rangé parmi les censeurs importuns du gouvernement révolutionnaire, et exposé à partager leurs périls. Il était évident que le comité tout entier voulait le régime de la terreur. Robespierre, Couthon, Billaud, Collot-d'Herbois, Vadier, Vouland, Amar, pouvaient être divisés entre eux sur leurs prérogatives, sur le nombre et le choix de leurs collègues à sacrifier; mais ils étaient d'accord sur le système d'exterminer tous ceux qui faisaient obstacle à la révolution. Ils ne voulaient pas que ce système fût appliqué avec extravagance par les Lebon, les Carrier; mais ils voulaient qu'à l'exemple de ce qui se faisait à Paris, on se délivrât d'une manière prompte, sûre, et la moins bruyante possible, des ennemis qu'ils croyaient conjurés contre la république. Tout en blâmant certaines cruautés folles, ils avaient l'amour-propre du pouvoir, qui ne veut jamais désavouer ses agens; ils condamnaient ce qui se faisait à Arras, à Nantes, mais ils l'approuvaient en apparence, pour ne pas reconnaître un tort à leur gouvernement. Entraînés dans cette affreuse carrière, ils avançaient aveuglément, et ne sachant où ils allaient aboutir. Telle est la triste condition de l'homme engagé dans le mal, qu'il ne peut plus s'y arrêter. Dès qu'il commence à concevoir un doute sur la nature de ses actions, dès qu'il peut entrevoir qu'il s'égare, au lieu de rétrograder, il se précipite en avant, comme pour s'étourdir, comme pour écarter les lueurs qui l'assiégent. Pour s'arrêter, il faudrait qu'il se calmât, qu'il s'examinât, et qu'il portât sur lui-même un jugement effrayant dont aucun homme n'a le courage.

Il n'y avait qu'un soulèvement général qui pût arrêter les auteurs de cet affreux système. Dans ce soulèvement devaient entrer, et les membres des comités, jaloux du pouvoir suprême, et les montagnards menacés, et la convention indignée, et tous les cœurs révoltés de cette horrible effusion de sang. Mais, pour arriver à cette alliance de la jalousie, de la crainte, de l'indignation, il fallait que la jalousie fît des progrès dans les comités, que la crainte devînt extrême à la Montagne, que l'indignation rendît le courage à la convention et au public. Il fallait qu'une occasion fît éclater tous ces sentimens à la fois; il fallait que les oppresseurs portassent les premiers coups, pour qu'on osât les leur rendre.

L'opinion était disposée, et le moment arrivait où un mouvement au nom de l'humanité contre la violence révolutionnaire était possible. La république étant victorieuse, et ses ennemis terrifiés, on allait passer de la crainte et de la fureur à la confiance et à la pitié. C'était la première fois, dans la révolution, qu'un tel événement devenait possible. Quand les girondins, quand les dantonistes périrent, il n'était pas temps encore d'invoquer l'humanité. Le gouvernement révolutionnaire n'avait encore perdu alors ni son utilité ni son crédit.

En attendant le moment, on s'observait, et les ressentimens s'accumulaient dans les cœurs. Robespierre avait entièrement cessé de paraître au comité de salut public. Il espérait discréditer le gouvernement de ses collègues, en n'y prenant plus aucune part; il ne se montrait qu'aux Jacobins, où Billaud et Collot n'osaient plus paraître, et où il était tous les jours plus adoré. Il commençait à y faire des ouvertures sur les divisions intestines des comités. « Autrefois, disait-il (13 messi-
« dor), la faction sourde qui s'est formée des
« restes de Danton et de Camille Desmoulins, at-

« taquait les comités en masse; aujourd'hui, elle
« aime mieux attaquer quelques membres en par-
« ticulier, pour parvenir à briser le faisceau. Au-
« trefois, elle n'osait pas attaquer la justice natio-
« nale; aujourd'hui elle se croit assez forte pour
« calomnier le tribunal révolutionnaire, et le décret
« concernant son organisation; elle attribue ce qui
« appartient à tout le gouvernement à un seul in-
« dividu; elle ose dire que le tribunal révolution-
« naire a été institué pour égorger la convention
« nationale, et malheureusement elle n'a obtenu
« que trop de confiance. On a cru à ses calomnies,
« on les a répandues avec affectation; on a parlé
« de dictateur, on l'a nommé; c'est moi qu'on a
« désigné, et vous frémiriez *si je vous disais en*
« *quel lieu.* La vérité est mon seul asile contre le
« crime. Ces calomnies ne me décourageront pas
« sans doute, mais elles me laissent indécis sur la
« conduite que j'ai à tenir. En attendant que j'en
« puisse dire davantage, j'invoque pour le salut de
« la république les vertus de la convention, les
« vertus des comités, les vertus des bons citoyens,
« et les vôtres enfin, qui ont été si souvent utiles
« à la patrie. »

On voit par quelles insinuations perfides Robespierre commençait à dénoncer les comités, et à rattacher exclusivement à lui les jacobins. On le payait de ces marques de confiance par une adulation sans bornes. Le système révolutionnaire lui étant imputé à lui seul, il était naturel que toutes les autorités révolutionnaires lui fussent attachées et embrassassent sa cause avec chaleur. Aux jacobins devaient se joindre la commune, toujours unie de principes et de conduite avec les jacobins, et tous les juges et jurés du tribunal révolutionnaire. Cette réunion formait une force assez considérable, et, avec plus de résolution et d'énergie, Robespierre aurait pu devenir très redoutable. Par les jacobins, il possédait une masse turbulente, qui jusqu'ici avait représenté et dominé l'opinion; par la commune, il dominait l'autorité locale, qui avait pris l'initiative de toutes les insurrections, et surtout la force armée de Paris. Le maire Pache, le commandant Henriot, sauvés par lui lorsqu'on allait les adjoindre à Chaumette, lui étaient dévoués entièrement. Billaud et Collot avaient profité, il est vrai, de son absence du comité pour enfermer Pache; mais le nouveau maire Fleuriot, l'agent national Payan, lui étaient tout aussi attachés; et on n'osa plus lui enlever Henriot. Ajoutez à ces personnages le président du tribunal Dumas, le vice-président Coffinhal, et tous les autres juges et jurés, et on aura une idée des moyens que Robespierre avait dans Paris. Si les comités et la convention ne lui obéissaient pas, il n'avait qu'à se plaindre aux Jacobins, y exciter un mouvement, communiquer ce mouvement à la commune, faire déclarer par l'autorité municipale que le peuple rentrait dans ses pouvoirs souverains, mettre les sections sur pied, et envoyer Henriot demander à la convention cinquante ou soixante députés. Dumas et Coffinhal, et tout le tribunal, étaient ensuite à ses ordres, pour égorger les députés qu'Henriot aurait obtenus à main armée. Tous les moyens enfin d'un 31 mai, plus prompt, plus sûr que le premier, étaient dans ses mains. Aussi ses partisans, ses sicaires l'entouraient et le pressaient d'en donner le signal. Henriot offrait encore le déploiement de ses colonnes, et promettait d'être plus énergique qu'au 2 juin. Robespierre, qui aimait mieux tout faire par la parole, et qui croyait encore pouvoir beaucoup par elle, voulait attendre. Il espérait dépopulariser les comités par sa retraite et par ses discours aux Jacobins, et il se proposait ensuite de saisir un moment favorable pour les attaquer ouvertement à la convention. Il continuait, malgré son espèce d'abdication, de diriger le tribunal et d'exercer une police active au moyen du bureau qu'il avait institué. Il surveillait par là ses adversaires, et s'instruisait de toutes leurs démarches. Il se donnait maintenant un peu plus de distractions qu'autrefois. On le voyait se rendre dans une fort belle maison de campagne, chez une famille qui lui était dévouée, à Maisons-Alfort, à trois lieues de Paris. Là, tous ses partisans l'accompagnaient; là, se rendaient Dumas, Coffinhal, Payan, Fleuriot. Henriot y venait souvent avec tous ses aides-de-camp; ils traversaient les routes sur cinq de front, et au galop, renversant les personnes qui étaient devant eux, et répandant par leur présence la terreur dans le pays. Les hôtes, les amis de Robespierre faisaient soupçonner par leur indiscrétion beaucoup plus de projets qu'il n'en méditait, et qu'il n'avait le courage d'en préparer. A Paris, il était toujours entouré des mêmes personnages; il était suivi de loin en loin par quelques jacobins ou jurés du tribunal, gens dévoués, portant des bâtons et des armes secrètes, et prêts à courir à son secours au premier danger. On les nommait ses gardes-du-corps.

De leur côté, Billaud-Varennes, Collot-d'Herbois, Barrère, s'emparaient du maniement de toutes les affaires, et, en l'absence de leur rival, s'attachaient Carnot, Robert Lindet et Prieur (de la Côte-d'Or). Un intérêt commun rapprochait d'eux le comité de sûreté générale; du reste, ils gardaient tous le plus grand silence. Ils cherchaient à diminuer peu à peu la puissance de leur adversaire, en réduisant la force armée de Paris. Il existait quarante-huit compagnies de canonniers, appartenant aux quarante-huit sections, parfaitement organisées, et ayant fait preuve dans toutes les circonstances de l'esprit le plus révolutionnaire. Toujours elles s'étaient rangées pour le parti de l'insurrection, depuis le 10 août jusqu'au 31 mai. Un décret ordonnait d'en laisser la moitié au moins dans Paris, mais permettait de déplacer le reste. Billaud et Collot ordonnèrent au chef de la commission du mouvement des armées, de les acheminer successivement vers la frontière. Dans toutes leurs opérations, ils se cachaient beaucoup de Couthon, qui, ne s'étant pas retiré comme Robespierre, les observait soigneusement, et leur était incommode. Pendant que ces choses se passaient, Billaud, sombre, atrabilaire, quittait rarement Paris; mais le spirituel et voluptueux Barrère allait à Passy avec les principaux membres du comité de sûreté générale, avec le vieux Vadier, avec Vouland et Amar. Ils se réunissaient chez Dupin, ancien fermier-général, fameux dans l'ancien régime par sa cuisine, et dans la révolution par le rapport qui envoya les fermiers-généraux à la mort. Là, ils se livraient à tous les plaisirs avec de belles femmes, et Barrère exerçait son esprit contre le pontife de l'Être suprême, le premier prophète, le fils chéri de la mère de Dieu. Après s'être égayés, ils sortaient des bras de leurs courtisanes, pour revenir à Paris, au milieu du sang et des rivalités.

De leur côté, les vieux membres de la Montagne

qui se sentaient menacés se voyaient secrètement, et tâchaient de s'entendre. La femme généreuse qui, à Bordeaux, s'était attachée à Tallien, et lui avait arraché une foule de victimes, l'excitait du fond de sa prison à frapper le tyran. A Tallien, Lecointre, Bourdon (de l'Oise), Thuriot, Panis, Barras, Fréron, Monestier, s'étaient joints Guffroy, l'antagoniste de Lebon; Dubois-Crancé, compromis au siége de Lyon et détesté par Couthon; Fouché (de Nantes), qui était brouillé avec Robespierre, et auquel on reprochait de ne s'être pas conduit à Lyon d'une manière assez patriotique. Tallien et Lecointre étaient les plus audacieux et les plus impatiens. Fouché était surtout fort redouté par son habileté à nouer et à conduire une intrigue, et c'est sur lui que se déchaînèrent le plus violemment les triumvirs.

A propos d'une pétition des jacobins de Lyon, dans laquelle ils se plaignaient aux jacobins de Paris de leur situation actuelle, on revint sur toute l'histoire de cette malheureuse cité. Couthon dénonça Dubois-Crancé, comme il l'avait déjà fait quelques mois auparavant, l'accusa d'avoir laissé échapper Précy, et le fit rayer de la liste des jacobins. Robespierre accusa Fouché, et lui imputa les intrigues qui avaient conduit le patriote Gaillard à se donner la mort. Il fit décider que Fouché serait appelé devant la société pour y justifier sa

conduite. C'étaient moins les menées de Fouché à Lyon, que ses menées à Paris, que Robespierre redoutait et voulait punir. Fouché, qui sentait le péril, adressa une lettre évasive aux jacobins, et les pria de suspendre leur jugement, jusqu'à ce que le comité auquel il venait de soumettre sa conduite et de fournir toutes les pièces à l'appui, eût prononcé une sentence. « Il est étonnant, s'écria Ro-
« bespierre, que Fouché implore aujourd'hui le
« secours de la convention contre les jacobins.
« Craint-il les yeux et les oreilles du peuple? craint-
« il que sa triste figure ne révèle le crime? craint-il
« que six mille regards fixés sur lui ne découvrent
« son ame dans ses yeux, et qu'en dépit de la na-
« ture qui les a cachés, on n'y lise ses pensées?
« La conduite de Fouché est celle d'un coupable;
« vous ne pouvez le garder plus long-temps dans
« votre sein; il faut l'en exclure. » Fouché fut aussitôt exclu, comme venait de l'être Dubois-Crancé. Ainsi tous les jours l'orage grondait plus fortement contre les montagnards menacés, et de tous côtés l'horizon se chargeait de nuages.

Au milieu de cette tourmente, les membres des comités qui craignaient Robespierre auraient mieux aimé s'expliquer, et concilier leur ambition, que se livrer un combat dangereux. Robespierre avait mandé son jeune collègue Saint-Just, et celui-ci était revenu aussitôt de l'armée. On proposa de se réunir, pour essayer de s'entendre. Robespierre se fit beaucoup prier avant de consentir à une entrevue; il y consentit enfin, et les deux comités s'assemblèrent; on se plaignit réciproquement avec beaucoup d'amertume. Robespierre s'exprima sur lui-même avec son orgueil accoutumé, dénonça des conciliabules secrets, parla de députés conspirateurs à punir, blâma toutes les opérations du gouvernement, et trouva tout mauvais, administration, guerre et finances. Saint-Just appuya Robespierre, en fit un éloge magnifique, et dit ensuite que le dernier espoir de l'étranger était de diviser le gouvernement. Il raconta ce qu'avait dit un officier fait prisonnier devant Maubeuge. On attendait, suivant cet officier, qu'un parti plus modéré abattît le gouvernement révolutionnaire, et fît prévaloir d'autres principes. Saint-Just s'appuya sur ce fait, pour faire sentir davantage la nécessité de se concilier et de marcher d'accord. Les antagonistes de Robespierre étaient bien de cet avis, et ils consentaient à s'entendre pour rester maîtres de l'état; mais pour s'entendre il fallait consentir à tout ce que voulait Robespierre, et de pareilles conditions ne pouvaient leur convenir. Les membres du comité de sûreté générale se plaignirent beaucoup de ce qu'on leur avait enlevé leurs fonctions; Élie Lacoste poussa la hardiesse jusqu'à dire que Couthon, Saint-Just et Robespierre formaient un comité dans les comités, et osa même prononcer le mot de triumvirat. Cependant on convint de quelques concessions réciproques. Robespierre consentit à borner son bureau de police générale à la surveillance des agens du comité de salut public ; et en retour, ses adversaires consentirent à charger Saint-Just de faire un rapport à la convention, sur l'entrevue qui venait d'avoir lieu. Dans ce rapport, comme on le pense bien, on ne devait pas convenir des divisions qui avaient régné entre les comités, mais on devait parler des commotions que l'opinion publique venait de ressentir dans les derniers temps, et fixer la marche que le gouvernement se proposait de suivre. Billaud et Collot insinuèrent qu'il ne fallait pas trop y parler de l'Être suprême, car ils avaient toujours le pontificat de Robespierre devant les yeux. Cependant Billaud, avec son air sombre et peu rassurant, dit à Robespierre qu'il n'avait jamais été son ennemi, et on se sépara sans s'être véritablement réconciliés, mais en paraissant un peu moins divisés qu'auparavant. Une pareille réconciliation ne pouvait rien avoir de réel, car les ambitions restaient les mêmes ; elle ressemblait à ces essais de transaction que font tous les partis avant d'en venir aux mains ; elle était un vrai *baiser Lamourette ;* elle ressemblait à toutes les réconciliations proposées entre les constituans et les girondins, entre les girondins et les jacobins, entre Danton et Robespierre.

Cependant si elle ne mit pas d'accord les divers membres des comités, elle effraya beaucoup les montagnards; ils crurent que leur perte serait le gage de la paix, et ils s'efforcèrent de savoir quelles étaient les conditions du traité. Les membres du comité de sûreté générale s'empressèrent de dissiper leurs craintes. Élie Lacoste, Dubarran, Moyse Bayle, les membres les meilleurs du comité, les tranquillisèrent, et leur dirent qu'aucun sacrifice n'avait été convenu. Le fait était vrai, et c'était une des raisons qui empêchaient la réconciliation de pouvoir être entière. Néanmoins Barrère, qui tenait beaucoup à ce qu'on fût d'accord, ne manqua pas de répéter dans ses rapports journaliers que les membres du gouvernement étaient parfaitement unis, qu'ils avaient été injustement accusés de ne pas l'être, et qu'ils tendaient, par des efforts communs, à rendre la république partout victorieuse. Il feignit d'assumer sur tous, les reproches élevés contre les triumvirs, et il repoussa ces reproches comme des calomnies coupables et dirigées également contre les deux comités. « Au milieu des « cris de la victoire, dit-il, des bruits sourds se « font entendre, des calomnies obscures circulent, « des poisons subtils sont infusés dans les jour-

« naux, des complots funestes s'ourdissent, des
« mécontentemens factices se préparent, et le
« gouvernement est sans cesse vexé, entravé dans
« ses opérations, tourmenté dans ses mouvemens,
« calomnié dans ses pensées, et menacé dans ceux
« qui le composent. Cependant qu'a-t-il fait? » Ici
Barrère ajoutait l'énumération accoutumée des
travaux et des services du gouvernement.

CHAPITRE XXII.

OPÉRATIONS DE L'ARMÉE DU NORD VERS LE MILIEU DE 1794. PRISE D'YPRES. FORMATION DE L'ARMÉE DE SAMBRE-ET-MEUSE. BATAILLE DE FLEURUS. OCCUPATION DE BRUXELLES. — DERNIERS JOURS DE LA TERREUR; LUTTE DE ROBESPIERRE ET DES TRIUMVIRS CONTRE LES AUTRES MEMBRES DES COMITÉS. JOURNÉES DES 8 ET 9 THERMIDOR; ARRESTATION ET SUPPLICE DE ROBESPIERRE, SAINT-JUST. — MARCHE DE LA RÉVOLUTION DEPUIS 89 JUSQU'AU 9 THERMIDOR.

Pendant que Barrère faisait tous ses efforts pour cacher la discorde des comités, Saint-Just, malgré le rapport qu'il avait à faire, était retourné à l'armée, où se passaient de grands événemens. Les mouvemens commencés sur les deux ailes s'étaient continués. Pichegru avait poursuivi ses opérations sur la Lys et l'Escaut, Jourdan avait commencé les siennes sur la Sambre. Profitant de l'attitude défensive que Cobourg avait prise à Tournay, depuis les batailles de Turcoing et de Pont-à-Chin, Pichegru projetait de battre Clerfayt isolément. Cependant il n'osait s'avancer jusqu'à Thielt, et il résolut de commencer le siége d'Ypres, dans le double but d'attirer Clerfayt à lui, et de prendre cette place, qui consoliderait l'établissement des Français dans la West-Flandre. Clerfayt attendait des renforts, et il ne fit aucun mouvement. Pichegru alors poussa le siége d'Ypres si vivement, que Cobourg et Clerfayt crurent devoir quitter leurs positions respectives pour aller au secours de la place menacée. Pichegru, pour empêcher Cobourg de poursuivre ce mouvement, fit sortir des troupes de Lille, et exécuter une démonstration si vive sur Orchies, que Cobourg fut retenu à Tournay; en même temps il se porta en avant, et courut à Clerfayt, qui s'avançait vers Rousselaer et Hooglède. Ses mouvemens prompts et bien conçus lui fournissaient encore l'occasion de battre Clerfayt isolément. Par malheur, une division s'était trompée de route; Clerfayt eut le temps de se reporter à son camp de Thielt, après une perte légère. Mais trois jours après, le 25 prairial (13 juin), renforcé par le détachement qu'il attendait, il se déploya à l'improviste en face de nos colonnes avec trente mille hommes. Nos soldats coururent rapidement aux armes, mais la division de droite, attaquée avec une grande impétuosité, se débanda, et laissa la division de gauche découverte sur le plateau d'Hooglède. Macdonald commandait cette division de gauche; il sut la maintenir contre les attaques réitérées de front et de flanc auxquelles elle fut long-temps exposée; par cette courageuse résistance, il donna à la brigade Devinthier le temps de le rejoindre, et il obligea alors Clerfayt à se retirer avec une perte considérable. C'était la cinquième fois que Clerfayt, mal secondé, était battu par notre armée du Nord. Cette action, si honorable pour la division Macdonald, décida la reddition de la place assiégée. Quatre jours après, le 29 prairial (17 juin), Ypres ouvrit ses portes, et une garnison de sept mille hommes mit bas les armes. Cobourg allait se porter au secours d'Ypres et de Clerfayt, lorsqu'il apprit qu'il n'était plus temps. Les événemens qui se passaient sur la Sambre l'obligèrent alors à se diriger vers le côté opposé du théâtre de la guerre. Il laissa le duc d'York sur l'Escaut, Clerfayt à Thielt, et marcha avec toutes les troupes autrichiennes vers Charleroi. C'était une véritable séparation entre les puissances principales, l'Angleterre et l'Autriche, qui vivaient assez mal d'accord, et dont les intérêts très différens éclataient ici d'une manière très visible. Les Anglais restaient en Flandre vers les provinces maritimes, et les Autrichiens couraient vers leurs communications menacées. Cette séparation n'augmenta pas peu leur mésintelligence. L'empereur d'Autriche s'était retiré à Vienne, dégoûté de cette guerre sans succès; et Mack, voyant ses plans renversés, avait de nouveau quitté l'état-major autrichien.

Nous avons vu Jourdan arrivant de la Moselle à Charleroi, au moment où les Français, repoussés pour la troisième fois, repassaient la Sambre en désordre. Après avoir donné quelques jours de répit aux troupes, dont les unes étaient abattues de leurs défaites, et les autres de leur marche rapide, on fit quelque changement à leur organisation. On composa des divisions Desjardins et Charbonnier, et des divisions arrivées de la Moselle, une seule armée, qui s'appela armée de Sambre-et-Meuse; elle s'élevait à soixante-six mille hommes environ, et fut mise sous les ordres de Jourdan. Une division de quinze mille hommes, commandée par Schérer, fut laissée pour garder la Sambre, de Thuin à Maubeuge.

Jourdan résolut aussitôt de repasser la Sambre et d'investir Charleroi. La division Hatry fut chargée d'attaquer la place, et le gros de l'armée fut disposé tout autour, pour protéger le siége. Charleroi est sur la Sambre. Au-delà de son enceinte, se trouvent une suite de positions formant un demi-cercle dont les extrémités s'appuient à la Sambre. Ces positions sont peu avantageuses, parce que le demi-cercle qu'elles décrivent est de dix lieues d'étendue, parce qu'elles sont peu liées entre elles, et qu'elles ont une rivière à dos. Kléber avec la gauche s'étendait depuis la Sambre jusqu'à Orchies et Traségnies, et faisait garder le ruisseau du Piéton, qui traversait le champ de bataille et venait tomber dans la Sambre. Au centre, Morlot gardait Gosselies ; Championnet s'avançait entre Hépignies et Wagné ; Lefèvre tenait Wagné, Fleurus et Lambusart. A la droite, enfin, Marceau s'étendait en avant du bois de Campinaire, et rattachait notre ligne à la Sambre. Jourdan, sentant le désavantage de ces positions, ne voulait pas y rester, et se proposait, pour en sortir, de prendre l'initiative de l'attaque le 28 prairial (16 juin) au matin. Dans ce moment, Cobourg ne s'était point encore porté sur ce point; il était à Tournay, assistant à la défaite de Clerfayt et à la prise d'Ypres. Le prince d'Orange, envoyé vers Charleroi, commandait l'armée des coalisés. Il résolut de son côté de prévenir l'attaque dont il était menacé, et dès le 28 au matin, ses troupes déployées obligèrent les Français à recevoir le combat sur le terrain qu'ils occupaient. Quatre colonnes, disposées contre notre droite et notre centre, avaient déjà pénétré dans le bois de Campinaire, où était Marceau, avaient enlevé Fleurus à Lefèvre, Hépignies à Championnet, et allaient replier Morlot de Pont-à-Migneloup sur Gosselies, lorsque Jourdan, accourant à propos avec une réserve de cavalerie, arrêta la quatrième colonne par une charge heureuse, ramena les troupes de Morlot dans leurs positions, et rétablit le combat au centre. A la gauche, Wartensleben avait fait les mêmes progrès vers Traségnies. Mais Kléber, par les dispositions les plus heureuses et les plus promptes, fit reprendre Traségnies; puis, saisissant le moment favorable, fit tourner Wartensleben, le rejeta au-delà du Piéton, et se mit à le poursuivre sur deux colonnes. Le combat s'était soutenu jusque-là avec avantage, la victoire allait même se déclarer pour les Français, lorsque le prince d'Orange, réunissant ses deux premières colonnes vers Lambusart, sur le point qui unissait l'extrême droite des Français à la Sambre, menaça leurs communications. Alors la droite et le centre durent se retirer. Kléber, renonçant à sa marche victorieuse, protégea la retraite avec ses troupes; elle se fit en bon ordre. Telle fut la première affaire du 28 (16 juin). C'était la quatrième fois que les Français étaient obligés de repasser la Sambre; mais cette fois c'était d'une manière bien plus honorable pour leurs armes. Jourdan ne se découragea pas. Il franchit encore la Sambre quelques jours après, reprit ses positions du 16, investit de nouveau Charleroi, et en fit pousser le bombardement avec une extrême vigueur.

Cobourg, averti des nouvelles opérations de Jourdan, s'approchait enfin de la Sambre. Il importait aux Français d'avoir pris Charleroi avant que les renforts attendus par l'armée autrichienne fussent arrivés. L'ingénieur Marescot poussa si vivement les travaux, qu'en huit jours les feux de la place furent éteints, et que tout fut préparé pour l'assaut. Le 7 messidor (26 juin), le commandant envoya un officier avec une lettre pour parlementer. Saint-Just, qui dominait toujours dans notre camp, refusa d'ouvrir la lettre, et renvoya l'officier en lui disant : *Ce n'est pas un chiffon de papier, c'est la place qu'il nous faut.* La garnison sortit de la place le soir même, au moment où Cobourg arrivait en vue des lignes françaises. La reddition de Charleroi resta ignorée des ennemis. La possession de la place assura mieux notre position, et rendit moins dangereuse la bataille qui allait se livrer, avec une rivière à dos. La division Hatry, devenue libre, fut portée à Ransart pour renforcer le centre, et tout se prépara pour une action décisive, le lendemain 8 messidor (27 juin).

Nos positions étaient les mêmes que le 28 prairial (16 juin). Kléber commandait à la gauche, à partir de la Sambre jusqu'à Traségnies. Morlot, Championnet, Lefèvre et Marceau, formaient le centre et la droite, et s'étendaient depuis Gosselies jusqu'à la Sambre. Des retranchemens avaient été faits à Hépignies, pour assurer notre centre. Cobourg nous fit attaquer sur tout ce demi-cercle, au lieu de diriger un effort concentrique sur l'une de nos extrémités, sur notre droite, par exemple, et de nous enlever tous les passages de la Sambre.

L'attaque commença le 8 messidor au matin. Le prince d'Orange et le général Latour, qui étaient en face de Kléber, à la gauche, replièrent nos colonnes, les poussèrent à travers le bois de Monceaux, jusque sur les bords de la Sambre, à Marchienne-au-Pont. Kléber, qui heureusement était placé à la gauche pour y diriger toutes les divisions, accourt aussitôt sur le point menacé, porte des batteries sur les hauteurs, enveloppe les Autrichiens dans le bois de Monceaux et les fait attaquer en tous sens. Ceux-ci, ayant reconnu, en s'approchant de la Sambre, que Charleroi était aux Français, commençaient à montrer de l'hésitation; Kléber en profite, les fait charger avec vigueur, et les oblige à s'éloigner de Marchienne-au-Pont. Tandis que Kléber sauvait l'une de nos extrémités, Jourdan ne faisait pas moins pour le salut du centre et de la droite. Morlot, qui se trouvait en avant de Gosselies, s'était long-temps mesuré avec le général Kwasdanowich, et avait essayé plusieurs manœuvres pour le tourner; il finit par l'être lui-même. Il se replia sur Gosselies, après les efforts les plus honorables. Championnet résistait avec la même vigueur, appuyé sur la redoute d'Hépignies; mais le corps de Kaunitz s'était avancé pour tourner la redoute, au moment même où un faux avis annonçait la retraite de Lefèvre, à droite; Championnet, trompé par cet avis, se retirait, et avait déjà abandonné la redoute, lorsque Jourdan, comprenant le danger, porte sur ce point une partie de la division Hatry, placée en réserve, fait reprendre Hépignies, et lance sa cavalerie dans la plaine sur les troupes de Kaunitz. Tandis qu'on se charge de part et d'autre avec un grand acharnement, un combat plus violent encore se livre près de la Sambre, à Wagné et Lambusart. Beaulieu, remontant à la fois les deux rives de la Sambre pour faire effort sur notre extrême droite, a repoussé la division Marceau. Cette division s'enfuit en toute hâte à travers les bois qui longent la Sambre, et passe même la rivière en désordre. Marceau alors réunit à lui quelques bataillons, et ne songeant plus au reste de sa division fugitive, se jette dans Lambusart, pour y mourir, plutôt que d'abandonner ce poste contigu à la Sambre, et appui indispensable de notre extrême droite. Lefèvre, qui était placé à Wagné, Hépignies et Lambusart, replie ses avant-postes de Fleurus sur Wagné, et jette des troupes à Lambusart, pour soutenir l'effort de Marceau. Ce point devient alors le point décisif de la bataille. Beaulieu s'en aperçoit, et y dirige une troisième colonne. Jourdan, attentif au danger, y porte le reste de sa réserve. On se heurte autour de ce village de Lambusart avec un acharnement singulier. Les feux sont si rapides qu'on ne distingue plus les coups. Les blés et les baraques du camp s'enflamment, et bientôt on se bat au milieu d'un incendie. Enfin les républicains restent maîtres de Lambusart.

Dans ce moment, les Français, d'abord repoussés, étaient parvenus à rétablir le combat sur tous les points : Kléber avait couvert la Sambre à la gauche ; Morlot, replié à Gosselies, s'y maintenait ; Championnet avait repris Hépignies, et un combat furieux à Lambusart nous avait assuré cette position. La fin du jour approchait. Beaulieu venait d'apprendre, sur la Sambre, ce que le prince d'Orange y avait appris déjà, c'est que Charleroi appartenait aux Français. Cobourg alors, n'osant pas insister davantage, ordonna la retraite générale.

Telle fut cette bataille décisive, qui fut une des plus acharnées de la campagne, et qui se livra sur un demi-cercle de dix lieues, entre deux armées d'environ quatre-vingt mille hommes chacune. Elle s'appela bataille de Fleurus, quoique ce village y jouât un rôle fort secondaire, parce que le duc de Luxembourg avait déjà illustré ce nom sous Louis XIV. Quoique ses résultats sur le terrain fussent peu considérables, et qu'elle se bornât à une attaque repoussée, elle décidait la retraite des Autrichiens, et amenait par là des résultats immenses[1]. Les Autrichiens ne pouvaient pas livrer

---

1. C'est à tort qu'on attribue à l'intérêt d'une faction le grand effet que la bataille de Fleurus produisit sur l'opinion publique. La faction Robespierre avait au contraire le plus grand intérêt à diminuer dans le

une seconde bataille. Il leur aurait fallu se joindre ou au duc d'York ou à Clerfayt, et ces deux généraux étaient occupés au Nord par Pichegru. D'ailleurs, menacés sur la Meuse, il devenait important pour eux de rétrograder, pour ne pas compromettre leurs communications. Dès ce moment, la retraite des coalisés devint générale, et ils résolurent de se concentrer vers Bruxelles, pour couvrir cette ville.

La campagne était évidemment décidée; mais une faute du comité de salut public empêcha d'obtenir des résultats aussi prompts et aussi décisifs que ceux qu'on avait lieu d'espérer. Pichegru avait formé un plan qui était la meilleure de toutes ses idées militaires. Le duc d'York était sur l'Escaut à la hauteur de Tournay; Clerfayt, très loin de là, à Thielt, dans la Flandre. Pichegru persistant dans son projet de détruire Clerfayt isolément, voulait passer l'Escaut à Oudenarde, couper ainsi Clerfayt du duc d'York, et le battre encore une fois séparément. Il voulait ensuite, lorsque le duc d'York resté seul songerait à se réunir à Cobourg, le battre à son tour, puis enfin venir prendre Cobourg par derrière, ou se réunir à Jourdan. Ce plan qui, outre l'avantage d'attaquer isolément Clerfayt

---

moment l'effet des victoires, comme on va le voir bientôt. La bataille de Fleurus nous ouvrit Bruxelles et la Belgique, et c'est là ce qui fit alors sa réputation.

et le duc d'York, avait celui de rapprocher toutes nos forces de la Meuse, fut contrarié par une fort sotte idée du comité de salut public. On avait persuadé à Carnot de porter l'amiral Venstabel avec des troupes de débarquement dans l'île de Walcheren, pour soulever la Hollande. Afin de favoriser ce projet, Carnot prescrivit à l'armée de Pichegru de longer les côtes de l'Océan, et de s'emparer de tous les ports de la West-Flandre; il ordonna de plus à Jourdan de détacher seize mille hommes de son armée pour les porter vers la mer. Ce dernier ordre surtout était des plus mal conçus et des plus dangereux. Les généraux en démontrèrent l'absurdité à Saint-Just, et il ne fut pas exécuté; mais Pichegru n'en fut pas moins obligé de se porter vers la mer, pour s'emparer de Bruges et d'Ostende, tandis que Moreau occupait Nieuport.

Les mouvemens se continuèrent sur les deux ailes. Pichegru laissa Moreau, avec une partie de l'armée, faire les siéges de Nieuport et de l'Écluse, et s'empara avec l'autre de Bruges, Ostende et Gand. Il s'avança ensuite vers Bruxelles. Jourdan y marchait de son côté. Nous n'eûmes plus à livrer que des combats d'arrière-garde, et enfin, le 22 messidor (10 juillet), nos avant-gardes entrèrent dans la capitale des Pays-Bas. Peu de jours après, les deux armées du Nord et de Sambre-et-Meuse y firent leur jonction. Rien n'était plus important que cet événement; cent cinquante mille Français, réunis dans la capitale des Pays-Bas, pouvaient fondre de ce point sur les armées de l'Europe, qui, battues de toutes parts, cherchaient à regagner, les unes la mer, les autres le Rhin. On investit aussitôt les places de Condé, Landrecies, Valenciennes et Le Quesnoy, que les coalisés nous avaient prises; et la convention, prétendant que la délivrance du territoire donnait tous les droits, décréta que si les garnisons ne se rendaient pas de suite, elles seraient passées au fil de l'épée. Elle avait déjà rendu un autre décret portant qu'on ne ferait plus de prisonniers anglais, pour punir tous les forfaits de Pitt envers la France. Nos soldats n'exécutèrent pas ce décret. Un sergent ayant pris quelques Anglais, les amena à un officier. « Pourquoi les as-tu pris? lui dit l'officier. — Parce que ce sont autant de coups de fusils de moins à recevoir, répondit le sergent. — Oui, répliqua l'officier; mais les représentans vont nous obliger de les fusiller. — Ce ne sera pas nous, ajouta le sergent, qui les fusillerons; envoyez-les aux représentans, et puis, s'ils sont des barbares, qu'ils les tuent et les mangent, si ça leur plaît. »

Ainsi nos armées agissant d'abord sur le centre ennemi, et le trouvant trop fort, s'étaient partagées en deux ailes, et avaient marché, l'une sur la Lys, et l'autre sur la Sambre. Pichegru avait d'abord battu Clerfayt à Moucroën et à Courtray, puis Cobourg et le duc d'York à Turcoing, et enfin Clerfayt encore à Hooglède. Après plusieurs passages de la Sambre toujours infructueux, Jourdan, amené par une heureuse idée de Carnot sur la Sambre, avait décidé le succès de notre aile droite à Fleurus. Dès cet instant, débordés sur les deux ailes, les coalisés nous avaient abandonné les Pays-Bas. Tel était le résultat de la campagne. De toutes parts on célébrait nos étonnans succès. La victoire de Fleurus, l'occupation de Charleroi, Ypres, Tournay, Oudenarde, Ostende, Bruges, Gand et Bruxelles, la réunion enfin de nos armées dans cette capitale, étaient vantées comme des prodiges. Ces succès ne réjouissaient pas Robespierre, qui voyait grandir la réputation du comité, et surtout celle de Carnot, auquel, il faut le dire, on attribuait beaucoup trop les avantages de la campagne. Tout ce que les comités faisaient de bien ou gagnaient de gloire en l'absence de Robespierre devait s'élever contre lui, et faire sa propre condamnation. Une défaite, au contraire, eût ranimé à son profit les fureurs révolutionnaires, lui aurait permis d'accuser les comités d'inertie ou de trahison, aurait justifié sa retraite depuis quatre décades, aurait donné une haute idée de sa prévoyance, et porté sa puissance au comble. Il s'était donc mis dans la

plus triste des positions, celle de désirer des défaites; et tout prouve qu'il les désirait. Il ne lui convenait ni de le dire, ni de le laisser apercevoir; mais malgré lui, on l'entrevoyait dans ses discours; il s'efforçait, en parlant aux jacobins, de diminuer l'enthousiasme qu'inspiraient les succès de la république; il insinuait que les coalisés se retiraient devant nous comme ils l'avaient fait devant Dumouriez, mais pour revenir bientôt; qu'en s'éloignant momentanément de nos frontières, ils voulaient nous livrer aux passions que développe la prospérité. Il ajoutait du reste « que la victoire sur les
« armées ennemies n'était pas celle après laquelle
« on devait le plus aspirer. La véritable victoire,
« disait-il, est celle que les amis de la liberté rem-
« portent sur les factions; c'est cette victoire qui
« rappelle chez les peuples la paix, la justice et le
« bonheur. Une nation n'est pas illustrée pour avoir
« abattu des tyrans ou enchaîné des peuples. Ce
« fut le sort des Romains et de quelques autres
« nations : notre destinée, beaucoup plus sublime,
« est de fonder sur la terre l'empire de la sagesse,
« de la justice et de la vertu. » (Séance des Jacobins du 21 messidor — 9 juillet.)

Robespierre était absent du comité depuis les derniers jours de prairial. On était aux premiers de thermidor. Il y avait près de quarante jours qu'il s'était séparé de ses collègues; il était temps de prendre une résolution. Ses affidés disaient hautement qu'il fallait un 31 mai : les Dumas, les Henriot, les Payan, le pressaient d'en donner le signal. Il n'avait pas, pour les moyens violens, le même goût qu'eux, et il ne devait pas partager leur impatience brutale. Habitué à tout faire par la parole, et respectant davantage les lois, il aimait mieux essayer d'un discours dans lequel il dénoncerait les comités, et demanderait leur renouvellement. S'il réussissait par cette voie de douceur, il était maître absolu, sans danger, et sans soulèvement. S'il ne réussissait pas, ce moyen pacifique n'excluait pas les moyens violens; il devait au contraire les devancer. Le 31 mai avait été précédé de discours réitérés, de sommations respectueuses, et ce n'était qu'après avoir demandé, sans obtenir, qu'on avait fini par exiger. Il résolut donc d'employer les mêmes moyens qu'au 31 mai, de faire d'abord présenter une pétition par les jacobins, de prononcer après un grand discours, et enfin de faire avancer Saint-Just avec un rapport. Si tous ces moyens ne suffisaient pas, il avait les jacobins, la commune et la force armée de Paris. Mais il espérait du reste n'être pas réduit à renouveler la scène du 2 juin. Il n'avait pas assez d'audace, et avait encore trop de respect envers la convention, pour le désirer.

Depuis quelque temps il travaillait à un discours

volumineux, où il s'attachait à dévoiler les abus du gouvernement, et à rejeter tous les maux qu'on lui imputait sur ses collègues. Il écrivit à Saint-Just de revenir de l'armée; il retint son frère qui aurait dû partir pour la frontière d'Italie; il parut chaque jour aux jacobins, et disposa tout pour l'attaque. Comme il arrive toujours dans les situations extrêmes, divers incidens vinrent augmenter l'agitation générale. Un nommé Magenthies fit une pétition ridicule, pour demander la peine de mort contre ceux qui se permettraient des juremens dans lesquels le nom de Dieu serait prononcé. Enfin, un comité révolutionnaire fit enfermer comme suspects quelques ouvriers qui s'étaient enivrés. Ces deux faits donnaient lieu à beaucoup de propos contre Robespierre; on disait que son Être suprême allait devenir plus oppresseur que le Christ, et qu'on verrait bientôt l'inquisition rétablie pour le déisme. Sentant le danger de pareilles accusations, il se hâta de dénoncer Magenthies aux jacobins, comme un aristocrate payé par l'étranger pour déconsidérer les croyances adoptées par la convention; il le fit même livrer au tribunal révolutionnaire. Usant enfin de son bureau de police, il fit arrêter tous les membres du comité révolutionnaire de l'Indivisibilité.

L'événement approchait, et il paraît que les membres du comité de salut public, Barrère surtout, auraient voulu faire la paix avec leur redoutable collègue ; mais il était devenu si exigeant qu'on ne pouvait plus s'entendre avec lui. Barrère, rentrant un soir avec l'un de ses confidens, lui dit en se jetant sur un siége : Ce Robespierre est insatiable. Qu'il demande Tallien, Bourdon (de l'Oise), Thuriot, Guffroy, Rovère, Lecointre, Panis, Barras, Fréron, Legendre, Monestier, Dubois-Crancé, Fouché, Cambon, et toute la *séquelle dantoniste*, à la bonne heure : mais Duval, Audouin, mais Léonard-Bourdon, Vadier, Vouland, il est impossible d'y consentir. » On voit que Robespierre exigeait même le sacrifice de quelques membres du comité de sûreté générale, et dès lors il n'y avait plus de paix possible ; il fallait rompre, et courir les chances de la lutte. Cependant aucun des adversaires de Robespierre n'aurait osé prendre l'initiative ; les membres des comités attendaient d'être dénoncés ; les montagnards proscrits attendaient qu'on leur demandât leur tête ; tous voulaient se laisser attaquer avant de se défendre ; et ils avaient raison. Il valait bien mieux laisser Robespierre commencer l'engagement, et se compromettre aux yeux de la convention par la demande de nouvelles proscriptions. Alors on avait la position de gens défendant et leur vie, et même celle des autres ; car on ne pouvait plus prévoir de terme aux immolations si on en souffrait encore une seule.

Tout était préparé, et les premiers mouvemens commencèrent le 3 thermidor aux Jacobins. Parmi les affidés de Robespierre se trouvait un nommé Sijas, adjoint de la commission du mouvement des armées. On en voulait à cette commission pour avoir ordonné la sortie successive d'un grand nombre de compagnies de canonniers, et pour avoir diminué ainsi la force armée de Paris. Cependant on n'osait pas lui en faire un reproche direct; le nommé Sijas commença par se plaindre du secret dont s'enveloppait le chef de la commission, Pyle, et tous les reproches qu'on n'osait adresser ni à Carnot ni au comité de salut public, furent adressés à ce chef de la commission. Sijas prétendit qu'il ne restait qu'un moyen, c'était de s'adresser à la convention, et de lui dénoncer Pyle. Un autre jacobin dénonça un des agens du comité de sûreté générale. Couthon prit alors la parole, et dit qu'il fallait remonter plus haut, et faire à la convention nationale une adresse sur toutes les machinations qui menaçaient de nouveau la liberté. « Je vous invite, dit-il, à lui présenter vos « réflexions. Elle est pure ; elle ne se laissera pas « subjuguer par quatre ou cinq scélérats. Quant à « moi, je déclare qu'ils ne me subjugueront pas. »

La proposition de Couthon fut aussitôt adoptée. On rédigea la pétition; elle fut approuvée le 5, et présentée le 7 thermidor à la convention.

Le style de cette pétition était, comme toujours, respectueux dans la forme, mais impérieux au fond. Elle disait que les jacobins venaient *déposer dans le sein de la convention les sollicitudes du peuple*; elle répétait les déclamations accoutumées contre l'étranger et ses complices, contre le système d'indulgence, contre les craintes répandues à dessein de diviser la représentation nationale, contre les efforts qu'on faisait pour rendre le culte de Dieu ridicule, etc. Elle ne portait pas de conclusions précises, mais elle disait d'une manière générale: « Vous ferez trembler les traîtres, les fripons, les intrigans; vous rassurerez l'homme de bien; vous maintiendrez cette union qui fait votre force; vous conserverez dans toute sa pureté ce culte sublime dont tout citoyen est le ministre, dont la vertu est la seule pratique; et le peuple, confiant en vous, placera son devoir et sa gloire à respecter et à défendre ses représentans jusqu'à la mort. » C'était dire assez clairement: Vous ferez ce que vous dictera Robespierre, ou vous ne serez ni respectés ni défendus. La lecture de cette pétition fut écoutée avec un morne silence. On n'y fit aucune réponse. A peine était-elle achevée, que Dubois-Crancé monta à la tribune, et sans parler

de la pétition ni des jacobins, se plaignit des amertumes dont on l'abreuvait depuis six mois, de l'injustice dont on avait payé ses services, et demanda que le comité de salut public fût chargé de faire un rapport sur son compte, quoique dans ce comité, dit-il, se trouvassent deux de ses accusateurs. Il demanda le rapport sous trois jours. On accorda ce qu'il demandait, sans ajouter une seule réflexion, et toujours au milieu du même silence. Barrère lui succéda à la tribune; il vint faire un grand rapport sur l'état comparatif de la France en juillet 93 et en juillet 94. Il est certain que la différence était immense, et que si on comparait la France déchirée à la fois par le royalisme, le fédéralisme et l'étranger, à la France victorieuse sur toutes les frontières et maîtresse des Pays-Bas, on ne pouvait s'empêcher de rendre des actions de grâces au gouvernement qui avait opéré ce changement en une année. Ces éloges donnés au comité étaient la seule manière dont Barrère osât indirectement attaquer Robespierre; il le louait même expressément dans son rapport. A propos des agitations sourdes qu'on voyait régner et des cris imprudens de quelques perturbateurs qui demandaient un 31 mai, il disait « qu'un repré-
« sentant qui jouissait d'une réputation patriotique
« méritée par cinq années de travaux, par ses prin-
« cipes imperturbables d'indépendance et de liberté,

« avait réfuté avec chaleur ces propos contre-ré-
« volutionnaires. » La convention écouta ce rapport, et chacun se sépara ensuite dans l'attente de quelque événement important. On se regardait en silence, et on n'osait ni s'interroger, ni s'expliquer.

Le lendemain 8 thermidor, Robespierre se décida à prononcer son fameux discours. Tous ses agens étaient disposés, et Saint-Just arrivait dans la journée. La convention, en le voyant paraître à cette tribune où il ne se montrait que rarement, s'attendait à une scène décisive. On l'écouta avec un morne silence. « Citoyens, dit-il, que d'autres
« vous tracent des tableaux flatteurs; je viens vous
« dire des vérités utiles. Je ne viens point réaliser
« des terreurs ridicules, répandues par la perfidie;
« mais je veux étouffer, s'il est possible, les flam-
« beaux de la discorde par la seule force de la vé-
« rité. Je vais défendre devant vous votre autorité
« outragée et la liberté violée. Je me défendrai
« moi-même : vous n'en serez pas surpris, vous
« ne ressemblez point aux tyrans que vous com-
« battez. Les cris de l'innocence outragée n'impor-
« tunent point votre oreille, et vous n'ignorez pas
« que cette cause ne vous est point étrangère. »
Robespierre fait ensuite le tableau des agitations qui ont régné depuis quelque temps, des craintes qui ont été répandues, des projets qu'on a supposés au comité et à lui contre la convention.

« Nous, dit-il, attaquer la convention! et que
« sommes-nous sans elle! Qui l'a défendue au péril
« de sa vie? Qui s'est dévoué pour l'arracher aux
« mains des factions? » Robespierre répond que
c'est lui; et il appelle avoir défendu la convention
contre les factions, d'avoir arraché de son sein
Brissot, Vergniaud, Gensonné, Pétion, Barbaroux,
Danton, Camille Desmoulins, etc. Après les preuves
de dévouement qu'il a données, il s'étonne que des
bruits sinistres aient été répandus. « Est-il vrai,
« dit-il, qu'on ait colporté des listes odieuses où
« l'on désignait pour victimes un certain nombre
« de membres de la convention, et qu'on préten-
« dait être l'ouvrage du comité de salut public, et
« ensuite le mien? Est-il vrai qu'on ait osé supposer
« des séances du comité, des arrêtés rigoureux qui
« n'ont jamais existé, des arrestations non moins
« chimériques? Est-il vrai qu'on ait cherché à per-
« suader à un certain nombre de représentans ir-
« réprochables que leur perte était résolue? à tous
« ceux qui, par quelque erreur, avaient payé un
« tribut inévitable à la fatalité des circonstances
« et à la faiblesse humaine, qu'ils étaient voués au
« sort des conjurés? Est-il vrai que l'imposture ait
« été répandue avec tant d'art et d'audace, qu'une
« foule de membres ne couchaient plus chez eux?
« Oui, les faits sont constans, et les preuves en sont
« au comité de salut public! »

Il se plaint ensuite de ce que l'accusation, portée en masse contre les comités, a fini par se diriger sur lui seul. Il expose qu'on a donné son nom à tout ce qui s'est fait de mal dans le gouvernement; que si on enfermait des patriotes au lieu d'enfermer des aristocrates, on disait : *C'est Robespierre qui le veut;* que si quelques patriotes avaient succombé, on disait : *C'est Robespierre qui l'a ordonné;* que si des agens nombreux du comité de sûreté générale étendaient partout leurs vexations et leurs rapines, on disait: *C'est Robespierre qui les envoie;* que si une loi nouvelle tourmentait les rentiers, on disait: *C'est Robespierre qui les ruine.* Il dit enfin qu'on l'a présenté comme l'auteur de tous les maux pour le perdre, qu'on l'a appelé un tyran, et que le jour de la fête à l'Être suprême, ce jour où la convention a frappé d'un même coup l'athéisme et le despotisme sacerdotal, où elle a rattaché à la révolution tous les cœurs généreux, ce jour enfin de félicité et de pure ivresse, le président de la convention nationale, parlant au peuple assemblé, a été insulté par des hommes coupables, et que ces hommes étaient des représentans. On l'a appelé un tyran! et pourquoi? parce qu'il a acquis quelque influence en parlant le langage de la vérité. « Et que prétendez-vous, s'écrie-t-il, vous
« qui voulez que la vérité soit sans force dans la
« bouche des représentans du peuple français? La

« vérité sans doute a sa puissance, elle a sa colère,
« son despotisme; elle a ses accens touchans, ter-
« ribles, qui retentissent avec force dans les cœurs
« purs comme dans les consciences coupables, et
« qu'il n'est pas plus donné au mensonge d'imiter
« qu'à Salmonée d'imiter les foudres du ciel. Mais
« accusez-en la nation, accusez-en le peuple qui
« la sent et qui l'aime. — Qui suis-je, moi qu'on
« accuse? un esclave de la liberté, un martyr vi-
« vant de la république, la victime autant que l'en-
« nemi du crime. Tous les fripons m'outragent;
« les actions les plus indifférentes, les plus légi-
« times de la part des autres, sont des crimes pour
« moi. Un homme est calomnié dès qu'il me con-
« naît. On pardonne à d'autres leurs forfaits; on
« me fait à moi un crime de mon zèle. Otez-moi
« ma conscience, je suis le plus malheureux des
« hommes; je ne jouis pas même des droits de ci-
« toyen, que dis-je? il ne m'est pas même permis
« de remplir les devoirs d'un représentant du
« peuple. »

Robespierre se défend ainsi par des déclamations subtiles et diffuses, et, pour la première fois, il trouve la convention morne, silencieuse, et comme ennuyée de la longueur de ce discours. Il arrive enfin au plus vif de la question : il accuse. Parcourant toutes les parties du gouvernement, il critique d'abord avec une méchanceté inique le système financier. Auteur de la loi du 22 prairial, il s'étend avec une pitié profonde sur la loi des rentes viagères; il n'y a pas jusqu'au *maximum*, contre lequel il semble s'élever, en disant que les intrigans ont entraîné la convention dans des mesures violentes. « Dans les mains de qui sont vos « finances? dans les mains, s'écrie-t-il, de feuillans, « de fripons connus, des Cambon, des Mallarmé, « des Ramel. » Il passe ensuite à la guerre, il parle avec dédain de ces victoires, « qu'on vient décrire « avec une *légèreté académique*, comme si elles « n'avaient coûté ni sang ni travaux. Surveillez, « s'écrie-t-il, surveillez la victoire; surveillez la Bel- « gique. Vos ennemis se retirent et vous laissent à « vos divisions intestines; songez à la fin de la cam- « pagne. On a semé la division parmi les généraux; « l'aristocratie militaire est protégée; les généraux « fidèles sont persécutés; l'administration militaire « s'enveloppe d'une autorité suspecte. Ces vérités « valent bien des épigrammes. » Il n'en disait pas davantage sur Carnot et Barrère; il laissait à Saint-Just le soin d'accuser les plans de Carnot. On voit que ce misérable répandait sur toutes choses le fiel dont il était dévoré. Ensuite il s'étend sur le comité de sûreté générale, sur la foule de ses agens, sur leurs cruautés, sur leurs rapines; il dénonce Amar et Jagot comme s'étant emparés de la police, et faisant tout pour décrier le gouvernement révolutionnaire. Il se plaint de ces railleries qu'on a débitées à la tribune à propos de Catherine Théot, et prétend qu'on a voulu supposer de feintes conjurations pour en cacher de réelles. Il montre les deux comités comme livrés à des intrigues, et engagés en quelque sorte dans les projets de la faction antinationale. Dans tout ce qui existe, il ne trouve de bien que le *gouvernement révolutionnaire*, mais seulement encore le principe, et non l'exécution. Le principe est à lui, c'est lui qui a fait instituer ce gouvernement, mais ce sont ses adversaires qui le dépravent.

Tel est le sens des volumineuses déclamations de Robespierre. Enfin il termine par ce résumé : « Disons qu'il existe une conspiration contre la « liberté publique, qu'elle doit sa force à une coa- « lition criminelle qui intrigue au sein même de la « convention; que cette coalition a des complices « au sein du comité de sûreté générale, et dans les « bureaux de ce comité qu'ils dominent; que les « ennemis de la république ont opposé ce comité « au comité de salut public, et constitué ainsi deux « gouvernemens; que des membres du comité de « salut public entrent dans ce complot; que la coa- « lition ainsi formée cherche à perdre les patriotes « et la patrie. Quel est le remède à ce mal? Punir « les traîtres, renouveler les bureaux du comité de « sûreté générale, épurer ce comité lui-même et

« le subordonner au comité de salut public, épurer
« le comité de salut public lui-même, constituer le
« gouvernement sous l'autorité suprême de la con-
« vention nationale, qui est le centre et le juge, et
« écraser ainsi toutes les factions du poids de l'au-
« torité nationale, pour élever sur leurs ruines la
« puissance de la justice et de la liberté. Tels sont
« les principes. S'il est impossible de les réclamer
« sans passer pour un ambitieux, j'en conclurai
« que les principes sont proscrits, et que la tyran-
« nie règne parmi nous, mais non que je doive le
« taire; car que peut-on objecter à un homme qui
« a raison, et qui sait mourir pour son pays? Je
« suis fait pour combattre le crime, non pour le
« gouverner. Le temps n'est point encore arrivé où
« les hommes de bien pourront servir impunément
« la patrie. »

Robespierre avait commencé son discours dans le silence, il l'achève dans le silence. Dans toutes les parties de la salle on reste muet en le regardant. Ces députés, autrefois si empressés, sont devenus de glace; ils n'expriment plus rien, et semblent avoir le courage de rester froids depuis que les tyrans, divisés entre eux, les prennent pour juges. Tous les visages sont devenus impénétrables. Une espèce de rumeur sourde s'élève peu à peu dans l'assemblée; mais personne n'ose encore prendre la parole. Lecointre (de Versailles), l'un des ennemis les plus énergiques de Robespierre, se présente le premier, mais c'est pour demander l'impression du discours, tant les plus hardis hésitent encore à livrer l'attaque. Bourdon (de l'Oise) ose s'opposer à l'impression, en disant que ce discours renferme des questions trop graves, et il demande le renvoi aux deux comités. Barrère, toujours prudent, appuie la demande de l'impression, en disant que dans un pays libre il faut tout imprimer. Couthon s'élance à la tribune, indigné de voir une contestation au lieu d'un élan d'enthousiasme, et réclame non seulement l'impression, mais l'envoi à toutes les communes et à toutes les armées. Il a besoin, dit-il, d'épancher son cœur ulcéré, car depuis quelque temps on abreuve de dégoûts les députés les plus fidèles à la cause du peuple; on les accuse de verser le sang, d'en vouloir verser encore; et cependant, s'il croyait avoir contribué à la perte d'un seul innocent, il s'immolerait de douleur. Les paroles de Couthon réveillèrent tout ce qui restait de soumission dans l'assemblée; elle vota l'impression et l'envoi du discours à toutes les municipalités.

Les adversaires de Robespierre allaient avoir le désavantage; mais Vadier, Cambon, Billaud-Varennes, Panis, Amar, demandent la parole pour répondre aux accusations de Robespierre. Les courages sont ranimés par le danger, et la lutte commence. Tous veulent parler à la fois. On fixe le tour de chacun. Vadier est admis le premier à s'expliquer. Il justifie le comité de sûreté générale, et soutient que le rapport de Catherine Théot avait pour objet de révéler une conspiration réelle, profonde, et il ajoute d'un ton significatif qu'il a des pièces pour en prouver l'importance et le danger. Cambon justifie ses lois de finances, et sa probité, qui était universellement connue et admirée dans un poste où les tentations étaient si grandes. Il parle avec son impétuosité ordinaire ; il prouve que les agioteurs ont seuls pu être lésés par ses lois de finances, et rompant enfin la mesure observée jusque-là : « Il est temps, s'écrie-t-il, de « dire la vérité tout entière. Est-ce moi qu'il faut « accuser de m'être rendu maître en quelque chose ? « l'homme qui s'était rendu maître de tout, l'homme « qui paralysait votre volonté, c'est celui qui vient « de parler, c'est Robespierre. » Cette véhémence déconcerte Robespierre : comme s'il avait été accusé d'avoir fait le tyran en matière de finances, il dit qu'il ne s'est jamais mêlé de finances, qu'il n'a donc jamais pu gêner la convention en cette matière, et que du reste, en attaquant les plans de Cambon, il n'a pas entendu attaquer ses intentions. Il l'avait pourtant qualifié de fripon. Billaud-Varennes, non moins redoutable, dit qu'il est temps de mettre toutes les vérités en évidence ; il parle de la retraite de Robespierre des comités, du déplacement des compagnies de canonniers, dont on n'a fait sortir que quinze, quoique la loi permît d'en faire sortir vingt-quatre; il ajoute qu'il va arracher tous les masques, et qu'il aime mieux que son cadavre serve de marche-pied à un ambitieux que d'autoriser ses attentats par son silence. Il demande le rapport du décret qui ordonne l'impression. Panis se plaint des calomnies continuelles de Robespierre, qui a voulu le faire passer pour auteur des journées de septembre; il veut que Robespierre et Couthon s'expliquent sur les cinq ou six députés, dont ils ne cessent depuis un mois de demander le sacrifice aux jacobins. Aussitôt la même chose est réclamée de toutes parts. Robespierre répond avec hésitation qu'il est venu dévoiler des abus, et qu'il ne s'est pas chargé de justifier ou d'accuser tel ou tel. « Nommez, nommez les individus ! s'écrie-t-on. » Robespierre divague encore, et dit que lorsqu'il a eu le courage de déposer dans le sein de la convention des avis qu'il croyait utiles, il ne pensait pas........ On l'interrompt encore. Charlier lui crie : « Vous qui pré« tendez avoir le courage de la vertu, ayez celui « de la vérité. Nommez, nommez les individus. » La confusion augmente. On revient à la question de l'impression. Amar insiste pour le renvoi du discours aux comités. Barrère, voyant l'avantage se prononcer pour ceux qui veulent le renvoi aux comités, vient s'excuser en quelque sorte d'avoir demandé le contraire. Enfin la convention révoque sa décision, et déclare que le discours de Robespierre, au lieu d'être imprimé, sera renvoyé à l'examen des deux comités.

Cette séance était un événement vraiment extraordinaire. Tous les députés, habituellement si soumis, avaient repris courage. Robespierre, qui n'avait jamais eu que de la morgue et point d'audace, était surpris, dépité, abattu. Il avait besoin de se remettre. Il court chez ses fidèles jacobins pour retrouver des amis, et leur emprunter du courage. On y était déjà instruit de l'événement, et on l'attendait avec impatience. A peine paraît-il qu'on le couvre d'applaudissemens. Couthon le suit et partage les mêmes acclamations. On demande la lecture du discours. Robespierre emploie encore deux grandes heures à le leur répéter. A chaque instant il est interrompu par des cris et des applaudissemens frénétiques. A peine a-t-il achevé, qu'il ajoute quelques paroles d'épanchement et de douleur. « Ce discours que vous venez d'en« tendre, leur dit-il, est mon testament de mort. « Je l'ai vu aujourd'hui ; la ligue des méchans est « tellement forte que je ne puis pas espérer de lui « échapper. Je succombe sans regret ; je vous laisse « ma mémoire ; elle vous sera chère, et vous la dé-

« fendrez. » A ces paroles, on s'écrie qu'il n'est pas temps de craindre et de désespérer, qu'au contraire on vengera le père de la patrie de tous les méchans réunis. Henriot, Dumas, Coffinhal, Payan, l'entourent, et se déclarent tout prêts à agir. Henriot dit qu'il connaît encore le chemin de la convention. « Séparez, leur dit Robespierre, les méchans des « hommes faibles; délivrez la convention des scé- « lérats qui l'oppriment; rendez-lui le service qu'elle « attend de vous, comme au 31 mai et au 2 juin. « Marchez, sauvez encore la liberté! Si malgré tous « ces efforts il faut succomber, eh bien! mes amis, « vous me verrez boire la ciguë avec calme. — « Robespierre, s'écrie un député, je la boirai avec « toi ! » Couthon propose à la société un nouveau scrutin épuratoire, et veut qu'on expulse à l'instant même les députés qui ont voté contre Robespierre; il en avait sur lui la liste, et la fournit sur-le-champ. Sa proposition est adoptée au milieu d'un tumulte épouvantable. Collot-d'Herbois essaie de présenter quelques réflexions, on l'accable de huées; il parle de ses services, de ses dangers, des deux coups de feu de Ladmiral : on le raille, on l'injurie, on le chasse de la tribune. Tous les députés présens et désignés par Couthon sont chassés; quelques-uns même sont battus. Collot se sauve au milieu des couteaux dirigés contre lui. La société se trouvait augmentée ce jour-là de tous les gens d'action qui, dans les momens de trouble, pénétraient sans avoir de cartes ou avec une carte fausse. Ils joignaient aux paroles la violence, et ils étaient même tout prêts à y ajouter l'assassinat. L'agent national Payan, qui était homme d'exécution, proposait un projet hardi. Il voulait que l'on allât sur-le-champ enlever tous les conspirateurs, et on le pouvait, car ils étaient en ce moment même réunis ensemble dans les comités dont ils étaient membres. On aurait ainsi terminé la lutte sans combat et par un coup de main. Robespierre s'y opposa; il n'aimait pas les actions si promptes; il pensait qu'il fallait suivre tous les procédés du 31 mai. On avait déjà fait une pétition solennelle; il avait fait un discours; Saint-Just, qui venait d'arriver de l'armée, ferait un rapport le lendemain matin; lui Robespierre parlerait de nouveau, et, si on ne réussissait pas, les magistrats du peuple, réunis pendant ce temps à la commune, et appuyés par la force armée des sections, déclareraient que le peuple était rentré dans sa souveraineté, et viendraient délivrer la convention des scélérats qui l'égaraient. Le plan se trouvait ainsi tracé par les précédens. On se sépara en se promettant pour le lendemain, Robespierre d'être à la convention, les jacobins dans leur salle, les magistrats municipaux à la commune, et Henriot à la tête des sections. On comptait de plus sur les jeunes gens de l'école de Mars, dont le commandant, Labretèche, était dévoué à la cause de la commune.

Telle fut cette journée du 8 thermidor, la dernière de la tyrannie sanglante qui s'était appesantie sur la France. Cependant, ce jour encore, l'horrible machine révolutionnaire ne cessa pas d'agir. Le tribunal siégea, des victimes furent conduites à l'échafaud. Dans le nombre étaient deux poètes célèbres, Roucher, l'auteur des *Mois*, et le jeune André Chénier, qui laissa d'admirables ébauches, et que la France regrettera autant que tous ces jeunes hommes de génie, orateurs, écrivains, généraux, dévorés par l'échafaud et par la guerre. Ces deux enfans des Muses se consolaient sur la fatale charrette, en répétant des vers de Racine. Le jeune André, en montant à l'échafaud, poussa le cri du génie arrêté dans sa carrière : *Mourir si jeune!* s'écria-t-il en se frappant le front ; *il y avait quelque chose là!*

Pendant la nuit qui suivit, on s'agita de toutes parts, et chacun songea à recueillir ses forces. Les comités s'étaient réunis, et délibéraient sur les grands événemens de la journée et sur ceux du lendemain. Ce qui venait de se passer aux Jacobins prouvait que le maire et Henriot soutiendraient les triumvirs, et que le lendemain on aurait à lutter contre toutes les forces de la commune.

Faire arrêter ces deux principaux chefs eût été le plus prudent, mais les comités hésitaient encore ; ils voulaient, ne voulaient pas ; ils se sentaient comme une espèce de regret d'avoir commencé la lutte. Ils voyaient que si la convention était assez forte pour vaincre Robespierre, elle rentrerait dans tous ses pouvoirs, et qu'ils seraient arrachés aux coups de leur rival, mais dépossédés de la dictature. S'entendre avec lui eût bien mieux valu sans doute ; mais il n'était plus temps. Robespierre s'était bien gardé de se rendre au milieu d'eux, après la séance des jacobins. Saint-Just, arrivé de l'armée depuis quelques heures, les observait. Il était silencieux. On lui demanda le rapport dont on l'avait chargé dans la dernière entrevue, et on voulut en entendre la lecture ; il répondit qu'il ne pouvait le communiquer, l'ayant donné à lire à l'un de ses collègues. On lui demanda d'en faire au moins connaître la conclusion ; il s'y refusa encore. Dans ce moment, Collot entre tout irrité de la scène qu'il venait d'essuyer aux Jacobins. « Que se passe-t-il aux Jacobins ? lui
« dit Saint-Just. — Tu le demandes ? réplique
« Collot avec colère ; n'es-tu pas le complice de
« Robespierre ? n'avez-vous pas combiné ensemble
« tous vos projets ? Je le vois, vous avez formé un
« infâme triumvirat, vous voulez nous assassiner ;
« mais si nous succombons, vous ne jouirez pas

« long-temps du fruit de vos crimes. » Alors s'approchant de Saint-Just avec véhémence : « Tu veux, « lui dit-il, nous dénoncer demain matin ; tu as « ta poche pleine de notes contre nous, montre-« les... » Saint-Just vide ses poches, et assure qu'il n'en a aucune. On apaise Collot, et on exige de Saint-Just qu'il vienne à onze heures du matin communiquer son rapport, avant de le lire à l'assemblée. Les comités, avant de se séparer, conviennent de demander à la convention la destitution d'Henriot, et l'appel à la barre du maire et de l'agent national.

Saint-Just courut à la hâte écrire son rapport qui n'était pas encore rédigé, et dénonça avec plus de brièveté et de force que ne l'avait fait Robespierre, la conduite des comités envers leurs collègues, l'envahissement de toutes les affaires, l'orgueil de Billaud-Varennes, et les fausses manœuvres de Carnot, qui avait transporté l'armée de Pichegru sur les côtes de la Flandre, et avait voulu arracher seize mille hommes à Jourdan. Ce rapport était aussi perfide, mais bien autrement habile que celui de Robespierre. Saint-Just résolut de le lire à la convention sans le montrer aux comités.

Tandis que les conjurés se concertaient entre eux, les montagnards, qui jusqu'ici s'étaient bornés à se communiquer leurs craintes, mais qui n'avaient pas formé de complot, couraient les uns chez les autres, et se promettaient pour le lendemain d'attaquer Robespierre d'une manière plus formelle, et de le faire décréter s'il était possible. Il leur fallait pour cela le concours des députés de la Plaine, qu'ils avaient souvent menacés, et que Robespierre, affectant le rôle de modérateur, avait autrefois défendus. Ils avaient donc peu de titres à leur faveur. Ils allèrent cependant trouver Boissy-d'Anglas, Durand-Maillane, Palesne-Champeaux, tous trois constituans, dont l'exemple devait décider les autres. Ils leur dirent qu'ils seraient responsables de tout le sang que verserait encore Robespierre, s'ils ne consentaient à voter contre lui. Repoussés d'abord ils revinrent à la charge jusqu'à trois fois, et obtinrent enfin la promesse désirée. On courut encore toute la matinée du 9; Tallien promit de livrer la première attaque, et demanda seulement qu'on osât le suivre.

Chacun courait à son poste; le maire Fleuriot, l'agent national Payan, étaient à la commune. Henriot était à cheval avec ses aides-de-camp, et parcourait les rues de Paris. Les Jacobins avaient commencé une séance permanente. Les députés, debout dès le matin, s'étaient rendus à la convention avant l'heure accoutumée. Ils parcouraient les couloirs en tumulte, et les montagnards les entretenaient avec vivacité, pour les décider en leur faveur. Il était onze heures et demie. Tallien, à l'une des portes de la salle, parlait à quelques-uns de ses collègues, lorsqu'il voit entrer Saint-Just, qui monte à la tribune : « C'est le moment, s'écrie-« t-il, entrons! » On le suit, les bancs se garnissent, et on attend en silence l'ouverture de cette scène, l'une des plus grandes de notre orageuse république.

Saint-Just, qui a manqué à la parole donnée à ses collègues, et qui n'est pas allé leur lire son rapport, est à la tribune. Les deux Robespierre, Lebas, Couthon, sont assis à côté les uns des autres. Collot-d'Herbois est au fauteuil. Saint-Just se dit chargé par les comités de faire un rapport, et obtient la parole. Il débute en disant qu'il n'est d'aucune faction, et qu'il n'appartient qu'à la vérité; que la tribune pourra être pour lui, comme pour beaucoup d'autres, la roche Tarpéienne, mais qu'il n'en dira pas moins son opinion tout entière sur les divisions qui ont éclaté. Tallien lui laisse à peine achever ces premières phrases, et demande la parole pour une motion d'ordre. Il l'obtient. « La ré-« publique, dit-il, est dans l'état le plus malheu-« reux, et aucun bon citoyen ne peut s'empêcher « de verser des larmes sur elle. Hier un membre « du gouvernement s'est isolé, et a dénoncé ses « collègues, un autre vient en faire de même au-« jourd'hui. C'est assez aggraver nos maux; je

« demande qu'enfin le voile soit entièrement dé-
« chiré. » A peine ces paroles sont-elles prononcées
que les applaudissemens éclatent, se prolongent,
recommencent encore, et retentissent une troisième fois. C'était le signal avant-coureur de la
chute des triumvirs. Billaud-Varennes, qui s'est
emparé de la tribune après Tallien, dit que les jacobins ont tenu la veille une séance séditieuse, où
se trouvaient des assassins apostés, qui ont an-
noncé le projet d'égorger la convention. Une indignation générale se manifeste. « Je vois, ajoute
« Billaud-Varennes, je vois dans les tribunes un des
« hommes qui menaçaient hier les députés fidèles.
« Qu'on le saisisse! » On s'en empare aussitôt, et on
le livre aux gendarmes. Billaud soutient ensuite que
Saint-Just n'a pas le droit de parler au nom des comités, parce qu'il ne leur a pas communiqué son rapport; que c'est le moment pour l'assemblée de ne pas
mollir, car elle périra si elle est faible. « Non, non,
s'écrient les députés en agitant leurs chapeaux, elle
ne sera pas faible, et ne périra pas! » Lebas réclame
la parole, que Billaud n'a pas cédée encore; il s'agite,
et fait du bruit pour l'obtenir. Sur la demande de
tous les députés, il est rappelé à l'ordre. Il veut
insister de nouveau. « A l'Abbaye le séditieux! »
s'écrient plusieurs voix de la Montagne. Billaud
continue, et ne gardant plus aucun ménagement,
dit que Robespierre a toujours cherché à dominer

les comités; qu'il s'est retiré lorsqu'on a résisté à sa loi du 22 prairial, et à l'usage qu'il se proposait d'en faire; qu'il a voulu conserver le noble Lavalette, conspirateur à Lille, dans la garde nationale; qu'il a empêché l'arrestation d'Henriot, complice d'Hébert, pour s'en faire une créature; qu'il s'est opposé en outre à l'arrestation d'un secrétaire du comité, qui avait volé cent quatorze mille francs; qu'il a fait enfermer au moyen de son bureau de police, le meilleur comité révolutionnaire de Paris; qu'il a toujours fait en tout sa volonté, et qu'il a voulu se rendre maître absolu. Billaud ajoute qu'il pourrait citer encore beaucoup d'autres faits, mais qu'il suffira de dire qu'hier les agens de Robespierre aux Jacobins, les Dumas, les Coffinhal se sont promis de décimer la convention nationale. Tandis que Billaud énumérait ces griefs, l'assemblée laissait échapper par intervalle des mouvemens d'indignation. Robespierre, livide de colère, avait quitté son siége et gravi l'escalier de la tribune. Placé derrière Billaud, il demandait la parole au président avec une extrême violence. Il saisit le moment où Billaud vient d'achever, pour la redemander encore plus vivement. « A bas le tyran! à bas le tyran! » s'écrie-t-on dans toutes les parties de la salle. Deux fois ce cri accusateur s'élève, et annonce que l'assemblée ose enfin lui donner le nom qu'il méritait. Tandis qu'il insiste, Tallien,

qui s'est élancé à la tribune, réclame la parole, et l'obtient avant lui. « Tout à l'heure, dit-il, je de-
« mandais que le voile fût entièrement déchiré; je
« m'aperçois qu'il vient de l'être. Les conspirateurs
« sont démasqués. Je savais que ma tête était me-
« nacée, et jusqu'ici j'avais gardé le silence; mais
« hier j'ai assisté à la séance des jacobins, j'ai vu se
« former l'armée du nouveau Cromwell, j'ai frémi
« pour la patrie, et je me suis armé d'un poignard
« pour lui percer le sein, si la convention n'avait
« pas le courage de le décréter d'accusation. » En achevant ces mots, Tallien montre son poignard, et l'assemblée le couvre d'applaudissemens. Il propose alors l'arrestation du chef des conspirateurs, Henriot. Billaud propose d'y ajouter celle du président Dumas, et du nommé Boulanger, qui, la veille, a été l'un des agitateurs les plus ardens aux Jacobins. On décrète sur-le-champ l'arrestation de ces trois coupables.

Barrère entre dans ce moment, pour faire à l'assemblée les propositions que le comité a délibérées dans la nuit avant de se séparer. Robespierre, qui n'avait pas quitté la tribune, profite de cet intervalle pour demander encore la parole. Ses adversaires étaient décidés à la lui refuser, de peur qu'un reste de crainte et de servilité ne se réveillât à sa voix. Placés tous au sommet de la Montagne, ils poussent de nouvelles clameurs, et, tandis que

Robespierre se tourne tantôt vers le président, tantôt vers l'assemblée : « A bas! à bas le tyran! » s'écrient-ils avec des voix de tonnerre. Barrère obtient encore la parole avant Robespierre. On dit que cet homme, qui par vanité avait voulu jouer un rôle, et qui, par faiblesse, tremblait maintenant de s'en être donné un, avait deux discours dans sa poche, l'un pour Robespierre, l'autre pour les comités. Il développe la proposition convenue la nuit : c'est d'abolir le grade de commandant-général, de rétablir l'ancienne loi de la législative, par laquelle chaque chef de légion commandait à son tour la force armée de Paris, et enfin d'appeler le maire et l'agent national à la barre, pour y répondre de la tranquillité de la capitale. Ce décret est adopté sur-le-champ, et un huissier va le communiquer à la commune au milieu des plus grands périls.

Lorsque le décret proposé par Barrère a été adopté, on reprend l'énumération des torts de Robespierre; chacun vient à son tour lui faire un reproche. Vadier, qui voulait avoir découvert une conspiration importante en saisissant Catherine Théot, rapporte, ce qu'il n'avait pas dit la veille, que dom Gerle possédait un certificat de civisme signé par Robespierre, et que, dans un matelas de Catherine, se trouvait une lettre dans laquelle elle appelait Robespierre son fils chéri. Il s'étend ensuite sur l'espionnage dont les comités étaient entourés, avec la diffusion d'un vieillard et une lenteur qui ne convenait pas à l'agitation du moment. Tallien, impatient, remonte à la tribune et prend encore la parole, en disant qu'il faut ramener la question à son véritable point. En effet, on avait décrété Henriot, Dumas, Boulanger, on avait appelé Robespierre un tyran, mais on n'avait pris aucune résolution décisive. Tallien fait observer que ce n'est pas à quelques détails de la vie de cet homme, appelé un tyran, qu'il faut s'attacher, mais qu'il faut en montrer l'ensemble. Alors, il commence un tableau énergique de la conduite de ce rhéteur lâche, orgueilleux et sanguinaire....... Robespierre, suffoqué de colère, l'interrompt par des cris de fureur. Louchet dit : « Il faut en finir; l'arrestation contre Robespierre! — Loseau ajoute : L'accusation contre ce dénonciateur! — L'accusation! l'accusation! » crient une foule de députés. Louchet se lève, et regardant autour de lui, demande si on l'appuie. « Oui, oui, répondent cent voix. » Robespierre le jeune dit de sa place : « Je partage les crimes de mon frère, unissez-moi « à lui. » On fait à peine attention à ce dévouement. « L'arrestation! l'arrestation! » crie-t-on encore. Dans ce moment, Robespierre, qui n'avait pas cessé d'aller de sa place au bureau, et du bureau à sa place, s'approche de nouveau du président et

lui demande la parole. Mais Thuriot, qui remplaçait Collot-d'Herbois au fauteuil, ne lui répond qu'en agitant sa sonnette. Alors Robespierre se tourne vers la Montagne et n'y trouve que des amis glacés ou des ennemis furieux; il dirige ensuite ses yeux vers la Plaine. « C'est à vous, dit-
« il, hommes purs, hommes vertueux, c'est à vous
« que je m'adresse et non aux brigands. » On détourne la tête, ou on le menace. Enfin, il se reporte encore vers le président, et s'écrie : « Pour
« la dernière fois, président des assassins, je te
« demande la parole. » Il prononce ces derniers mots d'une voix étouffée et presque éteinte. « Le
« sang de Danton t'étouffe, » lui dit Garnier (de l'Aube). Duval, impatient de cette lutte, se lève et dit : « Président, est-ce que cet homme sera
« encore long-temps le maître de la convention?
« — Ah! qu'un tyran est dur à abattre! ajoute
« Fréron. — Aux voix! aux voix! » s'écrie Loseau. L'arrestation tant proposée est enfin mise aux voix et décrétée au milieu d'un tumulte épouvantable. A peine le décret est-il rendu, que de tous les côtés de la salle on se lève en criant : Vive la liberté! vive la république! les tyrans ne sont plus!

Une foule de membres se lèvent, et disent qu'ils ont entendu voter pour l'arrestation des complices de Robespierre, Saint-Just et Couthon. Aussitôt on les ajoute au décret. Lebas demande à y être adjoint; on lui accorde sa demande ainsi qu'à Robespierre jeune. Ces hommes inspiraient encore une telle appréhension, que les huissiers de la salle n'avaient pas osé se présenter pour les traduire à la barre. En voyant qu'ils étaient restés sur leurs siéges, on demande pourquoi ils ne descendent pas à la place des accusés; le président répond que les huissiers n'ont pas pu faire exécuter l'ordre. Le cri : A la barre! à la barre! devient aussitôt général. Les cinq accusés y descendent, Robespierre furieux, Saint-Just calme et méprisant, les autres consternés de cette humiliation si nouvelle pour eux. Ils étaient enfin à cette place où ils avaient envoyé Vergniaud, Brissot, Pétion, Camille Desmoulins, Danton, et tant d'autres de leurs collègues, pleins ou de vertu, ou de génie, ou de courage.

Il était cinq heures. L'assemblée avait déclaré la séance permanente; mais en ce moment, accablée de fatigue, elle prend la résolution dangereuse de suspendre la séance jusqu'à sept pour se donner un peu de repos. Les députés se séparent alors, et laissent ainsi à la commune, si elle a quelque audace, la faculté de fermer le lieu de leurs séances et de s'emparer de la domination dans Paris. Les cinq accusés sont conduits au comité de sûreté générale et interrogés par leurs collègues en attendant d'être traduits dans les prisons.

Pendant que ces événemens si importans se passaient dans la convention, la commune était restée dans l'attente. L'huissier Courvol était allé lui signifier le décret qui mettait Henrio en arrestation, et mandait le maire et l'agent national à la barre. Il avait été fort mal accueilli. Ayant demandé un reçu, le maire lui avait répondu : *Un jour comme aujourd'hui on ne donne pas de reçu. Va à la convention, va lui dire que nous saurons le maintenir, et dis à Robespierre qu'il n'ait pas peur, car nous sommes ici.* Le maire s'était exprimé ensuite devant le conseil général de la manière la plus mystérieuse sur le motif de la réunion; il ne parla que du décret qui ordonnait à la commune de veiller à la tranquillité de Paris; il rappela les époques où cette commune avait déployé un grand courage, désignant assez clairement le 31 mai. L'agent national Payan, parlant après le maire, avait proposé d'envoyer deux membres du conseil sur la place de la commune, où se trouvait une foule immense, pour haranguer le peuple et l'inviter à *se réunir à ses magistrats pour sauver la patrie*. Ensuite on avait rédigé une adresse dans laquelle on disait que des scélérats opprimaient *Robespierre, ce citoyen vertueux qui fit décréter le dogme consolateur de l'Être suprême et de l'immortalité de l'ame; Saint-Just, cet apôtre de la vertu, qui fit cesser la trahison au Rhin et au Nord;*

Couthon, ce citoyen vertueux qui n'a que le cœur et la tête de vivans, mais qui les a brûlans de patriotisme. Aussitôt après, on avait arrêté que les sections seraient convoquées, que les présidens et les commandans de la force armée seraient mandés à la commune pour y recevoir ses ordres. Une députation avait été envoyée aux jacobins pour qu'ils vinssent fraterniser avec la commune, et qu'ils envoyassent au conseil général leurs membres les plus énergiques et un bon nombre de *citoyens et citoyennes des tribunes.* Sans énoncer encore l'insurrection, la commune en prenait tous les moyens et marchait ouvertement à ce but. Elle ignorait l'arrestation des cinq députés, et c'est pourquoi elle gardait encore quelque réserve.

Pendant ce temps, Henriot était monté à cheval et courait les rues de Paris. Chemin faisant, il apprend qu'on a arrêté cinq représentans; alors il se met à exciter le peuple, en criant que des scélérats oppriment les députés fidèles, qu'ils ont arrêté Couthon, Saint-Just et Robespierre. Ce misérable était à moitié ivre; il s'agitait sur son cheval et brandissait son sabre comme un frénétique. Il se rend d'abord au faubourg Saint-Antoine pour soulever les ouvriers, qui comprenaient à peine ce qu'il voulait dire, et qui d'ailleurs commençaient à s'apitoyer en voyant passer tous les jours de nouvelles victimes. Par un hasard fatal,

Henriot rencontre les charrettes. En apprenant l'arrestation de Robespierre, on les avait entourées; et comme Robespierre était supposé l'auteur de tous les meurtres, on s'imaginait que, lui arrêté, les exécutions devaient finir. On voulait, en conséquence, faire rebrousser chemin aux condamnés. Henriot, survenant en cet instant, s'y oppose et fait consommer encore cette dernière exécution. Il revient ensuite, toujours au galop, jusqu'au Luxembourg, et ordonne à la gendarmerie de se réunir à la place de la maison commune. Il prend un détachement à sa suite, descend le long des quais pour se rendre à la place du Carrousel et aller délivrer les prisonniers qui se trouvaient au comité de sûreté générale. En courant sur les quais avec ses aides-de-camp, il renverse plusieurs personnes. Un homme qui avait sa femme sous son bras, se tourne vers les gendarmes, et s'écrie : « Gendarmes, arrêtez ce brigand, il n'est plus votre général! » Un aide-de-camp lui répond par un coup de sabre. Henriot continue sa route, et se jette dans la rue Saint-Honoré; arrivé sur la place du Palais-Égalité (Palais-Royal), il aperçoit Merlin de Thionville, et pousse à lui en criant : « Arrêtez ce coquin! c'est « un de ceux qui persécutent les représentans « fidèles! » On s'empare aussitôt de Merlin, on le maltraite et on le conduit au premier corps-de-garde. Dans les cours du Palais-National, Henriot

LA DERNIÈRE CHARETTE.

fait mettre pied à terre à ceux qui l'accompagnent, et veut pénétrer dans le palais. Les grenadiers lui en refusent l'entrée et croisent la baïonnette. Dans ce moment, un huissier s'avance et dit : « Gen-« darmes, arrêtez ce rebelle; un décret de la con-« vention vous l'ordonne! » Aussitôt on entoure Henriot, on le désarme, lui et plusieurs de ses aides-de-camp, on les garrotte et on les conduit dans la salle du comité de sûreté générale, auprès de Robespierre, Couthon, Saint-Just et Lebas.

Jusqu'ici tout allait bien pour la convention; ses décrets, hardiment rendus, étaient heureusement exécutés; mais la commune et les jacobins, qui n'avaient pas encore proclamé ouvertement l'insurrection, allaient éclater maintenant, et réaliser leur projet d'un 2 juin. Par bonheur, tandis que la convention suspendait imprudemment sa séance, la commune faisait de même, et le temps était perdu pour tout le monde.

Le conseil ne se rassemble de nouveau qu'à six heures. A cette reprise de la séance, l'arrestation des cinq députés et d'Henriot était connue. Le conseil, à cette nouvelle, ne se contient plus, et déclare qu'il s'insurge contre les oppresseurs du peuple, qui veulent faire périr ses défenseurs. Il ordonne de sonner le tocsin à l'Hôtel-de-Ville et dans toutes les sections. Il députe un de ses membres dans chacune d'elles, pour les pousser à l'insurrection, et les décider à envoyer leurs bataillons à la commune. Il envoie des gendarmes fermer les barrières, et enjoint à tous les concierges des prisons de refuser les prisonniers qui leur seraient présentés. Enfin il nomme une commission exécutive de douze membres, dans laquelle se trouvent Payan et Coffinhal, pour diriger l'insurrection, et user de tous les pouvoirs souverains du peuple. Dans ce moment, on avait déjà réuni sur la place de la commune quelques bataillons des sections, plusieurs compagnies de canonniers, et une grande partie de la gendarmerie. On commence à faire prêter le serment aux commandans des bataillons actuellement réunis. Ensuite on ordonne à Coffinhal de se rendre avec quelques cents hommes à la convention, pour délivrer les prisonniers.

Déjà Robespierre aîné avait été conduit au Luxembourg, Robespierre jeune à maison Lazare, Couthon à Port-Libre, Saint-Just aux Écossais, Lebas à la maison de justice du département. L'ordre donné par la commune aux concierges fut exécuté, et on refusa les prisonniers. Les administrateurs de police s'en emparèrent, et les conduisirent en voiture à la mairie. Quand Robespierre parut, on l'embrassa, on le combla de témoignages de dévouement, et on jura de mourir pour le défendre lui et tous les députés fidèles. Pendant ce temps, Henriot était seul resté au comité de sûreté générale. Coffinhal, vice-président des jacobins, y arriva le sabre à la main, avec quelques compagnies des sections, envahit les salles du comité, en chassa les membres, et délivra Henriot et ses aides-de-camp. Henriot, délivré, courut sur la place du Carrousel, retrouva encore ses chevaux, s'élança sur l'un d'eux, et, avec assez de présence d'esprit, dit aux compagnies des sections et aux canonniers qui se trouvaient autour de lui, que le comité venait de le déclarer innocent, et de lui restituer le commandement. Alors on l'entoura, il se fit suivre par une foule assez nombreuse, se mit à donner des ordres contre la convention, et à préparer le siége de la salle.

Il était sept heures du soir. La convention rentrait à peine en séance, et dans l'intervalle la commune avait acquis de grands avantages. Elle avait, comme on vient de le voir, proclamé l'insurrection, envoyé des commissaires aux sections, réuni déjà autour d'elle beaucoup de compagnies de canonniers et de gendarmes, et délivré les prisonniers. Elle pouvait, avec de l'audace, marcher promptement sur la convention, et lui faire révoquer ses décrets. Elle comptait en outre sur l'école de Mars, dont le commandant Labretèche lui était entièrement dévoué.

Les députés s'assemblent en tumulte, et se communiquent avec effroi les nouvelles de la soirée.

Les membres des comités, incertains, effrayés, sont réunis dans une petite salle, à côté du bureau du président. Là, ils délibèrent sans savoir à quel parti s'arrêter. Plusieurs députés se succèdent à la tribune, et racontent ce qui se passe dans Paris. On rapporte que les prisonniers sont élargis, que la commune s'est réunie aux jacobins, qu'elle dispose déjà d'une force considérable, et que la convention va bientôt être assiégée. Bourdon propose de sortir en corps et de se montrer au peuple, pour le ramener. Legendre s'efforce de rassurer l'assemblée, en lui disant qu'elle ne trouvera partout que de purs et fidèles montagnards prêts à la défendre, et il montre dans ce moment de péril un courage qu'il n'avait pas eu contre Robespierre. Billaud monte à la tribune, et annonce qu'Henriot est sur la place du Carrousel, qu'il a égaré les canonniers, qu'il a fait tourner les canons contre la salle de la convention, et qu'il va commencer l'attaque. Collot-d'Herbois se place alors au fauteuil, qui, par la disposition de la salle, devait recevoir les premiers boulets, et dit en s'asseyant : « Représentans, « voici le moment de mourir à notre poste. Des « scélérats ont envahi le Palais-National. » A ces mots, tous les députés, dont les uns étaient debout, dont les autres erraient dans la salle, reprennent leurs places, et demeurent assis dans un silence majestueux. Tous les citoyens des tribunes s'enfuient avec un bruit épouvantable, et ne laissent après eux qu'un nuage de poussière. La convention reste abandonnée, et convaincue qu'elle va être égorgée, mais résolue à périr plutôt que de souffrir un Cromwell. Admirons ici l'empire de l'occasion sur les courages! Ces mêmes hommes si long-temps soumis au rhéteur qui les haranguait, bravent aujourd'hui les canons qu'il a fait diriger contre eux, avec une sublime résignation. Des membres de l'assemblée entrent et sortent, et apportent des nouvelles de ce qui se passe au Carrousel. Henriot y donne toujours des ordres. « Hors la loi, hors la loi le brigand! » s'écrie-t-on dans la salle. On rend aussitôt le décret de mise hors la loi, et des députés vont le publier devant le Palais-National.

Dans ce moment, Henriot, qui avait égaré les canonniers, et avait fait tourner les pièces contre la salle, voulait les engager à tirer. Il ordonne le feu, mais ceux-ci hésitent. Des députés s'écrient : « Canonniers, vous déshonorerez-vous? ce brigand « est hors la loi! » Les canonniers alors refusent positivement d'obéir à Henriot. Abandonné des siens, il n'a que le temps de tourner bride, et de s'enfuir à la commune.

Ce premier danger passé, la convention met hors la loi les députés qui se sont soustraits à ses décrets, et tous les membres de la commune qui sont en révolte. Cependant, ce n'était pas tout. Si Henriot n'était plus à la place du Carrousel, les révoltés étaient encore à la commune avec toutes leurs forces, et avaient encore la ressource d'un coup de main. Il fallait obvier à ce grand péril. On délibérait sans agir. Dans la petite salle située derrière le bureau où se trouvaient les comités et beaucoup de représentans, on proposa de nommer un commandant de la force armée, pris dans le sein de l'assemblée. « Qui? demande-t-on. — Barras, répond une voix, et il aura le courage d'accepter. » Aussitôt Vouland court à la tribune, et propose de nommer le représentant Barras pour diriger la force armée. La convention accepte la proposition, nomme Barras, et lui adjoint sept autres députés, pour commander sous ses ordres, Fréron, Ferrand, Rovère, Delmas, Bolleti, Léonard Bourdon, et Bourdon (de l'Oise). A cette proposition, un membre de l'assemblée en ajoute une autre, qui n'est pas moins importante, c'est de choisir des représentans pour aller éclairer les sections, et leur demander le secours de leurs bataillons. Cette dernière mesure était la plus nécessaire, car il était urgent de décider les sections incertaines ou trompées.

Barras court vers les bataillons déjà réunis, pour leur signifier ses pouvoirs, et les distribuer autour de la convention. Les députés envoyés aux sections s'y rendent pour les haranguer. Dans ce moment, la plupart étaient incertaines ; très peu tenaient pour la commune et pour Robespierre. Chacun avait horreur de ce système atroce qu'on imputait à Robespierre, et désirait un événement qui en délivrât la France. Cependant la crainte paralysait encore tous les citoyens. On n'osait pas se décider. La commune, à laquelle les sections étaient habituées à obéir, les avait mandées, et quelques-unes, n'osant résister, avaient envoyé des commissaires, non pas pour adhérer au projet de l'insurrection, mais pour s'instruire des événemens. Paris était dans l'incertitude et l'anxiété. Les parens des prisonniers, leurs amis, tous ceux qui souffraient de ce régime cruel, sortaient de leurs maisons, s'approchaient de rue en rue vers les lieux où régnait le bruit, et tâchaient de recueillir quelques nouvelles. Les malheureux détenus ayant aperçu de leurs fenêtres grillées beaucoup de mouvement, et entendu beaucoup de rumeur, se doutaient de quelque chose, mais ils tremblaient encore que ce nouvel événement n'aggravât leur sort. Cependant la tristesse des geôliers, des mots dits à l'oreille des faiseurs de listes, la consternation qui s'en était suivie, avaient un peu dissipé les doutes. Bientôt on avait su par des mots échappés que Robespierre était en péril ; des parens étaient venus se placer sous les fenêtres des prisons, et indiquer par des signes ce qui se passait ; alors les prisonniers se réunissant avaient laissé éclater l'allégresse la plus vive. Les infâmes délateurs tremblans avaient pris quelques-uns des suspects à part, s'étaient efforcés de se justifier, et de persuader qu'ils n'étaient pas les auteurs des listes de proscription. Quelques-uns s'avouant coupables, disaient cependant avoir retranché des noms ; l'un n'en avait donné que quarante, sur deux cents qu'on lui demandait ; un autre avait détruit des listes entières. Dans leur effroi, ces misérables s'accusaient réciproquement, et se renvoyaient l'infamie les uns aux autres.

Les députés répandus dans les sections n'avaient pas eu de peine à l'emporter sur les obscurs envoyés de la commune. Les sections qui avaient acheminé leurs bataillons à l'Hôtel-de-Ville les rappelaient, les autres dirigeaient les leurs vers le Palais-National. Déjà ce palais était suffisamment entouré. Barras vint l'annoncer à l'assemblée, et courut ensuite à la plaine des Sablons, pour remplacer Labretèche, qui était destitué, et amener l'école de Mars au secours de la convention.

La représentation nationale se trouvait maintenant à l'abri d'un coup de main. En effet, c'était le cas de marcher sur la commune, et de prendre l'initiative qu'elle ne prenait pas elle-même. On se décide à marcher sur l'Hôtel-de-Ville. Léonard

Bourdon, qui était à la tête d'un grand nombre de bataillons, se met en marche. Au moment où il annonce qu'il va s'acheminer sur les rebelles. « Pars, lui dit Tallien qui occupait le fauteuil, et « que le soleil en se levant ne trouve plus les con- « spirateurs vivans. » Léonard Bourdon débouche par les quais, et arrive sur la place de l'Hôtel-de-Ville. Un grand nombre de gendarmes, de canonniers, et de citoyens armés des sections, s'y trouvaient encore. Un agent du comité de salut public, nommé Dulac, a le courage de se glisser dans leurs rangs, et de leur lire le décret de la convention qui mettait la commune hors la loi. Le respect qu'on avait contracté pour cette assemblée, au nom de qui tout se faisait depuis deux ans, le respect pour les mots de loi et de république, l'emportent. Les bataillons se séparent : les uns retournent chez eux, les autres se réunissent à Léonard Bourdon, et la place de la commune reste déserte. Ceux qui la gardaient, et ceux qui viennent d'arriver pour l'attaquer, se rangent dans les rues environnantes pour occuper toutes les avenues.

On avait une telle idée de la résolution des conspirateurs, et on était si étonné de les voir presque immobiles dans l'Hôtel-de-Ville, qu'on hésitait à approcher. Léonard Bourdon craignait qu'ils n'eussent miné l'Hôtel-de-Ville. Cependant il n'en était rien ; ils délibéraient en tumulte, proposaient

d'écrire aux armées et aux provinces, ne savaient pas au nom de qui ils devaient écrire, et n'osaient pas prendre un parti décisif. Si Robespierre eût osé, en homme d'action, se montrer et marcher sur la convention, elle eût été mise en péril. Mais il n'était qu'un rhéteur, et d'ailleurs il sentait, et tous ses partisans sentaient avec lui, que l'opinion les abandonnait. La fin de cet affreux régime était arrivée; la convention était partout obéie, et les mises hors la loi produisaient un effet magique. Eût-il été doué d'une plus grande énergie, il aurait été découragé par ces circonstances, supérieures à toute force individuelle. Le décret de mise hors la loi frappa tout le monde de stupeur, lorsque de la place de la commune il parvint à l'Hôtel-de-Ville. Payan, qui le reçut, le lut à haute voix, et, avec une grande présence d'esprit, ajouta à la liste des personnes mises hors la loi *le peuple des tribunes*, ce qui n'était pas dans le décret. Contre son attente le peuple des tribunes s'échappa avec effroi, ne voulant pas partager l'anathème lancé par la convention. Alors le plus grand découragement s'empara des conjurés. Henriot descendit sur la place pour haranguer les canonniers, mais il ne trouva plus un seul homme. Il s'écria en jurant : « Comment! ces scélérats de canonniers, qui m'ont
« sauvé il y a quelques heures, m'abandonnent
« maintenant! » Alors il remonte furieux pour an-

noncer cette nouvelle au conseil. Les conjurés sont plongés dans le désespoir; ils se voient abandonnés par leurs troupes, et cernés de tous côtés par celles de la convention; ils s'accusent, et se reprochent leur malheur. Coffinhal, homme énergique, et qui avait été mal secondé, s'indigne contre Henriot, et lui dit : « Scélérat, c'est ta lâ-« cheté qui nous a perdus. » Il se précipite sur lui, et, le saisissant au milieu du corps, le jette par une fenêtre. Le misérable Henriot tombe sur un tas d'ordures, qui amortissent la chute, et empêchent qu'elle ne soit mortelle. Lebas se tire un coup de pistolet; Robespierre jeune se jette par une fenêtre; Saint-Just reste calme et immobile, une arme à la main, et sans vouloir se frapper; Robespierre se décide enfin à terminer sa carrière, et trouve dans cette extrémité le courage de se donner la mort. Il se tire un coup de pistolet qui, portant au-dessous de la lèvre, lui perce seulement la joue, et ne lui fait qu'une blessure peu dangereuse.

Dans ce moment, quelques hommes hardis, le nommé Dulac, le gendarme Méda, et plusieurs autres, laissant Bourdon avec ses bataillons sur la place de la commune, montent armés de sabres et de pistolets, et entrent dans la salle du conseil, à l'instant même où le bruit des deux coups de feu venait de se faire entendre. Les officiers municipaux allaient ôter leur écharpe, mais Dulac menace de sabrer le premier qui songera à s'en dépouiller. Tout le monde reste immobile; on s'empare de tous les officiers municipaux, des Payan, des Fleuriot, des Dumas, des Coffinhal, etc. ; on emporte les blessés sur des brancards, et on se rend triomphalement à la convention... Il était trois heures du matin. Les cris de victoire retentissent autour de la salle, et pénètrent jusque sous ses voûtes. Alors les cris de vive la liberté! vive la convention! à bas les tyrans! s'élèvent de toutes parts. Le président dit ces paroles : « Représentans, « Robespierre et ses complices sont à la porte de « votre salle; voulez-vous qu'on les transporte de- « vant vous? — Non, non, s'écrie-t-on de tous « côtés; au supplice les conspirateurs! »

Robespierre est transporté avec les siens dans la salle du comité de salut public. On l'étend sur une table, et on lui met quelques cartons sous la tête. Il conservait sa présence d'esprit, et paraissait impassible. Il avait un habit bleu, le même qu'il portait à la fête de l'Être suprême, des culottes de nankin, et des bas blancs; qu'au milieu de ce tumulte il avait laissé retomber sur ses souliers. Le sang jaillissait de sa blessure, il l'essuyait avec un fourreau de pistolet. On lui présentait de temps en temps des morceaux de papier, qu'il prenait pour s'essuyer le visage. Il demeura ainsi plusieurs heures exposé à la curiosité et aux outrages d'une foule de gens. Quand le chirurgien arriva pour le panser, il se leva lui-même, descendit de dessus la table, et alla se placer sur un fauteuil. Il subit un pansement douloureux, sans faire entendre aucune plainte. Il avait l'insensibilité et la sécheresse de l'orgueil humilié. Il ne répondait à aucune parole. On le transporta ensuite avec Saint-Just, Couthon et les autres, à la Conciergerie. Son frère et Henriot avaient été recueillis à moitié morts, dans les rues qui avoisinent l'Hôtel-de-Ville.

La mise hors la loi dispensait d'un jugement; il suffisait de constater l'identité. Le lendemain matin, 10 thermidor (28 juillet), les coupables comparaissent au nombre de vingt-un devant le tribunal où ils avaient envoyé tant de victimes. Fouquier-Tinville fait constater l'identité, et à quatre heures de l'après-midi il les fait conduire au supplice. La foule, qui depuis long-temps avait déserté le spectacle des exécutions, était accourue ce jour-là avec un empressement extrême. L'échafaud avait été élevé à la place de la Révolution. Un peuple immense encombrait la rue Saint-Honoré, les Tuileries, et la grande place. De nombreux parens des victimes suivaient les charrettes en vomissant des imprécations; beaucoup s'approchaient en demandant à voir Robespierre : les gendarmes le leur désignaient avec la pointe de leur sabre. Quand les coupables furent arrivés à l'échafaud, les bourreaux montrèrent Robespierre à tout le peuple, ils détachèrent la bande qui entourait sa joue, et lui arrachèrent le premier cri qu'il eût poussé jusque-là. Il expira avec l'impassibilité qu'il montrait depuis vingt-quatre heures. Saint-Just mourut avec le courage dont il avait toujours fait preuve. Couthon était abattu; Henriot et Robespierre le jeune étaient presque morts de leurs blessures. Des applaudissemens accompagnaient chaque coup de la hache fatale, et la foule faisait éclater une joie extraordinaire. L'allégresse était générale dans Paris. Dans les prisons on entendait retentir des cantiques; on s'embrassait avec une espèce d'ivresse, et on payait jusqu'à 30 fr. les feuilles qui rapportaient les derniers événemens. Quoique la convention n'eût pas déclaré qu'elle abolissait le système de la terreur, quoique les vainqueurs eux-mêmes fussent ou les auteurs ou les apôtres de ce système, on le croyait fini avec Robespierre, tant il en avait assumé sur lui toute l'horreur.

Telle fut cette heureuse catastrophe, qui termina la marche ascendante de la révolution, pour commencer sa marche rétrograde. La révolution avait, au 14 juillet 1789, renversé l'ancienne constitution féodale; elle avait, au 5 et au 6 octobre, arraché le roi à sa cour, pour s'assurer de lui; elle s'était fait ensuite une constitution, et l'avait confiée au monarque en 1791 comme à l'essai. Regret-

ST JUST.

Publié par Furne, à Paris.

tant bientôt d'avoir fait cet essai malheureux, désespérant de concilier la cour avec la liberté, elle avait envahi les Tuileries au 10 août, et plongé Louis XVI dans les fers. L'Autriche et la Prusse s'avançant pour la détruire, elle jeta, pour nous servir de son langage terrible, elle jeta, comme gant du combat, la tête d'un roi et de six mille prisonniers; elle s'engagea d'une manière irrévocable dans cette lutte, et repoussa les coalisés par un premier effort. Sa colère doubla le nombre de ses ennemis; l'accroissement de ses ennemis et du danger redoubla sa colère, et la changea en fureur. Elle arracha violemment du temple des lois des républicains sincères, mais qui, ne comprenant pas ses extrémités, voulaient la modérer. Alors elle eut à combattre une moitié de la France, la Vendée et l'Europe. Par l'effet de cette action et de cette réaction continuelles des obstacles sur sa volonté, et de sa volonté sur les obstacles, elle arriva au dernier degré de péril et d'emportement; elle éleva des échafauds, et envoya un million d'hommes sur les frontières. Alors sublime et atroce à la fois, on la vit détruire avec une fureur aveugle, administrer avec une promptitude surprenante et une prudence profonde. Changée par le besoin d'une action forte, de démocratie turbulente en dictature absolue, elle devint réglée, silencieuse et formidable. Pendant toute la fin de 93 jusqu'au commencement de 94, elle marcha unie par l'imminence du péril. Mais quand la victoire eut couronné ses efforts, à la fin de 93, un dissentiment put naître alors, car des cœurs généreux et forts, calmés par le succès, criaient : « Miséricorde aux vaincus! » Mais tous les cœurs n'étaient pas calmés encore; le salut de la révolution n'était pas évident à tous les esprits; la pitié des uns excita la fureur des autres, et il y eut des extravagans qui voulurent pour tout gouvernement un tribunal de mort. La dictature frappa les deux nouveaux partis qui embarrassaient sa marche. Hébert, Ronsin, Vincent, périrent avec Danton, Camille Desmoulins. La révolution continua ainsi sa carrière, se couvrit de gloire dès le commencement de 1794, vainquit toute l'Europe, et la couvrit de confusion. C'était le moment où la pitié devait enfin l'emporter sur la colère. Mais il arriva ce qui arrive toujours : de l'incident d'un jour on voulut faire un système. Les chefs du gouvernement avaient systématisé la violence et la cruauté, et, lorsque les dangers et les fureurs étaient passés, voulaient égorger et égorger encore; mais l'horreur publique s'élevait de toutes parts. A l'opposition, ils voulaient répondre par le moyen accoutumé : la mort! Alors un même cri partit à la fois de leurs rivaux de pouvoir, de leurs collègues menacés, et ce cri fut le signal du soulèvement général. Il fallut quelques instans pour secouer l'engourdissement de la crainte; mais on y réussit bientôt, et le système de la terreur fut renversé.

On se demande ce qui serait arrivé si Robespierre l'eût emporté. L'abandon où il se trouva prouve que c'était impossible. Mais eût-il été vainqueur, il aurait fallu ou qu'il cédât au sentiment général, ou qu'il succombât plus tard. Comme tous les usurpateurs, il aurait été forcé de faire succéder aux horreurs des factions, un régime calme et doux. Mais d'ailleurs ce n'est pas à lui qu'il appartenait d'être cet usurpateur. Notre révolution était trop vaste pour que le même homme, député à la constituante en 1789, fût proclamé empereur ou protecteur en 1804, dans l'église Notre-Dame. Dans un pays moins avancé et moins étendu, comme l'était l'Angleterre, où le même homme pouvait encore être tribun et général, et réunir ces deux fonctions, un Cromwell a pu être à la fois homme de parti au commencement, soldat usurpateur à la fin. Mais dans une révolution aussi étendue que la nôtre, et où la guerre a été si terrible et si dominante, où le même individu ne pouvait occuper en même temps la tribune et les camps, les hommes de parti se sont d'abord dévorés entre eux; après eux sont venus les hommes de guerre, et un soldat est resté le dernier maître.

Robespierre ne pouvait donc remplir chez nous le rôle d'usurpateur. Pourquoi lui fut-il donné de survivre à tous ces révolutionnaires fameux, qui lui étaient si supérieurs en génie et en puissance, à un Danton, par exemple?..... Robespierre était intègre, et il faut une bonne réputation pour captiver les masses. Il était sans pitié, et elle perd ceux qui en ont dans les révolutions. Il avait un orgueil opiniâtre et persévérant, et c'est le seul moyen de se rendre toujours présent aux esprits. Avec cela, il dut survivre à tous ses rivaux. Mais il fut de la pire espèce des hommes. Un dévot sans passions, sans les vices auxquels elles exposent, mais sans le courage, la grandeur et la sensibilité qui les accompagnent ordinairement; un dévot ne vivant que de son orgueil et de sa croyance, se cachant au jour du danger, revenant se faire adorer après la victoire remportée par d'autres, est un des êtres les plus odieux qui aient dominé les hommes, et on dirait les plus vils, s'il n'avait eu une conviction forte et une intégrité reconnue.

CHAPITRE XXIII.

CONSÉQUENCES DU 9 THERMIDOR. — MODIFICATIONS APPORTÉES AU GOUVERNEMENT RÉVOLUTIONNAIRE. — RÉORGANISATION DU PERSONNEL DES COMITÉS. — RÉVOCATION DE LA LOI DU 22 PRAIRIAL; DÉCRETS D'ARRESTATION CONTRE FOUQUIER-TINVILLE, LEBON, ROSSIGNOL, ET AUTRES AGENS DE LA DICTATURE; SUSPENSION DU TRIBUNAL RÉVOLUTIONNAIRE; ÉLARGISSEMENT DES SUSPECTS. — DEUX PARTIS SE FORMENT, LES MONTAGNARDS ET LES THERMIDORIENS. — RÉORGANISATION DES COMITÉS DE GOUVERNEMENT. — MODIFICATION DES COMITÉS RÉVOLUTIONNAIRES. — ÉTAT DES FINANCES, DU COMMERCE ET DE L'AGRICULTURE APRÈS LA TERREUR. — ACCUSATION PORTÉE CONTRE LES MEMBRES DES ANCIENS COMITÉS, ET DÉCLARÉE CALOMNIEUSE PAR LA CONVENTION. — EXPLOSION DE LA POUDRIÈRE DE GRENELLE. — EXASPÉRATION DES PARTIS. — RAPPORT FAIT A LA CONVENTION SUR L'ÉTAT DE LA FRANCE. — NOMBREUX ET IMPORTANS DÉCRETS SUR TOUTES LES PARTIES DE L'ADMINISTRATION. — LES RESTES DE MARAT SONT TRANSPORTÉS AU PANTHÉON ET MIS A LA PLACE DE CEUX DE MIRABEAU.

Les événemens des 9 et 10 thermidor répandirent une joie que plusieurs jours ne purent calmer. L'ivresse était générale. Une foule de gens, qui avaient quitté leur province pour se cacher à Paris, se jetaient dans les voitures publiques pour aller annoncer chez eux la nouvelle de la commune délivrance. On les arrêtait partout sur les routes, pour leur demander des détails. En apprenant ces heureux événemens, les uns rentraient dans les demeures qu'ils avaient quittées depuis long-temps; les autres, ensevelis dans des caches souterraines, osaient reparaître à la lumière. Les détenus qui remplissaient les nombreuses prisons de la France, commençaient à espérer la liberté, ou du moins cessaient de craindre l'échafaud.

On ne s'expliquait pas encore bien la nature de la révolution qui venait de s'opérer; on ne se demandait pas jusqu'à quel point les membres survivans du comité de salut public étaient disposés à persister dans le système révolutionnaire, jusqu'à quel point la convention était disposée à entrer dans leurs vues; on ne voyait, on ne comprenait qu'une chose, la mort de Robespierre. C'était lui qui avait été le chef du gouvernement; c'est à lui qu'on imputait les emprisonnemens, les exécutions, tous les actes enfin de la dernière tyrannie. Robespierre mort, il semblait que tout devait changer, et prendre une face nouvelle.

A la suite d'un grand événement, l'attente publique devient un besoin irrésistible qu'il faut satisfaire. Après deux jours consacrés à recevoir les félicitations, à écouter les adresses où chacun répétait *Catilina n'est plus, la république est sauvée*, à récompenser les actes de courage, à voter des monumens pour rendre immortelle la grande journée du 9, la convention s'occupa enfin des mesures que réclamait sa situation.

Les commissions populaires instituées pour faire le triage des détenus, le tribunal révolutionnaire composé par Robespierre, le parquet de Fouquier-Tinville, étaient encore en fonction, et n'avaient besoin que d'un signe d'encouragement pour continuer leurs opérations terribles. Dans la séance même du 11 thermidor (29 juillet), on demanda et on décréta l'épuration des commissions populaires. Élie Lacoste appela l'attention sur le tribunal révolutionnaire, et en proposa la suspension, en attendant qu'il fût réorganisé d'après d'autres principes, et composé d'autres hommes. La proposition d'Élie Lacoste fut adoptée; et, pour ne pas retarder le jugement des complices de Robespierre, on convint de nommer, séance tenante, une commission provisoire pour remplacer le tribunal révolutionnaire. Dans la séance du soir, Barrère, qui continuait son rôle de rapporteur, vint annoncer encore une victoire, l'entrée des Français à Liége, et entretint ensuite l'assemblée de l'état des comités qui avaient été mutilés à plusieurs reprises, et réduits par l'échafaud ou par les missions à un petit nombre de membres. Robespierre, Saint-Just et Couthon avaient expiré la veille. Hérault-Séchelles était mort avec Danton.

Jean-Bon-Saint-André, Prieur (de la Marne), étaient en mission. Il ne restait plus que Carnot, qui s'occupait exclusivement de la guerre, Prieur (de la Côte-d'Or), chargé du soin des armes et poudres, Robert Lindet des approvisionnemens et du commerce, Billaud-Varennes et Collot-d'Herbois de la correspondance avec les corps administratifs, Barrère enfin des rapports. Sur douze, ils n'étaient donc plus que six. Le comité de sûreté générale était plus complet, et suffisait bien à ses fonctions. Barrère proposait de remplacer les trois membres morts la veille sur l'échafaud par trois membres nouveaux, en attendant le renouvellement général des comités, qui était fixé au 20 de chaque mois, et qui avait cessé d'avoir lieu depuis le consentement tacite donné à la dictature. C'était aborder de grandes questions : allait-on renvoyer tous les hommes qui avaient fait partie du dernier gouvernement? Allait-on changer non-seulement les hommes, mais les choses, modifier la forme des comités, prendre des précautions contre leur trop grande influence, limiter leurs attributions, en un mot opérer une révolution complète dans l'administration? Telles étaient les questions soulevées par la proposition de Barrère. D'abord on s'éleva contre cette manière expéditive et dictatoriale de procéder, consistant à proposer et à nommer les membres des comités dans la même séance. On demanda l'impression de la liste, et l'ajournement pour les choix. Dubois-Crancé s'avança davantage, et se plaignit de l'absence prolongée des membres des comités. « Si on avait, dit-il, remplacé Hérault-Séchelles; si on n'avait pas toujours laissé Prieur (de la Marne) et Jean-Bon-Saint-André en mission, on aurait été plus assuré d'avoir une majorité, et on n'aurait pas hésité si long-temps à attaquer les triumvirs. » Il soutint ensuite que les hommes se fatiguaient au pouvoir, et y contractaient des goûts dangereux. En conséquence il proposa de décréter qu'à l'avenir aucun membre des comités ne pourrait aller en mission, et que chaque comité serait renouvelé par quart tous les mois. Cambon, poussant la discussion plus avant, dit qu'il fallait réorganiser le gouvernement en entier. Le comité de salut public, suivant lui, s'était emparé de tout, et il résultait de là que ses membres, même en travaillant jour et nuit, ne pouvaient suffire à leur tâche, et que les comités de finances, de législation, de sûreté générale, étaient réduits à une nullité complète. Il fallait faire, en conséquence, une nouvelle distribution des pouvoirs, de manière à empêcher que le comité de salut public ne fût accablé, et que les autres ne fussent annulés.

La discussion ainsi provoquée, on allait porter la main sur toutes les parties du gouvernement révolutionnaire. Bourdon (de l'Oise), dont l'opposition au système de Robespierre était bien connue, puisqu'il devait être l'une de ses premières victimes, arrêta ce mouvement inconsidéré. Il dit qu'on avait eu jusqu'ici un gouvernement habile et vigoureux, qu'on lui devait le salut de la France et d'immortelles victoires, qu'il fallait craindre de porter sur son organisation une main imprudente, que toutes les espérances des aristocrates venaient de se réveiller, et qu'il fallait, en se gardant d'une nouvelle tyrannie, modifier cependant avec ménagement une institution à laquelle on avait dû de si grands résultats. Cependant Tallien, le héros du 9, voulait qu'on abordât au moins certaines questions, et ne voyait aucun danger à les décider sur-le-champ. Pourquoi, par exemple, ne pas décréter à l'instant même que les comités seraient renouvelés par quart tous les mois? Cette proposition de Dubois-Crancé, reproduite par Tallien, fut accueillie avec enthousiasme, et adoptée aux cris de *vive la république*. A cette mesure le député Delmas voulut en faire ajouter une autre. « Vous venez, dit-il à l'assemblée, de tarir la source de l'ambition; pour compléter votre décret, je demande que vous décidiez que nul membre ne pourra rentrer dans un comité qu'un mois après en être sorti. » La proposition de Delmas, accueillie comme la précédente, fut aussitôt adoptée. Ces principes admis, il fut convenu qu'une commission présenterait un nouveau plan pour l'organisation de comités de gouvernement.

Le lendemain, six membres furent choisis pour remplacer, au comité de salut public, les membres morts ou absens. Cette fois la présentation faite par Barrère ne fut pas confirmée. On nomma Tallien, pour le récompenser de son courage; Bréard, Thuriot, Treilhard, membres du premier comité de salut public; enfin les deux députés Laloi et Eschassériaux l'aîné; ce dernier très versé dans les matières de finances et d'économie publique. Le comité de sûreté générale subit aussi des changemens. On s'élevait de toutes parts contre David, qu'on disait dévoué à Robespierre; contre Jagot et Lavicomterie, qu'on accusait d'avoir été d'horribles inquisiteurs. Une foule de voix demandèrent leur remplacement, il fut décrété. On désigna, pour les remplacer et pour compléter le comité de sûreté générale, plusieurs des athlètes qui s'étaient signalés dans la journée du 9; Legendre, Merlin (de Thionville), Goupilleau (de Fontenay), André Dumont, Jean Debry, Bernard (de Saintes). On rapporta ensuite la loi du 22 prairial à l'unanimité. On s'éleva avec indignation contre le décret qui permettait d'enfermer un député sans qu'il fût préalablement entendu par la convention, décret funeste qui avait conduit à la mort d'illustres victimes présentes à tous les souvenirs, Danton, Camille Desmoulins, Hérault-Séchelles, etc. Le décret fut rapporté. Ce n'était pas tout que de changer les choses; il était des hommes auxquels le ressentiment public ne pouvait pardonner. « Tout Paris, s'écria Legendre, vous demande le supplice justement mérité de Fouquier-Tinville. » Cette demande fut aussitôt décrétée, et Fouquier mis en accusation. « On ne peut plus siéger à côté de Lebon, » s'écria une autre voix, et tous les yeux se portèrent sur le proconsul qui avait ensanglanté la ville d'Arras, et dont les excès avaient provoqué des réclamations, même sous Robespierre. Lebon fut aussitôt décrété d'arrestation. On revint sur David, qu'on s'était contenté d'abord d'exclure du comité de sûreté générale, et il fut mis aussi en arrestation. On prit la même mesure contre Héron, le chef des agens de la police instituée par Robespierre; contre le général Rossignol, déjà bien connu; contre Hermann, président du tribunal révolutionnaire avant Dumas, et devenu, par les soins de Robespierre, le chef de la commission des tribunaux.

Ainsi le tribunal révolutionnaire était suspendu, la loi du 22 prairial rapportée, les comités de salut public et de sûreté générale recomposés en partie, les principaux agens de la dernière dictature arrêtés et poursuivis. Le caractère de la dernière révolution se prononçait; l'essor était donné aux espérances et aux réclamations de toute espèce. Les détenus qui remplissaient les prisons, leurs familles, se disaient avec joie qu'ils allaient jouir des résultats de la journée du 9. Avant ce moment heureux, les parens des suspects n'osaient plus réclamer, même pour faire valoir les raisons les plus légitimes, dans la crainte, soit d'éveiller l'attention de Fouquier-Tinville, soit d'être incarcérés eux-mêmes pour avoir sollicité en faveur des aristocrates. Le temps des terreurs était passé. On commença à se réunir de nouveau dans les sections; autrefois abandonnées aux sans-culottes payés à quarante sous par jour, elles furent aussitôt remplies de gens qui venaient de reparaître à la lumière, de parens des prisonniers, de pères, frères, ou fils des victimes immolées par le tribunal révolutionnaire. Le désir de délivrer leurs proches animait les uns; la vengeance animait les autres. On demanda dans toutes les sections la liberté des détenus, et on se rendit à la convention pour l'obtenir d'elle. Ces demandes furent renvoyées au comité de sûreté générale, qui était chargé de vérifier l'application de la loi des suspects. Quoiqu'il renfermât encore le plus grand nombre des individus qui avaient signé les ordres d'arrestation, la force des circonstances et l'adjonction de nouveaux membres devaient le faire incliner à la clémence. Il commença en effet à prononcer les élargissemens en foule. Quelques-uns de ses membres, tels que Legendre, Merlin et autres, parcoururent les prisons pour entendre les réclamations, et y répandirent la joie par leur présence et leurs paroles; les autres, siégeant jour et nuit, reçurent les sollicitations des parens, qui se pressaient pour demander des mises en liberté. Le comité était chargé d'examiner si les prétendus suspects avaient été enfermés sur les motifs de la loi du 17 septembre, et si ces motifs étaient spécifiés dans les mandats d'arrêt. Ce n'était là que revenir à la loi du 17 septembre mieux exécutée; cependant c'était assez pour vider presque en entier les prisons. La précipitation des agens révolutionnaires avait, en effet, été si grande, qu'ils arrêtaient le plus souvent sans énoncer les motifs, et sans en donner communication aux détenus. On élargit comme on avait enfermé, c'est-à-dire en masse. La joie, moins bruyante, devint alors plus réelle; elle se répandit dans les familles, qui recouvraient un père, un frère, un fils, dont elles avaient été long-temps privées, et qu'elles avaient même crus destinés à l'échafaud. On vit sortir ces hommes que leur tiédeur ou leurs liaisons avaient rendus suspects à une autorité ombrageuse, et ceux dont un patriotisme, même avéré, n'avait pu faire pardonner l'opposition. Ce jeune général qui, réunissant sur un seul

Ary Scheffer inv.   Leroux sc.

LES MODÉRÉS MIS EN LIBERTÉ.

versant des Vosges les deux armées de la Moselle et du Rhin, avait débloqué Landau par un mouvement digne des plus grands capitaines, Hoche, enfermé pour sa résistance au comité de salut public, fut élargi, et rendu à sa famille et aux armées qu'il devait conduire encore à la victoire. Kilmaine, qui sauva l'armée du Nord par la levée du camp de César en août 1793, Kilmaine, enfermé pour cette belle retraite, fut rendu aussi à la liberté. Cette jeune et belle femme, qui avait acquis tant d'empire sur Tallien, et qui n'avait cessé du fond de sa prison de stimuler son courage, fut délivrée par lui, et devint son épouse. Les élargissemens se multipliaient chaque jour, sans que les sollicitations dont le comité se voyait accablé devinssent moins nombreuses. « La victoire, dit Barrère,
« vient de marquer une époque où la patrie peut
« être indulgente sans danger, et regarder des fautes
« inciviques comme effacées par quelque temps de
« détention. Les comités ne cessent de statuer sur
« les libertés demandées; ils ne cessent de réparer
« les erreurs ou les injustices particulières. Bientôt
« la trace des vengeances particulières disparaîtra
« du sol de la république; mais l'affluence des per-
« sonnes de tout sexe aux portes du comité de sû-
« reté générale ne fait que retarder des travaux si
« utiles aux citoyens. Nous rendons justice aux
« mouvemens si naturels de l'impatience des fa-

« milles ; mais pourquoi retarder, par des sollici-
« tations injurieuses aux législateurs et par des
« rassemblemens trop nombreux, la marche rapide
« que la justice nationale doit prendre à cette
« époque? »

Les sollicitations de toute espèce, en effet, assiégeaient le comité de sûreté générale. Les femmes surtout usaient de leur influence pour obtenir des actes de clémence, même en faveur d'ennemis connus de la révolution. Il y eut plus d'une surprise faite au comité : les ducs d'Aumont et de Valentinois furent élargis sous des noms supposés, et il y en eut un grand nombre d'autres qui se sauvèrent au moyen des mêmes subterfuges. Il y avait peu de mal à cela ; car, comme l'avait dit Barrère, la victoire avait marqué l'époque où la république pouvait devenir facile et indulgente. Mais le bruit répandu qu'on élargissait beaucoup d'aristocrates pouvait de nouveau réveiller les défiances révolutionnaires, et rompre l'espèce d'unanimité avec laquelle on accueillait les mesures de douceur et de paix.

Les sections étaient agitées et devenaient tumultueuses. Il n'était pas possible, en effet, que les parens des détenus ou des victimes, que les suspects récemment élargis, que tous ceux enfin à qui la parole était rendue, se bornassent à demander la réparation d'anciennes rigueurs sans demander des vengeances. Presque tous étaient furieux contre les comités révolutionnaires, et s'en plaignaient hautement. Ils voulaient les recomposer, les abolir même ; et ces discussions amenèrent quelques troubles dans Paris. La section de Montreuil vint dénoncer les actes arbitraires de son comité révolutionnaire ; celle du Panthéon français déclara que son comité avait perdu sa confiance ; celle du Contrat-Social prit aussi à l'égard du sien des mesures sévères, et nomma une commission pour vérifier ses registres.

C'était là une réaction naturelle de la classe modérée, long-temps réduite au silence et à la terreur par les inquisiteurs des comités révolutionnaires. Ces mouvemens ne pouvaient manquer de frapper l'attention de la Montagne.

Cette terrible Montagne n'avait pas péri avec Robespierre, et lui avait survécu. Quelques-uns de ses membres étaient restés convaincus de la probité, de la loyauté des intentions de Robespierre, et ne croyaient pas qu'il eût voulu usurper. Ils le regardaient comme la victime des amis de Danton et du parti corrompu, dont il n'avait pu réussir à détruire les restes ; mais c'était le très petit nombre qui pensait de la sorte. La plus grande partie des montagnards, républicains sincères, exaltés, voyant avec horreur tout projet d'usurpation, avaient aidé au 9 thermidor, moins encore pour renverser un régime sanguinaire, que pour frapper un Cromwell naissant. Sans doute ils trouvaient inique la justice révolutionnaire telle que Robespierre, Saint-Just, Couthon, Fouquier et Dumas, l'avaient faite; mais ils n'entendaient diminuer en rien l'énergie du gouvernement, et ne voulaient faire aucun quartier à ce qu'on appelait les aristocrates. La plupart étaient des hommes purs et rigides, étrangers à la dictature et à ses actes, et nullement intéressés à la soutenir; mais aussi des révolutionnaires ombrageux, qui ne voulaient pas que le 9 thermidor se changeât en une réaction, et tournât au profit d'un parti. Parmi ceux de leurs collègues qui s'étaient coalisés pour renverser la dictature, ils voyaient avec défiance des hommes qui passaient pour des fripons, des dilapidateurs, des amis de Chabot, de Fabre-d'Églantine, des membres enfin du parti concussionnaire, agioteur et corrompu. Ils les avaient secondés contre Robespierre, mais ils étaient prêts à les combattre s'ils les voyaient tendre ou à refroidir l'énergie révolutionnaire, ou à détourner les derniers événemens au profit d'une faction quelconque. On avait accusé Danton de corruption, de fédéralisme, d'orléanisme, de royalisme: il n'est pas étonnant qu'il s'élevât contre ses amis victorieux des soupçons du même genre. Au reste, aucune attaque n'était encore portée; mais les élargissemens nombreux, le soulèvement général contre le système révolutionnaire, commençaient à éveiller les craintes.

Les véritables auteurs du 9 thermidor, au nombre de quinze ou vingt, et dont les principaux étaient Legendre, Fréron, Tallien, Merlin (de Thionville), Barras, Thuriot, Bourdon (de l'Oise), Dubois-Crancé, Lecointre (de Versailles) ne voulaient pas plus que leurs collègues incliner au royalisme et à la contre-révolution; mais excités par le danger et par la lutte, ils étaient plus prononcés contre les lois révolutionnaires. Il avaient d'ailleurs beaucoup plus de cette propension à s'adoucir qui avait perdu leurs amis Danton et Desmoulins. Entourés, applaudis, sollicités, ils étaient plus entraînés que leurs collègues de la Montagne dans le système de la clémence. Il était même possible que plusieurs d'entre eux fissent quelques sacrifices à leur position nouvelle. Rendre des services à des familles éplorées, recevoir des témoignages de la plus vive reconnaissance, faire oublier d'anciennes rigueurs, était un rôle qui devait les tenter. Déjà ceux qui se défiaient de leur complaisance, comme ceux qui espéraient en elle, leur donnaient un nom à part : ils les appelaient les *Thermidoriens*.

Il s'élevait souvent les contestations les plus

vives au sujet des élargissemens. Ainsi, par exemple, sur la recommandation d'un député, qui disait connaître un individu de son département, le comité ordonnait la mise en liberté; aussitôt un député du même département venait se plaindre de cette mise en liberté, et prétendait qu'on avait élargi un aristocrate. Ces contestations, l'apparition d'une multitude d'ennemis connus de la révolution, qui se montraient la joie sur le front, provoquèrent une mesure qui fut adoptée sans qu'on y attachât d'abord beaucoup d'importance. Il fut décidé qu'on imprimerait la liste de tous les individus élargis par les ordres du comité de sûreté générale, et qu'à côté du nom de l'individu élargi, serait inscrit le nom des personnes qui avaient réclamé pour lui, et qui avaient répondu de ses principes.

Cette mesure produisit une impression extrêmement fâcheuse. Frappés de la récente oppression qu'ils venaient de subir, beaucoup de citoyens furent effrayés de voir leurs noms consignés sur une liste qui pourrait servir à exercer de nouvelles rigueurs si le régime de la terreur était jamais rétabli. Beaucoup de ceux qui avaient déjà réclamé et obtenu des élargissemens en eurent du regret, et beaucoup d'autres ne voulurent plus en demander. On se plaignit vivement dans les sections de ce retour à des mesures qui troublaient la confiance et la joie publiques, et on demanda qu'elles fussent révoquées.

Le 26 thermidor, on s'entretenait dans l'assemblée de l'agitation qui régnait dans les sections de Paris. La section de Montreuil était venue dénoncer son comité révolutionnaire. On lui avait répondu qu'il fallait s'adresser au comité de sûreté générale. Duhem, député de Lille, étranger aux actes de la dernière dictature, mais ami de Billaud, partageant toutes ses opinions, et convaincu qu'il ne fallait pas que l'autorité révolutionnaire se relâchât de ses rigueurs, s'éleva vivement contre l'aristocratie et le modérantisme, qui, disait-il, levaient déjà leurs têtes audacieuses, et s'imaginaient que le 9 thermidor s'était fait à leur profit. Baudot, Taillefer, qui avaient montré une opposition courageuse sous le régime de Robespierre, mais qui étaient montagnards aussi prononcés que Duhem, Vadier, membre fameux de l'ancien comité de sûreté générale, soutinrent aussi que l'aristocratie s'agitait, et qu'il fallait que le gouvernement fût juste, mais restât inflexible. Granet, député de Marseille, et siégeant à la Montagne, fit une proposition qui augmenta l'agitation de l'assemblée. Il demanda que les détenus déjà élargis, dont les répondans ne viendraient pas donner leurs noms, fussent réincarcérés sur-le-champ. Cette proposition excita un grand tumulte. Bourdon, Lecointre, Merlin (de Thionville), la combattirent de toutes leurs forces. La discussion, comme il arrive toujours dans ces occasions, s'étendit des listes à la situation politique, et on s'attaqua vivement sur les intentions qu'on se supposait déjà de part et d'autre. « Il est temps, « s'écria Merlin (de Thionville), que toutes les « factions renoncent à se servir des marches du « trône de Robespierre. On ne doit rien faire à « demi, et, il faut l'avouer, la convention, dans la « journée du 9 thermidor, a fait beaucoup de « choses à demi. Si elle a laissé des tyrans ici, « au moins ils devraient se taire. » Des applaudissemens nombreux couvrirent ces paroles de Merlin, adressées surtout à Vadier, l'un de ceux qui avaient parlé contre les mouvemens des sections. Legendre prit la parole après Merlin. « Le co« mité, dit-il, s'est bien aperçu qu'on lui a surpris « l'élargissement de quelques aristocrates, mais « le nombre n'en est pas grand, et ils seront réin« carcérés bientôt. Pourquoi nous accuser les uns « les autres? pourquoi nous regarder comme en« nemis, quand nos intentions nous rapprochent? « calmons nos passions, si nous voulons assurer « et accélérer le succès de la révolution. Citoyens, « je vous demande le rapport de la loi du 23, qui « ordonne l'impression des listes des citoyens élargis. « Cette loi a dissipé la joie publique, et a glacé

« tous les cœurs. » Tallien succède à Legendre; il est écouté avec la plus grande attention comme le principal des thermidoriens. « Depuis quelques
« jours, dit-il, tous les bons citoyens voient avec
« douleur qu'on cherche à vous diviser, et à ra-
« nimer des haines qui devraient être ensevelies
« dans la tombe de Robespierre. En entrant ici, on
« m'a fait remettre un billet dans lequel on m'an-
« nonce que plusieurs membres devaient être at-
« taqués dans cette séance. Sans doute ce sont les
« ennemis de la république qui font courir ces
« bruits; gardons-nous de les seconder par nos
« divisions. » Des applaudissemens interrompent Tallien; il reprend : « Continuateurs de Robes-
« pierre, s'écrie-t-il, n'espérez aucun succès, la
« convention est déterminée à périr plutôt que de
« souffrir une nouvelle tyrannie. La convention
« veut un gouvernement inflexible, mais juste. Il
« est possible que quelques patriotes aient été
« trompés sur le compte de certains détenus; nous
« ne croyons pas à l'infaillibilité des hommes. Mais
« qu'on dénonce les individus élargis mal à propos,
« et ils seront réincarcérés. Pour moi, je fais ici un
« aveu sincère; j'aime mieux voir aujourd'hui en
« liberté vingt aristocrates qu'on reprendra demain,
« que de voir un patriote rester dans les fers. Eh
« quoi! la république avec ses douze cent mille
« citoyens armés aurait peur de quelques aristo-

« crates! Non, elle est trop grande, elle saura par-
« tout découvrir et frapper ses ennemis. »

Tallien, souvent interrompu par les applaudissemens, en reçoit de plus bruyans encore en finissant son discours. Après ces explications générales,
on revient à la loi du 23, et à la disposition nouvelle que Granet voulait y faire ajouter. Les
partisans de la loi soutiennent qu'on ne doit pas
craindre de se montrer en faisant un acte patriotique, tel que celui de réclamer un citoyen injustement détenu. Ses adversaires répondent que rien
n'est plus dangereux que les listes; que celles des
vingt mille et des huit mille ont été le sujet d'un
trouble continuel; que tous ceux qui s'y trouvaient inscrits ont vécu dans l'effroi; et que, n'eût-
on plus aucune tyrannie à craindre, les individus
portés sur les nouvelles listes n'auraient plus aucun repos. Enfin on transige. Bourdon propose
d'imprimer les noms des prisonniers élargis, sans
y ajouter ceux des répondans qui ont sollicité la
mise en liberté. Cette proposition est accueillie, et
il est décidé qu'on imprimera le nom des élargis
seulement. Tallien, qui n'était pas satisfait de ce
moyen, remonte aussitôt à la tribune. « Puisque
« vous avez décrété, dit-il, d'imprimer la liste des
« citoyens rendus à la liberté, vous ne pouvez re-
« fuser de publier celle des citoyens qui les ont fait
« incarcérer. Il est juste aussi que l'on connaisse

« ceux qui dénonçaient et faisaient renfermer de « bons patriotes. » L'assemblée, surprise par la demande de Tallien, trouve d'abord la proposition juste, et la décrète aussitôt. A peine la décision est-elle rendue, que plusieurs membres de l'assemblée se ravisent. Voilà une liste, dit-on, qui sera opposée à la précédente; *c'est la guerre civile.* Bientôt on répète ce mot dans la salle, et plusieurs voix s'écrient : *C'est la guerre civile!* « Oui, « reprend aussitôt Tallien qui remonte à la tri- « bune, oui, *c'est la guerre civile.* Je le pense « comme vous. Vos deux décrets mettront en « présence deux espèces d'hommes qui ne pour- « ront pas se pardonner. Mais j'ai voulu, en vous « proposant le second décret, vous faire sentir « l'inconvénient du premier. Maintenant je vous « propose de les rapporter tous les deux. » De toutes parts on s'écrie : « Oui, oui, le rapport des « deux décrets! » Amar le demande lui-même, et les deux décrets sont rapportés. Toute impression de liste est donc écartée, grâce à cette surprise adroite et hardie que Tallien venait de faire à l'assemblée.

Cette séance rendit la sécurité à une foule de gens qui commençaient à la perdre; mais elle prouva que toutes les passions n'étaient pas éteintes, que toutes les luttes n'étaient pas terminées. Les partis avaient tous été frappés à leur tour, et avaient perdu leurs têtes les plus illustres : les royalistes, à plusieurs époques; les girondins, au 31 mai; les dantonistes, en germinal; les montagnards exaltés, au 9 thermidor. Mais si les chefs les plus illustres avaient péri, leurs partis survivaient; car les partis ne succombent pas sous un seul coup, et leurs restes s'agitent long-temps après eux. Ces partis allaient tour à tour se disputer encore la direction de la révolution, et recommencer une carrière laborieuse et ensanglantée. Il fallait, en effet, que les esprits, arrivés par l'excitation du danger au dernier degré d'emportement, revinssent progressivement au point d'où ils étaient partis; pendant ce retour, le pouvoir devait repasser de mains en mains, et on allait voir les mêmes luttes de passions, de systèmes et d'autorité.

Après ces premiers soins donnés à la réparation de beaucoup de rigueurs, la convention songea à l'organisation des comités, et du gouvernement provisoire, qui devait, comme on sait, régir la France jusqu'à la paix générale. Une première discussion s'était élevée, comme on vient de le voir, sur le comité de salut public, et la question avait été renvoyée à une commission chargée de présenter un nouveau plan. Il était urgent de s'en occuper, et c'est ce que fit l'assemblée dans les premiers jours de fructidor (août). Elle était placée entre deux systèmes et deux écueils opposés : la crainte d'affaiblir l'autorité chargée du salut de la révolution, et la crainte de recontinuer la tyrannie. Le propre des hommes est d'avoir peur des dangers quand ils sont passés, et de prendre des précautions contre ce qui ne peut plus être. La tyrannie du dernier comité de salut public était née du besoin de suffire à une tâche extraordinaire, au milieu d'obstacles de tout genre. Quelques hommes s'étaient présentés pour faire ce qu'une assemblée ne pouvait, ne savait, n'osait faire elle-même ; et au milieu de leurs travaux inouis pendant quinze mois, ils n'avaient pu ni motiver leurs opérations, ni en rendre compte à l'assemblée, que d'une manière très générale ; ils n'avaient pas même le temps d'en délibérer entre eux, et chacun d'eux vaquait en maître absolu à la tâche qui lui était dévolue. Ils étaient devenus ainsi autant de dictateurs forcés, que les circonstances, plutôt que l'ambition, avaient rendus tout-puissans. Aujourd'hui que la tâche était presque achevée, que les périls extrêmes étaient passés, une pareille puissance ne pouvait plus se former, faute d'occasion. Il était puéril de se prémunir si fort contre un danger devenu impossible ; il y avait même, dans cette prudence, un inconvénient grave, celui d'énerver l'autorité et de lui enlever toute énergie. Douze cent mille hommes avaient été levés, nourris, armés, et conduits aux frontières ; mais il fallait pourvoir à leur entretien, à leur direction, et c'était un soin qui exigeait encore une grande application, une rare capacité, et des pouvoirs très étendus.

Déjà on avait décrété le principe du renouvellement des comités par quart chaque mois; et on avait décidé, en outre, que les membres sortans ne pourraient rentrer avant un mois. Ces deux conditions, en empêchant une nouvelle dictature, empêchaient aussi toute bonne administration. Il était impossible qu'il y eût aucune suite, aucune application constante, aucun secret dans ce ministère constamment renouvelé. Dans cette organisation, à peine un membre était-il au courant des affaires, qu'il était forcé de les quitter; et si une capacité se déclarait, comme celle de Carnot pour la guerre, de Prieur (de la Côte-d'Or) et de Robert Lindet pour l'administration, de Cambon pour les finances, elle était ravie à l'état au terme désigné; car l'absence seule pendant un mois exigée par la loi, rendait à peu près nuls les avantages d'une réélection ultérieure.

Mais il fallait subir la réaction. A une concentration extrême de pouvoir devait succéder une dissémination tout aussi extrême, et bien autrement dangereuse. L'ancien comité de salut public, chargé souverainement de ce qui intéressait le salut de l'état, avait droit d'appeler à lui les autres comités, et de se faire rendre compte de leurs opérations;

il s'était emparé ainsi de tout ce qui était essentiel dans l'œuvre de chacun d'eux. Pour empêcher à l'avenir de tels empiétemens, la nouvelle organisation sépara les attributions des comités et les rendit indépendans les uns des autres. Il en fut établi seize :

1° Comité de salut public;
2° Comité de sûreté générale;
3° Comité des finances ;
4° Comité de législation ;
5° Comité d'instruction publique;
6° Comité de l'agriculture et des arts;
7° Comité du commerce et d'approvisionnemens;
8° Comité des travaux publics;
9° Comité des transports en poste;
10° Comité militaire;
11° Comité de la marine et des colonies;
12° Comité des secours publics;
13° Comité de division;
14° Comité des procès-verbaux et archives;
15° Comité des pétitions, correspondances et dépêches;
16° Comité des inspecteurs du Palais-National.

Le comité de salut public était composé de douze membres; il conservait la direction des opérations militaires et diplomatiques; il était chargé de la levée et de l'équipement des armées, du choix des généraux, des plans de campagne, etc.; mais là se bornaient ses attributions. Le comité de sûreté générale, composé de seize membres, avait la police; celui des finances, composé de quarante-huit membres, avait l'inspection des revenus, du trésor, des monnaies, des assignats, etc. Les comités pouvaient se réunir pour les objets qui les concernaient en commun. Ainsi, l'autorité absolue de l'ancien comité de salut public était remplacée par une foule d'autorités rivales, exposées à s'embarrasser et à se gêner dans leur marche. Telle fut la nouvelle organisation du gouvernement.

On opérait en même temps d'autres réformes qui n'étaient pas jugées moins pressantes. Les comités révolutionnaires établis dans les moindres bourgs, et chargés d'y exercer l'inquisition, étaient la plus vexatoire et la plus abhorrée des institutions attribuées au parti Robespierre. Pour rendre leur action moins étendue et moins tracassière, on en réduisit le nombre à un seul par district. Cependant il dut y en avoir un dans toute commune de huit mille ames, qu'elle fût ou non chef-lieu de district. Dans Paris, le nombre fut réduit de quarante-huit à douze. Ces comités devaient être composés de douze membres; il fallait pour un mandat d'amener la signature de trois membres au moins, et de sept pour un mandat d'arrêt. Ils étaient, comme les comités de gouvernement, soumis au renouvellement par quart chaque mois.

A toutes ces dispositions, la convention en ajouta de non moins importantes, en décidant que les assemblées des sections n'auraient plus lieu qu'une fois par décade, tous les jours de décadi, et que les citoyens présens cesseraient d'avoir quarante sous par séance. C'était resserrer la démagogie dans des limites moins étendues, en rendant plus rares les assemblées populaires, et surtout en ne payant plus les basses classes pour y assister. C'était couper ainsi un abus qui était devenu excessif à Paris. On payait par section douze cents membres présens, tandis qu'il y en avait à peine trois cents en séance. Des présens répondaient pour les absens, et on se rendait alternativement ce service. Ainsi cette milice ouvrière, si dévouée à Robespierre, se trouvait éconduite, et renvoyée à ses travaux.

La plus importante détermination prise par la convention fut l'épuration des individus composant toutes les autorités locales, comités révolutionnaires, municipalités, etc. C'était là que se trouvaient, comme nous l'avons dit, les révolutionnaires les plus ardens; ils étaient devenus dans chaque localité ce que Robespierre, Saint-Just et Couthon étaient à Paris, et il avaient usé de leurs pouvoirs avec toute la brutalité des autorités inférieures. Le décret du gouvernement révolutionnaire, en suspendant la constitution jusqu'à la paix, avait prohibé les élections de toute espèce, afin d'éviter les troubles et de concentrer l'autorité dans les mêmes mains. La convention, par des raisons absolument semblables, c'est-à-dire pour prévenir les luttes entre les jacobins et les aristocrates, maintint les dispositions du décret, et confia aux représentans en mission le soin d'épurer les administrations dans toute la France. C'était là le moyen de s'assurer à elle-même le choix et la direction des autorités locales, et d'éviter le débordement des deux factions l'une sur l'autre. Enfin le tribunal révolutionnaire, suspendu récemment, fut remis en activité; les juges et les jurés n'étant pas tous nommés encore, ceux qui étaient déjà réunis durent entrer en fonctions sur-le-champ, et juger d'après les lois existantes antérieures à celles du 22 prairial. Ces lois étaient encore fort redoutables; mais les hommes dont on avait fait choix pour les appliquer, et la docilité avec laquelle les justices extraordinaires suivent la direction du gouvernement qui les institue, étaient une garantie contre de nouvelles cruautés.

Toutes ces formes furent exécutées du 1er au 15 fructidor (fin d'août). Il restait une institution importante à établir, c'était la liberté de la presse. Aucune loi ne lui traçait de bornes; elle était même consacrée d'une manière illimitée dans la déclaration des droits; néanmoins elle avait été proscrite de fait, sous le régime de la terreur. Une seule parole imprudente pouvant compromettre la tête des citoyens, comment auraient-ils osé écrire? Le sort de l'infortuné Camille Desmoulins avait assez prouvé l'état de la presse à cette époque. Durand-Maillane, ex-constituant, et l'un de ces esprits timides qui s'étaient complètement annulés pendant les orages de la convention, demanda que la liberté de la presse fût de nouveau formellement garantie. « Nous n'avons jamais pu, dit cet excellent homme « à ses collègues, nous faire entendre dans cette « enceinte, sans être exposés à des insultes et à « des menaces. Si vous voulez notre avis dans les « discussions qui s'élèveront à l'avenir; si vous « voulez que nous puissions contribuer de nos lu- « mières à l'œuvre commune, il faut donner de « nouvelles sûretés à ceux qui voudront ou parler « ou écrire. »

Quelques jours après, Fréron, l'ami et le collègue de Barras dans sa mission à Toulon, le familier de Danton et de Camille Desmoulins, et depuis leur mort, l'ennemi le plus fougueux du comité de salut public, Fréron unit sa voix à celle de Durand-Maillane, et demanda la liberté illimitée de la presse. Les avis se partagèrent. Ceux qui avaient vécu dans la contrainte pendant la dernière dictature, et qui voulaient enfin donner impunément leur avis sur toutes choses, ceux qui étaient disposés à réagir énergiquement contre la révolution, demandaient une déclaration formelle, pour garantir la liberté de parler et d'écrire. Les montagnards, qui pressentaient l'usage qu'on se proposait de faire de cette liberté, qui voyaient un débordement d'accusations se préparer contre tous les hommes qui avaient exercé quelques fonctions pendant la terreur; beaucoup d'autres encore qui, sans avoir de crainte personnelle, appréciaient le dangereux moyen qu'on allait fournir aux contre-révolutionnaires, déjà fourmillant de toutes parts, s'opposaient à une déclaration expresse. Ils donnaient pour raison que la déclaration des droits consacrait la liberté de la presse; que la consacrer de nouveau, était inutile, puisque c'était proclamer un droit déjà reconnu, et que si on avait pour but de la rendre illimitée, on commettait une imprudence. « Vous allez donc, dirent Bourdon (de « l'Oise) et Cambon, permettre au royalisme de « surgir, et d'imprimer ce qui lui plaira contre « l'institution de la république ? » Toutes ces propositions furent renvoyées aux comités compétens, pour examiner s'il y avait lieu de faire une nouvelle déclaration.

Ainsi, le gouvernement provisoire, destiné à régir la révolution jusqu'à la paix, était entièrement modifié d'après les nouvelles dispositions de clémence et de générosité qui se manifestaient depuis le 9 thermidor. Comités de gouvernement, tribunal révolutionnaire, administrations locales, étaient réorganisés et épurés; la liberté de la presse était déclarée, et tout annonçait une marche nouvelle.

L'effet que devaient produire ces réformes ne tarda pas à se faire sentir. Jusqu'ici, le parti des révolutionnaires ardens s'était trouvé placé dans le gouvernement même; il composait les comités, et commandait à la convention; il régnait aux Jacobins, il remplissait les administrations municipales et les comités révolutionnaires dont la France entière était couverte : dépossédé aujourd'hui, il allait se trouver en dehors du gouvernement et former contre lui un parti hostile.

Les jacobins avaient été suspendus dans la nuit du 9 au 10 thermidor. Legendre avait fermé leur salle, et en avait déposé les clefs sur le bureau de la convention. Les clefs furent rendues, et il fut permis à la société de se reconstituer à la condition de s'épurer. Quinze membres des plus anciens furent choisis pour examiner la conduite de tous les associés, pendant la nuit du 9 au 10. Ils ne devaient admettre que ceux qui, pendant cette fameuse nuit, avaient été à leur poste de citoyens, au lieu de se rendre à la commune pour conspirer contre la convention. En attendant l'épuration, les anciens membres furent admis dans la salle comme membres provisoires. L'épuration commença. Une enquête sur chacun d'eux eût été difficile, on se contentait de les interroger, et on les jugeait sur leurs réponses. On pense combien l'examen devait être fait avec indulgence, puisque c'étaient les jacobins qui se jugeaient eux-mêmes. En quelques jours, plus de six cents membres furent réinstallés, sur leur simple déclaration qu'ils avaient été, pendant la fameuse nuit, au poste assigné par leurs devoirs. La société fut bientôt recomposée comme elle l'était auparavant, et remplie de tous les individus qui, dévoués à Robespierre, à Saint-Just et Couthon, les regrettaient comme des martyrs de la liberté, et des victimes de la contre-révolution. A côté de la société-mère existait encore ce fameux club électoral, vers lequel se retiraient ceux qui avaient à faire des propositions qu'on ne pouvait entendre aux Jacobins, et où s'étaient tramées les plus grandes journées de la révolution. Il siégeait toujours à l'Évêché, et se composait des anciens cordeliers, des jacobins les plus déterminés, et des hommes les plus compromis pendant la terreur. Les jacobins et ce club devaient naturellement devenir l'asile de ces employés que la nouvelle épuration allait chasser de leurs places. C'est ce qui ne manqua pas d'arriver. Les jurés et juges du tribunal révolutionnaire, les membres des quarante-huit comités, au nombre de quatre cents environ, les agens de la police secrète de Saint-Just et de Robespierre, les porteurs d'ordres des comités, qui formaient la bande du fameux Héron, les commis de différentes administrations, les employés en un mot de toute espèce, exclus des fonctions qu'ils avaient exercées, se réunirent aux jacobins et au club électoral, soit qu'ils en fussent déjà membres, soit qu'ils se fissent recevoir pour la première fois. Ils allaient exhaler là leurs plaintes et leurs ressentimens. Ils étaient inquiets pour leur sûreté, et craignaient les vengeances de ceux qu'ils avaient persécutés ; ils regrettaient en outre des fonctions lucratives, ceux-là surtout qui, membres des comités révolutionnaires, avaient pu joindre à leurs appointemens des dilapidations de toute espèce. La réunion de ces hommes composait un parti violent, opiniâtre, qui à l'ardeur naturelle de ses opinions joignait aujourd'hui l'irritation de l'intérêt lésé. Ce qui se passait à Paris avait lieu de même par toute la France. Les membres des municipalités, des comités révolutionnaires, des directoires de district, se réunissaient dans les sociétés affiliées à la société-mère, et venaient y mettre en commun leurs craintes et leurs haines. Ils avaient pour eux le bas peuple destitué aussi de ses fonctions, depuis qu'il ne recevait plus quarante sous pour assister aux assemblées de section.

En haine de ce parti, et pour le combattre, s'en formait un autre, qui ne faisait d'ailleurs que revivre. Il comprenait tous ceux qui avaient souffert ou gardé le silence pendant la terreur, et qui pensaient que le moment était venu de se réveiller et de diriger à leur tour la marche de la révolution. On vient de voir, au sujet des élargissemens, les parens des détenus ou des victimes reparaître dans les sections, et s'y agiter, soit pour faire ouvrir les prisons, soit pour dénoncer et poursuivre les comités révolutionnaires. La marche nouvelle de la convention, les réformes commencées, augmentèrent les espérances et le courage de ces premiers opposans. Ils appartenaient à toutes les classes qui avaient été opprimées, quel que fût leur rang, mais surtout au commerce, à la bourgeoisie, à ce tiers-état laborieux, opulent et modéré, qui, monarchique et constitutionnel avec les constituans, républicain avec les girondins, s'était effacé dès le 31 mai, et avait été exposé à des persécutions de tout genre. Dans ses rangs se cachaient maintenant les restes fort rares d'une noblesse qui n'osait pas encore se plaindre de son abaissement, mais qui se plaignait de la violation des droits de l'humanité à son égard, et quelques partisans de la royauté, créatures ou agens de l'áncienne cour, qui n'avaient cessé de susciter des obstacles à la révolution, en se jetant dans toutes les oppositions naissantes, quel qu'en fût le système et le caractère. C'étaient, comme d'usage, les jeunes gens de ces différentes classes qui se prononçaient avec le plus de vivacité et d'énergie, car c'est toujours la jeunesse qui est la première à se soulever contre un régime oppresseur. Ils remplissaient les sections, le Palais-Royal, les lieux publics, et manifestaient leur opinion contre ce que l'on appelait les terroristes, de la manière la plus énergique. Ils donnaient les plus nobles motifs. Les uns avaient vu leurs familles persécutées, les autres craignaient de les voir persécuter un jour, si le régime de la terreur était rétabli, et ils juraient de s'y opposer de toutes leurs forces. Mais le secret de l'opposition de beaucoup d'entre eux était dans la réquisition; les uns s'y étaient soustraits en se cachant, quelques autres venaient de quitter les armées en apprenant le 9 thermidor. A eux se joignaient les écrivains, persécutés pendant les derniers temps, et toujours aussi prompts que les jeunes gens à se ranger dans toutes les oppositions; ils remplissaient déjà les journaux et les brochures de diatribes violentes contre le régime de la terreur.

Les deux partis se prononcèrent de la manière la plus vive et la plus opposée, sur les modifications apportées par la convention au régime révolutionnaire. Les jacobins et les clubistes crièrent à l'aristocratie; ils se plaignirent du comité de sûreté générale qui élargissait les contre-révolutionnaires, et de la presse dont on faisait déjà un usage cruel contre ceux qui avaient sauvé la France. La mesure qui les blessait le plus, était l'épuration générale de toutes les autorités. Ils n'osaient pas précisément s'élever contre le renouvellement des individus, car c'eût été avouer des motifs trop personnels, mais ils s'élevaient contre le mode de réélection; ils soutenaient qu'il fallait rendre au peuple le droit d'élire ses magistrats; que faire nommer par les députés en mission les membres des municipalités, des districts, des comités révolutionnaires, c'était commettre une usurpation; que réduire les sections à une séance par décade, c'était violer le droit qu'avaient les citoyens de s'assembler pour délibérer sur la chose publique. Ces plaintes étaient en contradiction avec le principe du gouvernement révolutionnaire, qui interdisait toute élection jusqu'à la paix; mais les partis ne craignent pas les contradictions, quand leur intérêt est compromis : les révolutionnaires savaient qu'une élection populaire les aurait ramenés à leurs postes.

Les bourgeois dans les sections, les jeunes gens au Palais-Royal et dans les lieux publics, les écrivains dans les journaux, demandaient avec véhémence l'usage illimité de la presse, se plaignaient de voir encore dans les comités actuels et dans les administrations trop d'agens de la précédente dictature; ils osaient déjà faire des pétitions contre les représentans qui avaient rempli certaines missions; ils méconnaisaient tous les services rendus, et commençaient à diffamer la convention elle-même. Tallien qui, en sa qualité de principal thermidorien, se regardait comme particulièrement responsable de la marche nouvelle imprimée aux choses, aurait voulu qu'on déterminât cette marche avec vigueur, sans fléchir dans un sens ni dans un autre. Dans un discours rempli de distinctions subtiles entre la terreur et le gouvernement révolutionnaire, et dont le sens général était que, sans employer une cruauté systématique, il fallait conserver néanmoins une énergie suffisante, Tallien proposa de déclarer que le gouvernement révolutionnaire était maintenu, que par conséquent les assemblées primaires ne devaient pas être convoquées pour faire d'élections; mais il proposa de déclarer en même temps que tous les moyens de terreur étaient proscrits, et que les poursuites dirigées contre les écrivains qui auraient librement émis leurs opinions, seraient considérées comme des moyens de terreur.

Ces propositions, qui ne présentaient aucune mesure précise, et qui étaient seulement une profession de foi des thermidoriens, qui voulaient se placer entre les deux partis, sans en favoriser aucun, furent renvoyées aux trois comités de salut public, de sûreté générale et de législation, auxquels on renvoyait tout ce qui avait trait à ces questions.

Cependant ces moyens n'étaient pas faits pour calmer la colère des partis. Ils continuaient à s'invectiver avec la même violence; et ce qui contribuait surtout à augmenter l'inquiétude générale, et à multiplier les sujets de plaintes et d'accusation, c'était la situation économique de la France, plus déplorable peut-être en ce moment qu'elle n'avait jamais été, même aux époques les plus calamiteuses de la révolution.

Les assignats, malgré les victoires de la république, avaient subi une baisse rapide, et ne comptaient plus dans le commerce que pour le sixième ou le huitième de leur valeur; ce qui apportait un trouble effrayant dans les échanges, et rendait le *maximum* plus inexécutable et plus vexatoire que jamais. Évidemment ce n'était plus le défaut de confiance qui dépréciait les assignats, car on ne pouvait plus craindre pour l'existence de la république; c'était leur émission excessive et toujours croissante au fur et à mesure de la baisse. Les impôts, difficilement perçus et payés en papier, fournissaient à peine le quart ou le cinquième de ce que la république dépensait chaque mois pour les frais extraordinaires de la guerre, et il fallait y suppléer par de nouvelles émissions. Aussi, depuis l'année précédente, la quantité d'assignats en circulation, qu'on avait espéré réduire à moins de deux milliards, par le moyen de différentes combinaisons, s'était élevée au contraire à 4 milliards 600 millions.

A cette accumulation excessive de papier-monnaie, et à la dépréciation qui s'ensuivait, se joignaient encore toutes les calamités résultant soit de la guerre, soit des mesures inouïes qu'elle avait commandées. On se souvient que, pour établir un rapport forcé entre la valeur nominale des assignats et les marchandises, on avait imaginé la loi du *maximum*, qui réglait le prix de tous les objets, et ne permettait pas aux marchands de l'élever au fur et à mesure de l'avilissement du papier; on se souvient qu'à ces mesures on avait ajouté les *réquisitions*, qui donnaient aux représentans ou aux agens de l'administration la faculté de requérir toutes les marchandises nécessaires aux armées et aux grandes communes, en les payant en assignats, et au taux du *maximum*. Ces mesures avaient sauvé la France, mais en apportant un trouble extraordinaire dans les échanges et la circulation.

On a déjà vu quels étaient les inconvéniens principaux du *maximum* : établissement de deux marchés, l'un public, dans lequel les marchands n'exposaient que ce qu'ils avaient de plus mauvais et en moindre quantité possible, l'autre, clandestin, dans lequel les marchands vendaient ce qu'ils avaient de meilleur contre de l'argent et à prix libre; enfouissement général des denrées, que les fermiers parvenaient à soustraire à toute la vigilance des agens chargés de faire les réquisitions; enfin, troubles, ralentissement dans la fabrication, parce que les manufacturiers ne trouvaient pas dans le prix fixé à leurs produits les frais même de la production. Tous ces inconvéniens d'un double commerce, de l'enfouissement des subsistances, de l'interruption de la fabrication, n'avaient fait que s'accroître. Il s'était établi partout deux commerces, l'un public et insuffisant, l'autre secret et usuraire. Il y avait deux qualités de pain, deux qualités de viande, deux qualités de toutes choses, l'une pour les riches qui pouvaient payer en argent ou excéder le *maximum*, l'autre pour le pauvre, l'ouvrier, le rentier, qui ne pouvaient donner que la valeur nominale de l'assignat. Les fermiers étaient devenus tous les jours plus ingénieux à soustraire leurs denrées; ils faisaient de fausses déclarations; ils ne battaient pas leur blé, et prétextaient le défaut de bras, défaut qui, au reste, était réel, car la guerre avait absorbé plus de quinze cent mille hommes; ils arguaient de la mauvaise saison, qui, en effet, ne fut pas aussi favorable qu'on l'avait cru au commencement de l'année, lorsqu'à la fête de l'Être suprême on remerciait le ciel des victoires et de l'abondance des récoltes. Quant aux fabricans, ils avaient tout à fait suspendu leurs travaux. On a vu que, l'année précédente, la loi, pour n'être pas inique envers les marchands, avait dû remonter jusqu'aux fabricans, et fixer le prix de la marchandise sur le lieu de fabrique, en ajoutant à ce prix celui des transports; mais cette loi était devenue injuste à son tour. La matière première, la main-d'œuvre, ayant subi le renchérissement général, les manufacturiers n'avaient plus trouvé le moyen de faire leurs frais, et avaient cessé leurs travaux. Il en était de même des commerçans. Le fret pour les marchandises de l'Inde était monté, par exemple, de 150 francs le tonneau à 400; les assurances de 5 et 6 pour cent à 50 et 60. Les commerçans ne pouvaient donc plus vendre les produits rendus dans les ports au prix fixé par le *maximum*, et ils interrompaient aussi leurs expéditions. Comme nous l'avons fait remarquer ailleurs, en forçant un prix, il aurait fallu les forcer tous; mais c'était impossible.

Le temps avait dévoilé encore d'autres inconvéniens particuliers au *maximum*. Le prix des blés avait été fixé d'une manière uniforme dans toute la France. Mais la production du blé étant inégalement coûteuse et abondante dans les différentes provinces, le taux légal se trouvait sans aucune proportion avec les localités. La faculté laissée aux municipalités de fixer les prix de toutes les marchandises amenait une autre espèce de désordre. Quand des marchandises manquaient dans une commune, les autorités en élevaient le prix; alors ces marchandises y étaient apportées au préjudice des communes voisines; il y avait quelquefois engorgement dans un lieu, disette dans un autre, à la volonté des régulateurs du tarif; et les mouvemens du commerce, au lieu d'être réguliers et naturels, étaient capricieux, inégaux et convulsifs.

Les résultats des réquisitions étaient bien plus fâcheux encore. On se servait des réquisitions pour nourrir les armées, pour fournir les grandes manufactures d'armes et les arsenaux de ce qui leur était nécessaire, pour approvisionner les grandes communes, et quelquefois pour procurer aux fabricans et aux manufacturiers les matières dont ils avaient besoin. C'étaient les représentans, les commissaires près des armées, les agens de la commission du commerce et des approvisionnemens, qui avaient la faculté de requérir. Dans le moment pressant du danger, les réquisitions s'étaient faites avec précipitation et confusion. Souvent elles se croisaient pour les mêmes objets, et celui qui était requis ne savait à qui entendre. Elles étaient presque toujours illimitées. Quelquefois on frappait de réquisition toute une denrée dans une commune ou un département. Alors les fermiers ou les marchands ne pouvaient plus vendre qu'aux agens de la république; le commerce étant interrompu, l'objet requis gisait long-temps sans être enlevé ou payé, et la circulation se trouvait arrêtée. Dans la confusion qui résultait de l'urgence, on ne calculait pas les distances, et on frappait de réquisition le département le plus éloigné de la commune ou de l'armée que l'on voulait approvisionner; ce qui multipliait les transports. Beaucoup de rivières et de canaux étant privés d'eau par une sécheresse extraordinaire, il n'était resté que le roulage, et on avait enlevé à l'agriculture ses chevaux pour suffire aux charrois. Cet emploi extraordinaire joint à une levée forcée de quarante-quatre mille chevaux pour l'armée, les avait rendus très rares, et avait épuisé presque tous les moyens de transport. Par l'effet de ces mouvemens mal calculés et souvent inutiles, des masses énormes de subsistances ou de marchandises se trouvaient dans les magasins publics, entassées sans aucun soin, et souvent exposées à toute espèce d'avaries. Les bestiaux acquis par la république étaient mal nourris; ils arrivaient amaigris dans les abattoirs, ce qui faisait manquer les corps gras, le suif, la graisse, etc. Aux transports inutiles se joignaient donc les dégâts, et souvent les abus les plus coupables. Des agens infidèles revendaient secrètement, au cours le plus élevé, les marchandises qu'ils avaient obtenues au *maximum* par le moyen des réquisitions. Cette fraude était pratiquée aussi par des marchands, des fabricans qui, ayant invoqué d'abord un ordre de réquisition pour s'approvisionner, revendaient ensuite secrètement et au cours, ce qu'ils avaient acheté au *maximum*.

Ces causes diverses, s'ajoutant aux effets de la guerre continentale et maritime, avaient réduit le commerce à un état déplorable. Il n'y avait plus de communications avec les colonies, devenues presque inaccessibles par les croisières des Anglais, et presque toutes ravagées par la guerre. La principale, Saint-Domingue, était mise à feu et à sang par les divers partis qui se la disputaient. Ce concours de circonstances rendait déjà toute communication extérieure presque impossible; une autre mesure révolutionnaire avait contribué aussi à amener cet état d'isolement; c'était le séquestre ordonné sur les biens des étrangers avec lesquels la France était en guerre. On se souvient que la convention, en ordonnant ce séquestre, avait eu pour but d'arrêter l'agiotage sur le papier étranger, et d'empêcher les capitaux d'abandonner les assignats pour se convertir en lettres de change sur Francfort, Amsterdam, Londres, etc. En saisissant les valeurs que les Espagnols, les Allemands, les Hollandais, les Anglais, avaient sur la France, on provoqua une mesure pareille de la part de l'étranger, et toute circulation d'effets de crédit avait cessé entre la France et l'Europe. Il n'existait plus de relations qu'avec les pays neutres, le Levant, la Suisse, le Danemark, la Suède et les États-Unis;

mais la commission du commerce et des approvisionnemens en avait usé toute seule, pour se procurer des grains, des fers et différens objets nécessaires à la marine. Elle avait requis pour cela tout le papier; elle en donnait aux banquiers français la valeur en assignats, et s'en servait en Suisse, en Suède, en Danemark, en Amérique, pour payer les grains et les différens produits qu'elle achetait.

Tout le commerce de la France se trouvait donc réduit aux approvisionnemens que le gouvernement faisait dans les pays étrangers, au moyen des valeurs requises forcément chez les banquiers français. A peine arrivait-il dans les ports quelques marchandises venues par le commerce libre, qu'elles étaient aussitôt frappées de réquisition, ce qui décourageait entièrement, comme nous venons de le montrer, les négocians auxquels le fret et les assurances avaient coûté énormément, et qui étaient obligés de vendre au *maximum*. Les seules marchandises un peu abondantes dans les ports étaient celles qui provenaient des prises faites sur l'ennemi; mais les unes étaient immobilisées par les réquisitions, les autres par les prohibitions portées contre tous les produits des nations ennemies. Nantes, Bordeaux, déjà dévastées par la guerre civile, étaient réduites par cet état du commerce à une inertie absolue et à une détresse extrême. Marseille, qui vivait autrefois de ses relations avec le Levant, voyait son port bloqué par les Anglais, ses principaux négocians dispersés par la terreur, ses savonneries détruites ou transportées en Italie, et faisait à peine quelques échanges désavantageux avec les Génois. Les villes de l'intérieur n'étaient pas dans un état moins triste. Nîmes avait cessé de produire ses soieries, dont elle exportait autrefois pour 20 millions. L'opulente ville de Lyon, ruinée par les bombes et la mine, était maintenant en démolition, et ne fabriquait plus les riches tissus dont elle fournissait autrefois pour plus de 60 millions au commerce. Un décret qui arrêtait les marchandises destinées aux communes rebelles en avait immobilisé autour de Lyon une quantité considérable, dont une partie devait rester dans cette ville, et l'autre la traverser seulement pour de là se rendre sur les points nombreux auxquels aboutit la route du Midi. Les villes de Châlons, Mâcon, Valence, avaient profité de ce décret pour arrêter les marchandises voyageant sur cette route si fréquentée. La manufacture de Sedan avait été obligée d'interrompre la fabrication des draps fins, pour se livrer à celle du drap à l'usage des troupes, et ses principaux fabricans étaient poursuivis en outre comme complices du mouvement projeté par Lafayette après le 10 août. Les départemens du Nord, du Pas-de-Calais, de la Somme et de l'Aisne, si riches par la culture du lin et du chanvre, avaient été entièrement ravagés par la guerre. Vers l'Ouest, dans la malheureuse Vendée, plus de six cents lieues carrées étaient entièrement ravagées par le feu et le fer. Les champs étaient en partie abandonnés, et des bestiaux nombreux erraient au hasard sans pâture et sans étable. Partout enfin où des désastres particuliers n'ajoutaient pas aux calamités générales, la guerre avait singulièrement diminué le nombre des bras, et la terreur chez les uns, la préoccupation politique chez les autres, avaient éloigné ou dégoûté du travail un nombre considérable de citoyens laborieux. Combien préféraient à leurs ateliers et à leurs champs, les clubs, les conseils municipaux, les sections, où ils recevaient quarante sous pour aller s'agiter et s'émouvoir!

Ainsi, désordre dans tous les marchés, rareté des subsistances; interruption dans les manufactures par l'effet du *maximum*; déplacemens désordonnés, amas inutiles, dégâts de marchandises; épuisement de moyens de transport par l'effet des réquisitions; interruption de communication avec toutes les nations voisines par l'effet de la guerre, du blocus maritime, du séquestre; dévastation des villes manufacturières et de plusieurs contrées agricoles par la guerre civile; diminution de bras par la réquisition; oisiveté amenée par le goût de la vie politique : tel est le tableau de la France sauvée du fer étranger, mais épuisée un moment par les efforts inouïs qu'on avait exigés d'elle.

Qu'on se figure après le 9 thermidor deux partis aux prises, dont l'un s'attache aux moyens révolutionnaires comme indispensables, et veut prolonger indéfiniment un état essentiellement passager; dont l'autre, irrité des maux inévitables d'une organisation extraordinaire, oublie les services rendus par cette organisation, et veut l'abolir comme atroce; qu'on se figure deux partis de cette nature en lutte, et on concevra combien, dans l'état de la France, ils trouvaient de sujets d'accusations réciproques. Les jacobins se plaignaient du relâchement de toutes les lois; de la violation du *maximum* par les fermiers, les marchands, les riches commerçans; de l'inexécution des lois contre l'agiotage, et de l'avilissement des assignats; ils recommençaient ainsi les cris des hébertistes contre les riches, les accapareurs et les agioteurs. Leurs adversaires, au contraire, osant pour la première fois attaquer les mesures révolutionnaires, s'élevaient contre l'émission excessive des assignats, contre les injustices du *maximum*, contre la tyrannie des réquisitions, contre les désastres de Lyon, Sedan, Nantes, Bordeaux, enfin contre les prohibitions et les entraves de toute espèce qui paralysaient et ruinaient le commerce. C'étaient là, avec la liberté de la presse, et le mode de nomination des fonctionnaires publics, les sujets ordinaires des pétitions des clubs ou des sections. Toutes les réclamations à cet égard étaient renvoyées aux comités de salut public, de finances et de commerce, pour qu'ils eussent à faire des rapports et à présenter leurs vues.

Deux partis étaient ainsi en présence, cherchant et trouvant dans ce qui s'était fait, dans ce qui se faisait encore, des sujets continuels d'attaque et de reproches. Tout ce qui avait eu lieu, bon ou mauvais, on l'imputait aux membres des anciens comités, qui étaient maintenant en butte à toutes les attaques des auteurs de la réaction. Quoiqu'ils eussent contribué à renverser Robespierre, on disait qu'ils ne s'étaient brouillés avec lui que par ambition, et pour le partage de la tyrannie, mais qu'au fond ils pensaient de même, qu'ils avaient les mêmes principes, et qu'ils voulaient continuer à leur profit le même système. Parmi les thermidoriens était Lecointre (de Versailles), esprit ardent et inconsidéré, qui se prononçait avec une imprudence désapprouvée de ses collègues. Il avait formé le projet de dénoncer Billaud-Varennes, Collot-d'Herbois et Barrère, de l'ancien comité de salut public; David, Vadier, Amar et Vouland, du comité de sûreté générale, comme complices et *continuateurs* de Robespierre. Il ne pouvait ni n'osait porter la même accusation contre Carnot, Prieur (de la Côte-d'Or), Robert Lindet, que l'opinion séparait entièrement de leurs collègues, et qui passaient pour s'être occupés exclusivement des travaux auxquels on devait le salut de la France. Il n'osait pas attaquer non plus tous les membres du comité de sûreté générale, parce qu'ils n'étaient pas tous également accusés par l'opinion. Il fit part de son projet à Tallien et à Legendre, qui cherchèrent à l'en dissuader; mais il n'en persista pas moins à l'exécuter, et, dans la séance du 12 fructidor (29 août), il présenta vingt-six chefs d'accusation contre les membres des anciens comités. Ces vingt-six chefs se réduisaient aux vagues imputations d'avoir été les complices du système de terreur que Robespierre avait fait peser sur la convention et sur la France; d'avoir contribué aux actes arbitraires des deux comités, d'avoir signé les ordres de proscription; d'avoir été sourds à toutes les réclamations élevées par des citoyens injustement poursuivis; d'avoir fortement contribué à la mort de Danton; d'avoir défendu la loi du 22 prairial; d'avoir laissé ignorer à la convention que cette loi n'était pas l'ouvrage du comité; de ne point avoir dénoncé Robespierre lorsqu'il abandonna le comité de salut public; enfin de n'avoir rien fait les 8, 9 et 10 thermidor pour mettre la convention à couvert des projets des conspirateurs.

Dès que Lecointre eut achevé la lecture de ces vingt-six chefs, Goujon, député de l'Ain, républicain jeune, sincère, fervent, et montagnard désintéressé, car il n'avait pris aucune part aux actes reprochés au dernier gouvernement, Goujon se leva, et prit la parole avec toutes les apparences d'un profond chagrin. « Je suis, dit-il, douloureusement
« affligé quand je vois avec quelle froide tranquil-
« lité on vient jeter ici de nouvelles semences de
« division, et proposer la perte de la patrie. Tantôt
« on vient vous proposer de flétrir, sous le nom
« de système de la terreur, tout ce qui s'est fait
« pendant une année; tantôt on vous propose
« d'accuser des hommes qui ont rendu de grands
« services à la révolution. Ils peuvent être coupa-
« bles; je l'ignore. J'étais aux armées, je n'ai rien
« pu juger, mais si j'avais eu des pièces qui fissent
« charge contre des membres de la convention, je
« ne les aurais pas produites, ou ne les aurais ap-
« portées ici qu'avec une profonde douleur. Avec
« quel sang-froid, au contraire, on vient plonger
« le poignard dans le sein d'hommes recommanda-
« bles à la patrie par leurs importans services! Re-
« marquez bien que les reproches qu'on leur fait
« portent sur la convention elle-même. Oui, c'est
« la convention qu'on accuse, c'est au peuple

« français qu'on fait le procès, puisqu'ils ont souf-
« fert l'un et l'autre la tyrannie de l'infame Robes-
« pierre. J. Debry vous le disait tout à l'heure, ce
« sont les aristocrates qui font ou qui commandent
« toutes ces propositions. — Et les voleurs, ajou-
« tent quelques voix. — Je demande, reprend
« Goujon, que la discussion cesse à l'instant. »
Beaucoup de députés s'y opposent. Billaud-Varennes s'élance à la tribune, et demande avec in-
stance que la discussion soit continuée. « Il n'y a
« pas de doute, dit-il, que si les faits allégués sont
« vrais, nous ne soyons de grands coupables, et
« que nos têtes ne doivent tomber. Mais nous dé-
« fions Lecointre de les prouver. Depuis la chute
« du tyran nous sommes en butte aux attaques de
« tous les intrigans, et nous déclarons que la vie
« n'a aucun prix pour nous s'ils doivent l'empor-
« ter. » Billaud continue, et raconte que depuis
long-temps ses collègues et lui méditaient le 9 thermidor; que s'ils ont différé, c'est parce que les
circonstances l'exigeaient ainsi; qu'ils ont été les
premiers à dénoncer Robespierre, et à lui arracher
le masque dont il se couvrait; que si on leur fait
un crime de la mort de Danton, il s'en accusera
tout le premier; que Danton était le complice
de Robespierre, qu'il était le point de ralliement
de tous les contre-révolutionnaires, et que, s'il
avait vécu, la liberté aurait été perdue. « Depuis

quelque temps, s'écrie Billaud, nous voyons s'agiter les intrigans, les voleurs... » A ce dernier mot, Bourdon l'interrompt en lui disant : « Le mot est prononcé; il faudra le prouver. — Je me charge, s'écrie Duhem, de le prouver pour un. — Nous le prouverons pour d'autres, » ajoutent plusieurs voix de la Montagne. C'était là le reproche que les montagnards étaient toujours prêts à faire aux amis de Danton, presque tous devenus des thermidoriens. Billaud, qui, au milieu de ce tumulte et de ces interruptions, n'avait pas abandonné la tribune, insiste, et demande une instruction pour que les coupables soient connus. Cambon lui succède, et dit qu'il faut éviter le piége tendu à la convention; que les aristocrates veulent l'obliger à se déshonorer elle-même en déshonorant quelques-uns de ses membres; que si les comités sont coupables, elle l'est aussi; « et toute la nation avec elle, » ajoute Bourdon (de l'Oise). Au milieu de ce tumulte, Vadier paraît à la tribune, un pistolet à la main, disant qu'il ne survivra pas à la calomnie, si on ne le laisse pas se justifier. Plusieurs membres l'entourent, et l'obligent à descendre. Le président Thuriot déclare qu'il va lever la séance si le tumulte ne s'apaise pas. Duhem et Amar veulent que l'on continue la discussion, parce que c'est un devoir de l'assemblée à l'égard des membres inculpés. Thuriot, l'un des thermidoriens les plus ardens, mais cependant montagnard zélé, voyait avec peine qu'on agitât de pareilles questions. Il prend la parole de son fauteuil, et dit à l'assemblée : « D'une part, l'intérêt public veut qu'une pareille « discussion finisse sur-le-champ; de l'autre, l'in- « térêt des inculpés veut qu'elle continue : conci- « lions l'un et l'autre en passant à l'ordre du jour « sur la proposition de Lecointre, et en déclarant « que l'assemblée n'a reçu cette proposition qu'avec « une profonde indignation. » L'assemblée adopte avec empressement l'avis de Thuriot, et passe à l'ordre du jour en flétrissant la proposition de Lecointre.

Tous les hommes sincèrement attachés à leur pays avaient vu cette discussion avec la plus grande peine. Comment, en effet, revenir sur le passé, distinguer le mal du bien, et discerner à qui appartenait la tyrannie qu'on venait de subir? Comment faire la part de Robespierre et des comités qui avaient partagé le pouvoir, celle de la convention qui les avait supportés, celle enfin de la nation, qui avait souffert et la convention et les comités de Robespierre? Comment d'ailleurs juger cette tyrannie? Était-elle un crime d'ambition, ou bien l'action énergique et irréfléchie d'hommes voulant sauver leur cause à tout prix, et s'aveuglant sur les moyens dont ils faisaient usage? Comment distinguer dans cette action confuse la part de la cruauté, de l'ambition, du zéle égaré, du patriotisme sincère et énergique? Démêler tant d'obscurités, juger tant de cœurs d'hommes, était impossible. Il fallait oublier le passé, recevoir des mains de ceux qu'on venait d'exclure du pouvoir, la France sauvée, régler des mouvemens désordonnés, adoucir des lois trop cruelles, et songer qu'en politique il faut réparer les maux et jamais les venger.

Tel était l'avis des hommes sages. Les ennemis de la révolution s'applaudissaient de la démarche de Lecointre, et en voyant la discussion fermée, ils répandirent que la convention avait eu peur, et n'avait osé aborder des questions trop dangereuses pour elle-même. Les jacobins, au contraire, et les montagnards, tout pleins encore de leur fanatisme, et nullement disposés à désavouer le régime de la terreur, ne craignaient pas la discussion, et étaient furieux qu'on l'eût fermée. Dès le lendemain, en effet, 13 fructidor, une foule de montagnards se levèrent, disant que le président avait fait, la veille, une surprise à l'assemblée en décidant la clôture; qu'il avait émis son avis sans quitter le fauteuil; que, comme président, il n'avait aucun avis à donner; que la clôture était une injustice; qu'on devait aux membres inculpés, à la convention elle-même, et à la révolution, d'aborder franchement une discussion que les patriotes n'avaient pas à redouter. Vainement les thermidoriens, Legendre, Tallien et autres, qu'on accusait d'avoir poussé Lecointre, et qui au contraire avaient cherché à le dissuader de son projet, demandèrent-ils que la discussion fût écartée. L'assemblée, qui n'avait pas encore perdu l'habitude de craindre la Montagne et de lui céder, consentit à rapporter sa décision de la veille, et rouvrit la carrière. Lecointre fut appelé à la tribune pour lire ses vingt-six chefs, et pour les appuyer de pièces probantes.

Lecointre n'avait pu réunir les pièces de ce singulier procès, car il aurait fallu avoir la preuve de ce qui s'était passé dans l'intérieur des comités, pour juger jusqu'à quel point les membres inculpés avaient participé à ce qu'on appelait la tyrannie de Robespierre. Lecointre ne pouvait invoquer sur chaque chef que la notoriété publique, que des discours prononcés aux Jacobins ou à l'assemblée, que les originaux de quelques ordres d'arrestation, lesquels ne prouvaient rien par eux-mêmes. A chaque grief nouveau, les montagnards furieux criaient : *Les pièces! les pièces!* et ne voulaient point qu'il parlât sans produire les preuves écrites. Lecointre, réduit souvent à l'impuissance de les fournir, s'adressait aux souvenirs de l'assemblée, et lui demandait si elle n'avait pas toujours considéré Billaud, Collot-d'Herbois et Barrère, comme d'accord avec Robespierre. Mais cette preuve, la seule d'ailleurs possible, montrait l'absurdité d'un pareil procès. Avec de telles preuves, on aurait démontré que la convention était complice du comité, et la France de la convention. Les montagnards ne voulaient pas laisser achever Lecointre : ils lui disaient : Tu es un calomniateur! et ils l'obligeaient à passer à un autre grief. A peine avait-il lu le suivant, qu'ils s'écriaient de nouveau : *Les pièces! les pièces!* et Lecointre ne les fournissant pas : *A un autre!* s'écriaient-ils encore. Lecointre arriva ainsi au vingt-sixième chef, sans avoir pu prouver rien de ce qu'il avançait. Il n'avait qu'une raison à donner, c'est que le procès était politique, et n'admettait pas la forme ordinaire de discussion; à quoi on pouvait répondre qu'il était impolitique d'en inventer un pareil. Après une séance longue et orageuse, la convention déclara l'accusation de Lecointre fausse et calomnieuse, et réhabilita ainsi les anciens comités.

Cette scène avait rendu à la Montagne toute son énergie, et à la convention un peu de son ancienne déférence pour la Montagne. Cependant Billaud-Varennes et Collot-d'Herbois donnèrent leur démission de membres du comité de salut public. Barrère en sortit par la voie du sort. De son côté, Tallien se démit volontairement, et ils furent remplacés tous quatre par Delmas, Merlin (de Douai), Cochon et Fourcroy. Ainsi, des anciens membres du grand comité de salut public, il ne restait que Carnot, Prieur (de la Côte-d'Or) et Robert Lindet. Au comité de sûreté générale, on opéra aussi un renouvellement par quart. Élie Lacoste, Vouland, Vadier et Moïse Bayle sortirent. Il manquait déjà David, Jagot, Lavicomterie, exclus par une décision de l'assemblée : ces sept membres furent remplacés par Bourdon (de l'Oise), Colombelle, Meaulle, Clauzel, Mathieu, Mon-Mayau, Lesage-Senault.

Un événement imprévu et entièrement fortuit vint augmenter l'agitation qui régnait. Le feu prit à la poudrière de Grenelle qui sauta. Cette explosion soudaine et épouvantable consterna Paris, et on crut que c'était l'effet d'une conspiration nouvelle. Aussitôt on accusa les aristocrates, et les aristocrates accusèrent les jacobins. De nouvelles attaques eurent lieu à la tribune entre les deux partis, sans amener aucun éclaircissement. A cet événement s'en ajouta un autre. Le 23 fructidor au soir (9 septembre), Tallien regagnait sa demeure. Un homme enveloppé d'une grande redingote, fondit sur lui en disant : « Je t'attendais,... tu ne m'échapperas pas. » Au même instant il lui tira un coup de pistolet à bout portant, qui lui fracassa une épaule. Le lendemain, nouvelle rumeur dans Paris : on se disait qu'on ne pouvait donc plus espérer le repos, que deux partis acharnés l'un contre l'autre avaient juré de troubler éternellement la république. Les uns attribuaient l'assassinat de Tallien aux jacobins, les autres aux aristocrates; d'autres mêmes allaient jusqu'à dire que Tallien, imitant l'exemple de Grangeneuve avant le 10 août, s'était fait blesser à l'épaule pour en accuser les jacobins, et avoir l'occasion de demander leur dissolution. Legendre, Merlin (de Thionville) et autres amis de Tallien, s'élancèrent à la tribune avec véhémence, et soutinrent que le crime de la veille était l'œuvre des jacobins. Tallien, dirent-ils, n'a pas abandonné la cause de la révolution; cependant des furieux prétendent qu'il a passé aux modérés et aux aristocrates. Ce ne sont donc pas ceux-ci qui peuvent avoir eu l'idée de le frapper, ce ne peuvent être que les furieux qui l'accusent, c'est-à-dire les jacobins. Merlin dénonça leur dernière séance, et cita un mot de Duhem : *Les crapauds du Marais lèvent la tête, tant mieux, elle sera plus facile à couper.* Merlin demanda, avec sa hardiesse accoutumée, la dissolution de cette société célèbre, qui avait rendu, dit-il, les plus grands services, qui avait contribué puissamment à abattre le trône, mais qui, n'ayant plus de trône à renverser, voulait renverser aujourd'hui la convention elle-même. On n'admit point les conclusions de Merlin; mais, comme à l'ordinaire, on renvoya les faits aux comités compétens, pour faire un rapport. Déjà on avait fait, sur toutes les questions qui divisaient les deux partis, des renvois de ce genre. On avait demandé des rapports sur la question de la presse, sur les assignats, sur le *maximum*, sur les réquisitions, sur les entraves du commerce, et enfin sur tout ce qui était devenu un sujet de controverse et de division. On voulut alors que tous ces rapports fussent confondus en un seul, et on chargea le comité de salut public de présenter un rapport général sur l'état actuel de la république. La rédaction en fut confiée à Robert Lindet, le membre le plus instruit de l'état des choses, parce qu'il appartenait aux anciens comités, et le plus désintéressé dans ces questions, parce qu'il avait été exclusivement occupé à servir son pays, en se chargeant du travail énorme des subsistances et des transports. Le jour où il devait être entendu fut fixé à la quatrième sans-culottide de l'an II (20 septembre 1794).

On attendait avec impatience son rapport et les décrets qu'il amènerait, et on continuait dans l'intervalle à s'agiter. C'était au jardin du Palais-Royal que se réunissait la jeunesse coalisée contre les jacobins. Là, elle lisait les journaux et les brochures, qui paraissaient en grand nombre contre le dernier régime révolutionnaire, et qui se vendaient chez les libraires des galeries. Souvent elle y formait des groupes, et en partait pour venir troubler les séances des jacobins. Le jour de la deuxième sans-culottide, un de ces groupes se forme : il était composé de ces jeunes gens qui, pour se distinguer des jacobins, s'habillaient avec soin, portaient des cravates élevées, ce qui leur fit donner le nom de *muscadins*. Dans l'un de ces groupes, un assistant disait que, s'il arrivait quelque chose, il fallait se réunir à la convention ; que les jacobins n'étaient que des intrigans et des scélérats. Un jacobin voulut lui répondre. Alors une rixe s'engagea ; d'une part on criait : *Vive la convention! à bas les jacobins! à bas la queue de Robespierre!* de l'autre : *A bas les aristocrates et les muscadins! vive la convention et les jacobins!* Le tumulte augmenta bientôt. Le jacobin qui avait pris la parole, et le petit nombre de ceux qui voulurent le soutenir, furent très maltraités ; la garde accourut, et dispersa le rassemblement qui était déjà très considérable, et empêcha un engagement général.

Le surlendemain, jour fixé pour le rapport des trois comités de salut public, de législation, et de sûreté générale, Robert Lindet fut enfin entendu. Le tableau qu'il avait à tracer de la France était triste. Après avoir exposé la marche successive des factions, le progrès de la puissance de Robespierre jusqu'à sa chute, il montra deux partis, l'un composé de patriotes ardens, craignant pour la révolution et pour eux-mêmes ; et l'autre, des familles éplorées dont les parens avaient été immolés ou

gémissaient encore dans les fers. « Des esprits in-
« quiets, dit Lindet, s'imaginent que le gouverne-
« ment va manquer d'énergie; ils emploient tous
« les moyens pour propager leur opinion et leurs
« craintes. Ils envoient des députations et des
« adresses à la convention. Ces craintes sont chimé-
« riques : dans vos mains le gouvernement conser-
« vera toute sa force. Les patriotes, les fonction-
« naires publics peuvent-ils craindre que les
« services qu'ils ont rendus s'effacent de la mé-
« moire? Quel courage ne leur a-t-il pas fallu pour
« accepter et pour remplir des fonctions péril-
« leuses? Mais aujourd'hui la France les rappelle
« à leurs travaux et à leurs professions, qu'ils ont
« trop long-temps abandonnés. Ils savent que leurs
« fonctions étaient temporaires; que le pouvoir,
« conservé trop long-temps dans les mêmes mains,
« devient un sujet d'inquiétude; et ils ne doivent
« pas craindre que la France les abandonne aux
« ressentimens et aux vengeances. »

Lindet, passant ensuite à ce qui concernait le parti de ceux qui avaient souffert, continua en disant : « Rendez la liberté à ceux que des haines,
« des passions, l'erreur des fonctionnaires publics
« et la fureur des derniers conspirateurs ont fait
« précipiter en masse dans les maisons d'arrêt;
« rendez-la aux laboureurs, aux commerçans, aux
« parens des jeunes héros qui défendent la patrie.

« Les arts ont été persécutés ; cependant c'est par
« eux que vous avez appris à forger la foudre ; c'est
« par eux que l'art des Montgolfier a servi à éclairer
« la marche des armées ; c'est par eux que les mé-
« taux se préparent et s'épurent, que les cuirs se
« tannent, s'apprêtent et se mettent en œuvre dans
« huit jours. Protégez-les, secourez-les. Beaucoup
« d'hommes utiles sont encore dans les cachots. »

Robert Lindet fit ensuite le tableau de l'état agricole et commercial de la France. Il montra les calamités résultant des assignats, du *maximum*, des réquisitions, de l'interruption des communications avec l'étranger. « Le travail, dit-il, a beaucoup
« perdu de son activité, d'abord parce que quinze
« cent mille hommes ont été transportés sur les
« frontières, qu'une multitude d'autres se sont
« voués à la guerre civile, et parce qu'ensuite les es-
« prits, distraits par les passions politiques, se sont
« détournés de leurs occupations habituelles. Il y
« a de nouvelles terres défrichées, mais beaucoup
« de négligées. Le grain n'est pas battu, la laine
« n'est pas filée, les cultivateurs ne font ni rouir
« leur lin, ni teiller leurs chanvres. Tâchons de ré-
« parer des maux si nombreux, si divers ; rendons
« la paix aux grandes villes maritimes et manufac-
« turières. Qu'on cesse de démolir à Lyon. Avec de
« la paix, de la sagesse et de l'oubli, les Nantais,
« les Bordelais, les Marseillais, les Lyonnais, re-

« prendront leurs travaux. Révoquons les lois des-
« tructives du commerce; rendons aux marchan-
« dises leur circulation; permettons d'exporter,
« pour qu'on nous apporte ce qui nous manque.
« Que les villes, les départemens cessent de se
« plaindre contre le gouvernement, qui, disent-ils,
« a épuisé leurs ressources en subsistances, qui
« n'a pas observé des proportions assez exactes, et
« a fait peser inégalement le fardeau des réquisi-
« tions. Que ne peuvent-ils, ceux qui se plaignent,
« jeter les yeux sur les tableaux, les déclarations,
« les adresses de leurs concitoyens des autres dis-
« tricts! Ils y verraient les mêmes plaintes, les
« mêmes réclamations, la même énergie, inspirées
« par le sentiment des mêmes besoins. Rappelons
« le repos d'esprit et le travail dans les campagnes;
« ramenons les ouvriers à leurs ateliers, les culti-
« vateurs à leurs champs. Surtout, ajoute Lindet,
« efforçons-nous de ramener parmi nous l'union
« et la confiance. Cessons de nous reprocher nos
« malheurs et nos fautes. Avons-nous toujours été,
« avons-nous pu être ce que nous aurions voulu
« être en effet? Nous avons tous été lancés dans
« la même carrière : les uns ont combattu avec cou-
« rage, avec réflexion; les autres se sont précipités,
« dans leur bouillante ardeur, contre tous les ob-
« stacles qu'ils voulaient détruire et renverser. Qui
« voudra nous interroger, et nous demander

« compte de ces mouvemens qu'il est impossible
« de prévoir et de diriger? La révolution est faite :
« elle est l'ouvrage de tous. Quels généraux, quels
« soldats n'ont jamais fait dans la guerre que ce
« qu'il fallait faire, et ont su s'arrêter où la raison
« froide et tranquille aurait désiré qu'ils s'arrêtas-
« sent? N'étions-nous pas en état de guerre contre
« les plus nombreux et les plus redoutables enne-
« mis? Quelques revers n'ont-ils pas irrité notre
« courage, enflammé notre colère? Que nous est-
« il arrivé qui n'arrive à tous les hommes jetés à
« une distance infinie du cours ordinaire de la vie. »

Ce rapport, si sage, si impartial, si complet, fut couvert d'applaudissemens. Tout le monde approuvait les sentimens qu'il renfermait, et il eût été à désirer que tout le monde pût les partager. Lindet proposa ensuite une série de décrets, qui furent accueillis comme l'avait été son rapport, et qui furent adoptés sur-le-champ.

Par le premier décret, le comité de sûreté générale et les représentans en mission étaient chargés d'examiner les réclamations des commerçans, des laboureurs, des artistes, des pères et mères des citoyens présens aux armées, qui étaient ou avaient des parens en prison. Par un second, les municipalités et les comités des sections étaient tenus de motiver leurs refus, quand ils n'accordaient pas de certificats de civisme. C'étaient là des satisfactions données à ceux qui se plaignaient san scesse de la terreur et qui craignaient de la voir renaître. Un troisième décret ordonnait la rédaction d'une instruction morale, tendant à ramener l'amour du travail et des lois, à éclairer les citoyens sur les principaux événemens de la révolution, et destinée à être lue au peuple, dans les fêtes décadaires. Un quatrième décret ordonnait un projet d'école normale, pour former de jeunes professeurs, et répandre ainsi l'instruction et les lumières par toute la France.

Enfin, à ces décrets en étaient joints plusieurs, ordonnant aux comités des finances et du commerce d'examiner promptement :

1° Les avantages de la libre exportation des marchandises de luxe, sous la condition d'en faire rentrer la valeur en France en marchandises de toute espèce;

2° Les avantages ou désavantages de la libre exportation du superflu des denrées de première nécessité, sous la condition d'un retour et de différentes formalités;

3° Les moyens les plus avantageux de remettre en circulation les marchandises destinées aux communes en rébellion, et retenues sous le scellé;

4° Enfin les réclamations des négocians qui, en vertu de la loi du séquestre, étaient tenus de déposer dans les caisses de district les sommes qu'ils devaient aux étrangers avec lesquels la France était en guerre.

On voit que ces décrets donnaient des satisfactions à ceux qui se plaignaient d'avoir été persécutés, et renfermaient quelques-unes des mesures capables d'améliorer l'état du commerce. Le parti jacobin seul n'avait pas un décret pour lui, mais il n'en avait pas besoin. Il n'avait été ni poursuivi ni emprisonné; on n'avait fait que le priver du pouvoir; il n'y avait donc aucune réparation à lui accorder. Tout ce qu'on pouvait, c'était de le rassurer sur la marche du gouvernement, et le rapport de Lindet était fait et écrit dans ce but. Aussi l'effet de ce rapport et des décrets qui l'accompagnaient, fut-il des plus favorables sur tous les partis.

On parut un peu se calmer. Le lendemain, dernier jour de l'année et cinquième sans-culottide de l'an II (21 septembre 1794), la fête ordonnée depuis long-temps pour placer Marat au Panthéon et en exclure Mirabeau, fut célébrée. Déjà elle n'était plus conforme à l'état des opinions et des esprits. Marat n'était plus assez saint, ni Mirabeau assez coupable, pour qu'on décernât tant d'honneurs au sanglant apôtre de la terreur, et qu'on infligeât tant d'ignominie au plus grand orateur de la révolution. Mais pour ne pas alarmer la Montagne, et pour éviter les apparences d'une réaction trop prompte, la fête ne fut pas révoquée. Le jour fixé, les restes de Marat furent portés en pompe au Panthéon, et ceux de Mirabeau en furent ignominieusement retirés par une porte latérale.

Ainsi le pouvoir, retiré aux jacobins et aux montagnards, était possédé aujourd'hui par les partisans de Danton, de Camille Desmoulins, par les *indulgens* enfin, qui étaient devenus les thermidoriens. Ces derniers cependant, tandis qu'ils tâchaient de réparer les maux produits par la révolution, tandis qu'ils élargissaient les suspects et s'efforçaient de rendre quelque liberté et quelque sécurité au commerce, étaient pleins encore de ménagement pour la Montagne qu'ils avaient dépossédée, et décernaient à Marat la place qu'ils ravissaient à Mirabeau.

CHAPITRE XXIV.

REPRISE DES OPÉRATIONS MILITAIRES. — REDDITION DE CONDÉ, VALENCIENNES, LANDRECIES ET LE QUESNOY. DÉCOURAGEMENT DES COALISÉS. — BATAILLE DE L'OURTHE ET DE LA ROER. — PASSAGE DE LA MEUSE. — OCCUPATION DE TOUTE LA LIGNE DU RHIN. — SITUATION DES ARMÉES AUX ALPES ET AUX PYRÉNÉES. SUCCÈS DES FRANÇAIS SUR TOUS LES POINTS. ÉTAT DE LA VENDÉE ET DE LA BRETAGNE; GUERRE DES CHOUANS. PUISAYE, AGENT PRINCIPAL ROYALISTE EN BRETAGNE. — RAPPORT DU PARTI ROYALISTE AVEC LES PRINCES FRANÇAIS ET L'ÉTRANGER. INTRIGUES A L'INTÉRIEUR; RÔLE DES PRINCES ÉMIGRÉS.

L'ACTIVITÉ des opérations militaires s'était un peu ralentie vers le milieu de la saison. Nos deux grandes armées du Nord et de Sambre-et-Meuse, entrées dans Bruxelles en thermidor (juillet), puis acheminées l'une sur Anvers, l'autre sur la Meuse, étaient demeurées dans un long repos, attendant la reprise des places de Landrecies, Le Quesnoy, Valenciennes et Condé, perdues dans la précédente campagne. Sur le Rhin, le général Michaud était occupé à recomposer son armée, pour réparer l'échec de Kayserslautern, et attendait un renfort de quinze mille hommes tirés de la Vendée. Les armées des Alpes et d'Italie, devenues maîtresses de la grande chaîne, campaient sur les hauteurs des Alpes, en attendant l'approbation d'un plan d'invasion proposé, disait-on, par le jeune officier qui avait décidé la prise de Toulon et des lignes de Saorgio. Aux Pyrénées-Orientales, Dugommier, depuis ses derniers succès au Boulou, s'était long-temps arrêté pour prendre Collioure, et bloquait maintenant Bellegarde. L'armée des Pyrénées-Occidentales s'organisait encore. Cette longue inaction qui signala le milieu de la campagne, et qu'il faut imputer aux grands événemens de l'intérieur et à de mauvaises combinaisons, aurait pu nuire à nos succès si l'ennemi avait su mettre le temps à profit. Mais il régnait un tel désordre d'esprit chez les coalisés, que notre faute ne leur profita pas, et ne fit que retarder un peu la marche extraordinaire de nos victoires.

Rien n'était plus mal calculé que notre inaction en Belgique, aux environs d'Anvers et sur les bords de la Meuse. Le meilleur moyen de hâter la prise des quatre places perdues eût été d'éloigner toujours davantage les grandes armées qui pouvaient les secourir. En profitant du désordre où la victoire de Fleurus et la retraite qui s'en était suivie avaient jeté les coalisés, il eût été facile d'arriver bientôt jusqu'au Rhin. Malheureusement on ignorait encore le grand art de profiter de la victoire, art le plus rare de tous, parce qu'il suppose qu'elle n'est pas seulement le fruit d'une attaque heureuse, mais le résultat de vastes combinaisons. Pour hâter la reddition des quatre places, la convention avait porté un décret formidable, à la manière de tous ceux qui se succédèrent depuis prairial jusqu'en thermidor. Se fondant sur la raison que les coalisés occupaient quatre places françaises, et que tout est permis pour éloigner l'ennemi de chez soi, elle décréta que si, vingt-quatre heures après la sommation, les garnisons ennemies ne se rendaient pas, elles seraient passées au fil de l'épée. La garnison de Landrecies se rendit seule. Le commandant de Condé fit cette belle réponse, *qu'une nation n'avait pas le droit de décréter le déshonneur d'une autre.* Le Quesnoy et Valenciennes continuèrent de se défendre. Le comité, sentant l'injustice d'un pareil décret, usa d'une subtilité pour en éviter l'exécution, et en même temps pour épargner à la convention la nécessité de le rapporter. Il supposa que le décret, n'ayant pas été notifié aux commandans des trois places, leur était resté inconnu. Avant de le leur signifier, il ordonna au général Schérer de pousser les travaux avec assez d'activité pour rendre la sommation imposante, et légitimer une capitulation de la part des garnisons ennemies. En effet, Valenciennes fut rendue le 12 fructidor (29 août); Condé et Le

Quesnoy les jours suivans. Ces places, qui avaient tant coûté aux coalisés pendant la campagne précédente, nous furent donc restituées sans de grands efforts, et l'ennemi ne conserva plus aucun point de notre territoire dans les Pays-Bas. Nous étions maîtres, au contraire, de toute la Belgique, jusqu'à la Meuse et Anvers.

Moreau venait de conquérir l'Écluse, et de rentrer en ligne; Schérer avait envoyé la brigade Osten à Pichegru, et avait rejoint Jourdan avec sa division. Grâce à cette réunion, l'armée du Nord, sous Pichegru, s'élevait à plus de soixante-dix mille hommes, présens sous les armes, et celle de la Meuse, sous Jourdan, à cent seize mille. L'administration, épuisée par les efforts qu'elle avait faits pour improviser l'équipement de ces armées, ne suffisait que très imparfaitement à leur entretien. On y suppléait par des réquisitions, faites avec ménagement, et par les plus belles vertus militaires. Les soldats savaient se passer des objets les plus nécessaires; ils ne campaient plus sous des tentes; ils bivouaquaient sous des branches d'arbres. Les officiers sans appointemens, ou payés avec des assignats, vivaient comme le soldat, mangeaient le même pain, marchaient à pied comme lui, et le sac sur le dos. L'enthousiasme républicain et la victoire soutenaient ces armées, les plus sages et les plus braves qu'ait jamais eues la France.

Les coalisés étaient dans un désordre singulier. Les Hollandais, mal soutenus par leurs alliés les Anglais, et doutant de leur bonne foi, étaient consternés. Ils formaient un cordon devant leurs places fortes, pour avoir le temps de les mettre en état de défense, ce qui aurait dû être achevé depuis long-temps. Le duc d'York, aussi ignorant que présomptueux, ne savait comment se servir de ses Anglais, et ne prenait aucun parti décisif. Il se retirait vers la Basse-Meuse et le Rhin, étendant ses ailes tantôt vers les Hollandais, tantôt vers les Impériaux. Cependant, réuni aux Hollandais, il aurait pu disposer encore de cinquante mille hommes, et tenter sur les flancs de l'une des deux armées du Nord et de la Meuse l'un de ces mouvemens hardis que le général Clerfayt, l'année suivante, et l'archiduc Charles, en 1796, surent exécuter avec à propos et honneur, et dont un grand capitaine donna depuis tant de mémorables exemples. Les Autrichiens, retranchés le long de la Meuse, depuis l'embouchure de la Roër jusqu'à celle de l'Ourthe, étaient découragés par leurs revers, et manquaient des approvisionnemens nécessaires. Le prince de Cobourg, tout à fait déconsidéré par sa dernière campagne, avait cédé le commandement à Clerfayt, le plus digne de l'occuper entre tous les généraux autrichiens. Il n'était pas trop tard encore pour se rapprocher du duc d'York, et pour agir en masse contre l'une des deux armées françaises; mais on ne songeait qu'à garder la Meuse. Le cabinet de Londres, alarmé de la marche des événemens, avait envoyé commissaires sur commissaires pour réveiller le zèle de la Prusse, pour réclamer de sa part l'exécution du traité de La Haye, et pour engager l'Autriche par des promesses de secours à défendre vigoureusement la ligne que ses troupes occupaient encore. Une réunion de ministres et de généraux anglais, hollandais et autrichiens, eut lieu à Maestricht, et on convint de défendre les bords de la Meuse.

Les armées françaises s'étaient enfin remises en mouvement dans le milieu de fructidor (premiers jours de septembre). Pichegru s'avança d'Anvers vers l'embouchure des fleuves. Les Hollandais commirent alors la faute de se séparer des Anglais. Au nombre de vingt mille hommes ils se rangèrent le long de Berg-op-Zoom, Breda, Gertruydenberg, restant adossés à la mer, dans une position qui ne leur permettait plus d'agir pour les places qu'ils voulaient couvrir. Le duc d'York avec ses Anglais et ses Hanovriens se retira sur Bois-le-Duc, se liant avec les Hollandais par une chaîne de postes que l'armée française pouvait enlever dès qu'elle paraîtrait. A Boxtel, sur le bord de la Dommel, Pichegru joignit l'arrière-garde du duc d'York, enveloppa deux bataillons, et les enleva. Le lendemain, sur les bords de l'Aa, il rencontra le général Abercromby, lui fit encore des prisonniers, et continua de pousser le duc d'York, qui se hâta de passer la Meuse à Grave, sous le canon de la place. Pichegru avait fait dans cette marche quinze cents prisonniers; il arriva sur les bords de la Meuse, le jour de la deuxième sans-culottide (18 septembre).

Pendant ce temps, Jourdan s'avançait de son côté, et se préparait à franchir la Meuse. La Meuse a deux affluens principaux, l'Ourthe qui la joint vers Liége, et la Roer qui s'y jette vers Ruremonde. Ces deux affluens forment deux lignes qui divisent le pays entre la Meuse et le Rhin, et qu'il faut successivement emporter pour arriver à ce dernier fleuve. Les Français, maîtres de Liége, avaient franchi la Meuse, et étaient déjà venus se ranger en face de l'Ourthe; ils bordaient la Meuse de Liége à Maëstricht, et l'Ourthe de Liége à Comblaine-au-Pont, formant ainsi un angle dont Liége était le sommet. Clerfayt avait rangé sa gauche derrière l'Ourthe, sur les hauteurs de Sprimont. Ces hauteurs sont bordées d'un côté par l'Ourthe, de l'autre par l'Ayvaille qui se jette dans l'Ourthe. Le général Latour y commandait les Autrichiens. Jourdan ordonna à Schérer d'attaquer la position de Sprimont du côté de l'Ayvaille, tandis que le général Bonnet y marcherait en traversant l'Ourthe.

Le jour de la deuxième sans-culottide (18 septembre), Schérer divisa son corps en trois colonnes, commandées par les généraux Marceau, Mayer et Hacquin, et se porta sur les bords de l'Ayvaille, qui coule dans un lit profond, entre deux côtes escarpées. Les généraux donnèrent eux-mêmes l'exemple, entrèrent dans l'eau, et entraînèrent leurs soldats sur la rive opposée, malgré le feu d'une artillerie formidable. Latour était resté immobile sur les hauteurs de Sprimont, se préparant à fondre sur les colonnes françaises dès qu'elles auraient passé la rivière. Mais à peine eurent-elles franchi l'escarpement des bords, qu'elles se précipitèrent sur la position, sans donner à Latour le temps de les prévenir. Elles l'attaquèrent vivement, tandis que le général Hacquin débordait son flanc gauche, et que le général Bonnet, ayant passé l'Ourthe, marchait sur ses derrières. Latour fut alors obligé de décamper, et de se replier sur l'armée impériale.

Ce combat bien conçu, vivement exécuté, était aussi honorable pour le général en chef que pour l'armée. Il nous valut trente-six pièces de canon et cent caissons; il fit perdre quinze cents hommes à l'ennemi, tant tués que blessés, et décida Clerfayt à quitter la ligne de l'Ourthe. Ce général craignait, en effet, en voyant sa gauche battue, d'être coupé de sa retraite sur Cologne. En conséquence, il abandonna les bords de la Meuse et de l'Ourthe, et se replia sur Aix-la-Chapelle.

Il ne restait plus aux Autrichiens que la ligne de la Roër. Ils occupaient cette rivière depuis Dueren et Juliers jusqu'à son embouchure dans la Meuse, c'est-à-dire jusqu'à Ruremonde. Ils avaient cédé du cours de la Meuse tout ce qui est compris de l'Ourthe à la Roër, entre Liége et Ruremonde; il ne leur restait que l'étendue de Ruremonde à Grave, point par lequel ils se liaient au duc d'York.

La Roër était la ligne qu'il fallait bien défendre, pour ne pas perdre la rive gauche du Rhin. Clerfayt concentra toutes ses forces sur les bords de la Roër, entre Dueren, Juliers et Linnich. Il avait depuis quelque temps ordonné des travaux considérables pour assurer sa ligne; il avait placé des corps avancés au-delà de la Roër sur le plateau d'Aldenhoven, garni de retranchemens; il occupait ensuite la ligne de la Roër et ses bords escarpés, et il était campé derrière cette ligne avec son armée et une artillerie nombreuse.

Le 10 vendémiaire an III (1er octobre 1794), Jourdan se trouva en présence de l'ennemi avec toutes ses forces. Il ordonna au général Schérer, commandant l'aile droite, de se porter sur Dueren en passant la Roër par tous les points guéables; au général Hatry de traverser vers le centre de la position, à Altorp; aux divisions Championnet et Morlot, soutenues de la cavalerie, d'enlever le plateau d'Aldenhoven placé en avant de la Roër, de balayer la plaine, de passer l'eau, et de masquer Juliers pour empêcher les Autrichiens d'en déboucher; au général Lefèvre de s'emparer de Linnich, et de traverser à tous les gués existant dans les environs; enfin à Kléber, qui était vers l'embouchure même de la rivière, de la remonter jusqu'à Ratem, et de la passer sur ce point mal défendu, afin de couvrir la bataille du côté de Ruremonde.

Le lendemain, 11 vendémiaire, les Français se mirent en mouvement sur toute la ligne.

Cent mille jeunes républicains marchaient à la fois avec un ordre et une précision dignes des plus vieilles troupes. On ne les avait pas encore vus en aussi grand nombre sur le même champ de bataille. Ils s'avançaient vers la Roër, but de leurs efforts. Malheureusement ils étaient encore éloignés de ce but, et ils n'y arrivèrent que vers le milieu du jour. Le général, de l'avis des militaires, n'avait commis qu'une faute, celle de prendre un point de départ trop éloigné du point d'attaque, et de ne pas employer un jour à se rapprocher de la ligne ennemie. Le général Schérer, chargé de la droite, dirigea ses brigades sur les différens points de la Roër, et ordonna au général Hacquin d'aller la passer fort au-dessus, au gué de Winden, pour tourner le flanc gauche de l'ennemi. Il était onze heures quand il fit ces dispositions. Hacquin mit long-temps à parcourir le circuit qu'on lui avait tracé. Schérer attendait qu'il fût arrivé au point indiqué, pour lancer ses divisions dans la Roër, et il laissait ainsi à Clerfayt le temps de préparer tous ses moyens, le long des hauteurs de la rive opposée. Il était trois heures ; enfin Schérer ne veut pas attendre davantage, et met ses divisions en mouvement. Marceau se jette dans l'eau avec ses troupes, et passe au gué de Mirveiller; Lorges fait de même, se porte sur Dueren, et en chasse l'ennemi après un combat sanglant. Les Autrichiens abandonnent Dueren un moment; mais, retirés en arrière, ils reviennent bientôt avec des forces considérables. Marceau se jette aussitôt dans Dueren, pour y soutenir la brigade de Lorges. Mayer, qui a passé la Roër un peu au-dessus, à Niederau, et qui vient d'être accueilli par une artillerie meurtrière, se replie aussi vers Dueren. C'est là que se concentrent alors tous les efforts. L'ennemi, qui n'avait encore fait agir que ses avant-gardes, était rangé en arrière sur les hauteurs, avec soixante bouches à feu. Il les fait agir aussitôt, et couvre les Français d'une grêle de mitraille et de boulets. Nos jeunes soldats résistent, soutenus par leurs généraux. Malheureusement Hacquin ne paraît pas encore sur le flanc gauche de l'ennemi, manœuvre de laquelle on attendait le gain de la bataille.

Dans le même moment on se battait au centre, sur le plateau avancé d'Aldenhoven. Les Français y étaient arrivés à la baïonnette. Leur cavalerie s'y était déployée, avait reçu et exécuté plusieurs charges. Les Autrichiens, voyant la Roër franchie au-dessus et au-dessous d'Aldenhoven, avaient abandonné ce plateau, et s'étaient retirés à Juliers, au-delà de la rivière. Championnet, qui les avait suivis jusque sur les glacis, canonnait et était canonné par l'artillerie de la place. A Linnich, Lefèvre avait repoussé les Autrichiens et joint la Roër; mais ayant trouvé le pont brûlé, il s'occupait à le rétablir. A Ratem, Kléber avait rencontré des batteries rasantes, et leur répondait par un violent feu d'artillerie.

L'action décisive était donc à droite vers Dueren, où se trouvaient accumulés Marceau, Lorges, Mayer, qui tous attendaient le mouvement d'Hacquin. Jourdan avait ordonné à Hatry de se replier sur Dueren au lieu d'effectuer le passage à Altorp; mais le trajet était trop long pour que cette colonne pût devenir utile au point décisif. Enfin, à cinq heures du soir, Hacquin paraît sur le flanc gauche de Latour. Alors les Autrichiens, qui se voient menacés sur la gauche par Hacquin, et qui ont Lorges, Marceau et Mayer en face, se décident à se retirer, et replient leur aile gauche, la même qui avait combattu à Sprimont. A leur extrême droite, Kléber les menace d'un mouvement audacieux. Le pont qu'il avait voulu jeter étant trop court, les soldats demandent à se précipiter dans la rivière. Kléber, pour soutenir leur ardeur, réunit toute son artillerie, et foudroie l'ennemi sur l'autre rive. Alors les impériaux sont encore obligés de se retirer sur ce point, et bientôt ils s'éloignent de tous les autres. Ils abandonnent la Roër, laissant huit cents prisonniers et trois mille hommes hors de combat.

Le lendemain, les Français trouvèrent Juliers évacué, et purent passer la Roër sur tous les points. Telle fut l'importante bataille qui nous valut la conquête définitive de la rive gauche du Rhin. C'est l'une de celles qui ont le plus mérité au général Jourdan la reconnaissance de sa patrie et l'estime des militaires. Néanmoins les critiques lui ont reproché de n'avoir pas pris un point de départ plus rapproché du point d'attaque, et de n'avoir pas porté le gros de ses forces à Mirveiller et Dueren.

Clerfayt prit la grande route de Cologne; Jourdan le suivit, et occupa cette ville, le 15 vendémiaire (6 octobre); il s'empara de Bonn, le 29 (20 octobre). Kléber alla faire avec Marescot le siége de Maëstricht.

Tandis que Jourdan remplissait si vaillamment sa tâche, et prenait possession de l'importante ligne du Rhin, Pichegru, de son côté, se préparait à franchir la Meuse pour venir joindre ensuite le Wahal, bras principal du Rhin vers son embouchure. Ainsi que nous venons de le rapporter tout à l'heure, le duc d'York avait passé la Meuse à Grave, abandonnant Bois-le-Duc à ses propres forces. Avant de tenter le passage de la Meuse, Pichegru devait s'emparer de Bois-le-Duc; ce qui n'était pas facile dans l'état de la saison, et avec l'insuffisance du matériel de siége. Cependant l'audace des Français et le découragement des ennemis rendaient tout possible. Le fort de Crèvecœur, près de la Meuse, menacé par une batterie dirigée à propos sur un point où l'ennemi ne croyait pas possible d'en établir, se rendit. Le matériel qu'on y trouva servit à presser le siége de Bois-le-Duc. Cinq attaques consécutives épouvantèrent le gouverneur, qui rendit la place le 19 vendémiaire (10 octobre). Ce succès inespéré procura aux Français une base solide et des munitions considérables pour pousser leurs opérations au-delà de la Meuse, et jusqu'au bord du Wahal.

Moreau, qui formait la droite, s'était, depuis les victoires de l'Ourthe et de la Roër, avancé jusqu'à Venloo. Le duc d'York, effrayé de ce mouvement, avait retiré toutes ses troupes au-delà du

Wahal, et abandonné tout l'espace compris entre la Meuse et le Wahal ou le Rhin. Cependant, voyant que Grave (sur la Meuse) allait se trouver sans communications et sans appui, il repassa le Wahal, et entreprit de défendre l'espace compris entre les deux cours d'eau. Le sol, comme il arrive toujours vers l'embouchure des grands fleuves, était inférieur au lit des eaux; il présentait de vastes prairies coupées de canaux et de chaussées, et inondées dans certaines parties. Le général Hammerstein, placé intermédiairement entre la Meuse et le Wahal, avait ajouté à la difficulté des lieux en coupant les routes, en couvrant les digues d'artillerie, en jetant sur les canaux des ponts, que son armée devait détruire en se retirant. Le duc d'York, dont il formait l'avant-garde, était placé en arrière, sur les bords du Wahal, dans le camp de Nimègue.

Dans les journées des 27 et 28 vendémiaire (18 et 19 octobre), Pichegru fit franchir la Meuse à deux de ses divisions, sur un pont de bateaux. Les Anglais, qui étaient sous le canon de Nimègue, et l'avant-garde d'Hammerstein disposée le long des canaux et des digues, se trouvaient trop éloignés pour empêcher ce passage. Le reste de l'armée débarqua sur l'autre rive, sous la protection de ces deux divisions. Le 28, Pichegru décida l'attaque de tous les ouvrages qui couvraient l'espace intermédiaire de la Meuse au Wahal. Il lança quatre colonnes, formant une masse supérieure à l'ennemi, dans ces prairies inondées et coupées de canaux. Les Français bravèrent le feu de l'artillerie avec un rare courage, puis se jetèrent dans les fossés, ayant de l'eau jusqu'aux épaules, tandis que les tirailleurs, du bord des fossés, fusillaient par dessus leurs têtes. L'ennemi épouvanté se retira, ne songeant plus qu'à sauver son artillerie. Il vint se réfugier dans le camp de Nimègue, sur les bords du Wahal, et les Français vinrent bientôt l'y insulter journellement.

Ainsi, vers la Hollande comme vers le Luxembourg, les Français étaient enfin parvenus à atteindre cette formidable ligne du Rhin, que la nature semble avoir assignée pour limite à leur belle patrie, et qu'ils ont toujours ambitionné de lui donner pour frontière. Pichegru, il est vrai, arrêté par Nimègue, n'était pas maître du cours du Wahal, et s'il songeait à conquérir la Hollande, il voyait devant lui de nombreux cours d'eaux, des places fortes, des inondations et une saison affreuse; mais il touchait à la limite tant désirée, et avec encore un acte d'audace, il pouvait entrer dans Nimègue ou dans l'île de Bommel, et s'établir solidement sur le Wahal. Moreau, appelé le général des siéges, venait, par un acte de hardiesse, d'entrer dans Venloo; Jourdan était fortement établi sur le Rhin. Le long de la Moselle et de l'Alsace, les armées venaient aussi de joindre ce grand fleuve.

Depuis l'échec de Kayserslautern, les armées de la Moselle et du Haut-Rhin, commandées par Michaud, avaient passé leur temps à se renforcer de détachemens tirés des Alpes et de la Vendée. Le 14 messidor (2 juillet), une attaque avait été essayée sur toute la ligne, depuis le Rhin jusqu'à la Moselle, sur les deux versans des Vosges. Cette attaque trop divisée n'avait eu aucun succès. Une seconde tentative, dirigée sur de meilleurs principes, fut faite le 25 messidor (13 juillet). Le principal effort avait porté sur le centre des Vosges, dans le but de s'emparer des passages, et avait amené, comme toujours, la retraite générale des armées coalisées au-delà de Franckenthal. Le comité avait ordonné alors une diversion sur Trèves, dont on s'était emparé pour punir l'électeur. Par ce mouvement, un corps principal s'était trouvé en flèche entre les armées impériales du Bas-Rhin et l'armée prussienne des Vosges, sans que celles-ci songeassent à en tirer avantage. Cependant les Prussiens, profitant enfin de la diminution de nos forces vers Kayserslautern, nous avaient attaqués de nouveau à l'improviste, et ramenés en arrière de Kayserslautern. Heureusement Jourdan venait d'être victorieux sur la Roër; Clerfayt venait de repasser le Rhin à Cologne. Les coalisés n'eurent pas alors le courage de rester dans les Vosges; ils se retirèrent, nous abandonnant tout le Palatinat, et jetant une forte garnison dans Mayence. Il ne leur restait donc plus que Luxembourg et Mayence sur la rive gauche. Le comité en ordonna aussitôt le blocus. Kléber fut appelé de la Belgique à Mayence, pour commander le siége de cette place, qu'il avait contribué à défendre en 1793, et où il avait commencé son illustration. Nos conquêtes s'étendaient donc sur tous les points, et atteignaient partout le Rhin.

Aux Alpes, l'inaction avait continué, et la grande chaîne nous était restée. Le plan d'invasion habilement imaginé par le général Bonaparte, et communiqué au comité par Robespierre le jeune, qui était en mission à l'armée d'Italie, avait été adopté. Il consistait à réunir les deux armées des Alpes et d'Italie dans la vallée de la Stura pour envahir le Piémont. Les ordres de marche étaient donnés lorsqu'arriva le 9 thermidor; l'exécution fut alors suspendue. Les commandans des places qui avaient été obligés de céder une partie de leurs garnisons, les représentans, les municipalités, et tous les partisans de la réaction, prétendirent que ce plan avait pour but de perdre l'armée en la jetant en Piémont, de rouvrir Toulon aux Anglais, et de servir les desseins secrets de Robespierre. Jean-Bon-Saint-André surtout, qui avait été envoyé à Toulon pour y réparer la marine, et qui nourrissait des projets sur la Méditerranée, se montra l'un des plus grands adversaires du plan. Le jeune Bonaparte fut même accusé d'être complice des Robespierre, à cause de la confiance que ses talens et ses projets avaient inspirée au plus jeune des deux frères. L'armée fut ramenée en désordre sur la grande chaîne, où elle reprit ses positions. Cependant la campagne s'acheva par un avantage éclatant. Les Autrichiens, d'accord avec les Anglais, voulurent faire une tentative sur Savone, pour couper la communication avec Gênes, qui par sa neutralité rendait de grands services au commerce des subsistances. Le général Colloredo s'avança avec un corps de huit à dix mille hommes, ne mit aucune célérité dans sa marche, et donna aux Français le temps de se prémunir. Saisi au milieu des montagnes par les Français, dont le général Bonaparte dirigeait les mouvemens, il perdit huit cents hommes, et se retira honteusement, accusant les Anglais, qui l'accusèrent à leur tour. La communication avec Gênes fut rétablie, et l'armée consolidée dans toutes ses positions.

Aux Pyrénées, nos succès avaient recommencé leur cours. Dugommier faisait toujours le siége de Bellegarde, voulant s'emparer de cette place avant de descendre en Catalogne. La Union avait voulu, par une attaque générale sur la ligne française, venir au secours des assiégés; mais repoussé sur tous les points, il venait de s'éloigner, et la place, plus découragée que jamais par cette déroute de l'armée espagnole, s'était rendue le 6 vendémiaire (27 septembre). Dugommier, entièrement rassuré sur ses derrières, se préparait à s'avancer en Catalogne. Aux Pyrénées occidentales, les Français, sortant enfin de leur repos, venaient d'envahir la vallée de Bastan, d'enlever Fontarabie et Saint-Sébastien, et, grâce au climat de ces contrées, se disposaient, comme aux Pyrénées orientales, à pousser leurs succès malgré l'approche de l'hiver.

Dans la Vendée, la guerre continuait, non pas vive et dangereuse, mais lente et dévastatrice. Stofflet, Sapinaud, Charette, s'étaient enfin partagé le commandement. Depuis la mort de La Rochéjaquelein, Stofflet lui avait succédé dans l'Anjou et le Haut-Poitou. Sapinaud avait toujours conservé la petite division du centre; Charette, illustré par cette campagne du dernier hiver, où, avec des forces presque détruites, il était toujours parvenu à se soustraire à la poursuite des républicains, commandait dans la Basse-Vendée, mais ambitionnait le commandement général. On s'était réuni à Jallais, et on avait fait des conventions dictées par l'abbé Bernier, curé de Saint-Lô, conseiller et ami de Stofflet, et gouvernant le pays sous son nom. Cet abbé était aussi ambitieux que Charette, et désirait une combinaison qui lui fournît le moyen d'exercer sur tous les chefs l'empire qu'il avait sur Stofflet. On convint de former un conseil supérieur d'après les ordres duquel tout se ferait à l'avenir. Stofflet, Sapinaud et Charette se confirmèrent réciproquement leurs commandemens respectifs de l'Anjou, du centre et de la Basse-Vendée. M. de Marigny, qui avait survécu à la grande expédition vendéenne sur Granville, ayant enfreint l'un des ordres de ce conseil, fut saisi. Stofflet eut la cruauté de le faire fusiller sur un rapport de Charette. On attribua à la jalousie cet acte de rigueur, qui produisit une funeste impression sur tous les royalistes.

La guerre, sans aucun résultat possible, n'était plus qu'une guerre de dévastation. Les républicains avaient établi quatorze camps retranchés qui enveloppaient tout le pays insurgé. De ces camps partaient des colonnes incendiaires qui, sous le commandement en chef du général Turreau, exécutaient le formidable décret de la convention. Elles brûlaient les bois, les haies, les genêts, souvent même les villages, s'emparaient des moissons et des bestiaux, et, s'autorisant du décret qui ordonnait à tout habitant étranger à la révolte de se retirer à vingt lieues du pays insurgé, traitaient en ennemis tous ceux qu'elles rencontraient. Les Vendéens qui, obligés de vivre, ne cessaient pas de cultiver leurs champs au milieu de ces horribles scènes, résistaient à cette guerre de manière à la rendre éternelle. Au signal de leurs chefs, ils formaient des rassemblemens imprévus, se jetaient sur les derrières des camps, et les enlevaient; ou bien, laissant pénétrer les colonnes, ils fondaient sur elles quand elles étaient engagées dans le pays, et s'ils parvenaient à les rompre, ils égorgeaient jusqu'au dernier homme. Ils s'emparaient alors des armes, des munitions, dont ils étaient avides, et, sans avoir rien fait pour affaiblir un ennemi trop supérieur, ils s'étaient procuré seulement les moyens de continuer cette guerre atroce.

Tel était l'état des choses sur la rive gauche de la Loire. Sur la rive droite, dans cette partie de la Bretagne qui est comprise entre la Loire et la Vilaine, s'était formé un nouveau rassemblement, composé en grande partie des restes de la colonne vendéenne détruite à Savenay et des paysans qui habitaient ces plaines. M. de Scépeaux en était le chef. Ce corps était à peu près de la force de celui de M. de Sapinaud, et liait la Vendée à la Bretagne.

La Bretagne était devenue le théâtre d'une guerre toute différente de celle de la Vendée, et non moins déplorable. Les chouans, dont nous avons déjà parlé, étaient des contrebandiers que l'abolition des barrières avait laissés sans état, des jeunes gens qui n'avaient pas voulu obéir à la réquisition, et quelques Vendéens échappés, comme ceux de

M. de Scépeaux, à la déroute de Savenay. Ils se livraient au brigandage dans les rochers et les vastes bois de la Bretagne, particulièrement dans la grande forêt du Pertre. Ils ne formaient pas, comme les Vendéens, des rassemblemens nombreux, capables de tenir la campagne; ils marchaient en troupes de trente et cinquante, arrêtaient les courriers, les voitures publiques, assassinaient les juges de paix, les maires, les fonctionnaires républicains, et surtout les acquéreurs de biens nationaux. Quant à ceux qui étaient non pas acquéreurs, mais fermiers de ces biens, ils se rendaient chez eux, et se faisaient payer le prix du fermage. Ils avaient ordinairement le soin de détruire les ponts, de briser les routes, de couper l'essieu des charrettes, pour empêcher le transport des subsistances dans les villes. Ils faisaient des menaces terribles à ceux qui apportaient leurs denrées dans les marchés, et ils exécutaient ces menaces en pillant et incendiant leurs propriétés. Ne pouvant pas occuper militairement le pays, leur but évident était de le bouleverser, en empêchant les citoyens d'accepter aucune fonction de la république, en punissant l'acquisition des biens nationaux, et en affamant les villes. Moins réunis, moins forts que les Vendéens, ils étaient cependant plus redoutables, et méritaient véritablement le nom de brigands.

Ils avaient un chef secret que nous avons déjà nommé, M. de Puisaye, autrefois membre de l'assemblée constituante. Il s'était retiré après le 10 août en Normandie, s'était jeté, comme on l'a vu, dans l'insurrection fédéraliste, et, après la défaite de Vernon, était venu se cacher en Bretagne et y recueillir les restes de la conspiration de La Rouarie. A une grande intelligence, à une rare habileté pour réunir les élémens d'un parti, il joignait une extrême activité de corps et d'esprit, et une vaste ambition. Puisaye, frappé de la position péninsulaire de la Bretagne, de la vaste étendue de ses côtes, de la configuration particulière de son sol, couvert de forêts, de montagnes, de retraites impénétrables, frappé surtout de la barbarie de ses habitans, parlant une langue étrangère, privés ainsi de toute communication avec les autres habitans de la France, entièrement soumis à l'influence des prêtres, et trois ou quatre fois plus nombreux que les Vendéens, Puisaye croyait pouvoir préparer en Bretagne une insurrection bien plus formidable que celle qui avait eu pour chefs les Cathelineau, les d'Elbée, les Bonchamp, les Lescure. Le voisinage surtout de l'Angleterre, l'heureux intermédiaire des îles de Jersey et de Guernesey, lui avaient inspiré le projet de faire concourir le cabinet de Londres à ses projets. Il ne voulait donc pas que l'énergie du pays s'usât en inutiles brigandages, et il travaillait à l'organiser de manière à pouvoir le tenir tout entier sous sa main. Aidé des prêtres, il avait fait enrôler tous les hommes en état de porter les armes, sur des registres ouverts dans les paroisses. Chaque paroisse formait une compagnie; chaque canton une division; les divisions réunies formaient quatre divisions principales, celles du Morbihan, du Finistère, des Côtes-du-Nord et d'Ille-et-Vilaine, aboutissant toutes quatre à un comité central, qui représentait l'autorité suprême du pays. Puisaye présidait le comité central en qualité de général en chef, et, par le moyen de ces ramifications, faisait parvenir ses ordres à toute la contrée. Il recommandait, en attendant l'exécution de ses vastes projets, de commettre le moins d'hostilités possible, pour ne pas attirer trop de troupes en Bretagne; de se contenter de réunir des munitions, et d'empêcher le transport des subsistances dans les villes. Mais les chouans, peu propres au genre de guerre générale qu'il méditait, se livraient individuellement à des brigandages qui étaient plus profitables pour eux et plus de leur goût. Puisaye se hâtait de mettre la dernière main à son ouvrage, et se proposait, dès qu'il aurait achevé l'organisation de son parti, de passer à Londres, pour ouvrir une négociation avec le cabinet anglais et les princes français.

Comme on l'a vu dans la campagne précédente,

les Vendéens n'avaient pas encore communiqué avec les étrangers; on leur avait envoyé M. de Tinténiac, pour savoir qui et combien ils étaient, quel but ils avaient, et pour leur offrir des armes et des secours, s'ils s'emparaient d'un port sur la côte. C'est là ce qui les avait engagés à venir à Granville, et à faire la tentative dont on a vu la malheureuse issue. L'escadre de lord Moira, après avoir inutilement croisé sur nos côtes, avait porté en Hollande les secours destinés à la Vendée. Puisaye espérait provoquer une expédition pareille et s'entendre avec les princes, qui n'avaient encore témoigné aucune reconnaissance, ni donné aucun encouragement aux royalistes insurgés dans l'intérieur.

De leur côté, les princes, espérant peu de l'appui des puissances, commençaient à reporter les yeux sur leurs partisans de l'intérieur de la France. Mais rien n'était disposé autour d'eux pour mettre à profit le dévouement des braves gens qui voulaient se sacrifier à leur cause. Quelques vieux seigneurs, quelques anciens amis avaient suivi Monsieur, qui était devenu régent, et qui demeurait à Vérone depuis que le pays du Rhin n'était habitable que pour les gens de guerre. Le prince de Condé, brave, mais peu capable, continuait de réunir sur le Haut-Rhin tout ce qui voulait se servir de son épée. Une jeune noblesse suivait M. le comte d'Artois dans ses voyages, et l'avait accompagné jusqu'à Saint-Pétersbourg. Catherine avait fait au prince une réception magnifique, lui avait donné une frégate, un million, une épée, et le brave comte de Vauban, pour l'engager à s'en bien servir. Elle avait promis en outre les plus grands secours, dès que le prince serait descendu en Vendée. Cependant la descente ne s'était pas effectuée; et le comte d'Artois était revenu en Hollande au quartier-général du duc d'York.

La situation des trois princes français n'était ni brillante ni heureuse. L'Autriche, la Prusse et l'Angleterre avaient refusé de reconnaître le régent; car reconnaître un autre souverain de France que le souverain de fait, c'eût été s'ingérer dans ses affaires intérieures, ce qu'aucune puissance ne voulait avoir l'air de faire. Aujourd'hui surtout qu'elles étaient battues, toutes affectaient de dire qu'elles avaient pris les armes dans l'intérêt seul de leur propre sûreté. Reconnaître le régent avait encore un autre inconvénient: c'était se condamner à ne faire la paix qu'après la destruction de la république, chose sur laquelle on commençait à ne plus compter. En attendant, les puissances souffraient les agens des princes, mais ne leur reconnaissaient aucun titre public. Le duc d'Harcourt à Londres, le duc d'Havré à Madrid, le duc de Polignac à Vienne, transmettaient des notes peu lues, rarement écoutées; ils étaient les intermédiaires des secours fort rares dispensés aux émigrés, plutôt que les organes d'une puissance avouée. Aussi le plus grand mécontentement contre les puissances régnait dans les trois cours émigrées. On commençait à reconnaître que ce beau zèle de la coalition pour la royauté cachait la plus violente haine contre la France. L'Autriche, en plaçant son drapeau à Valenciennes et à Condé, avait, suivant les émigrés, déterminé l'élan du patriotisme français. La Prusse, dont ils avaient entrevu déjà les dispositions pacifiques, manquait, disaient-ils, à tous ses engagemens. Pitt, qui était de tous les coalisés le plus positif et le plus dédaigneux à leur égard, leur était aussi le plus odieux. Ils ne l'appelaient que le perfide Anglais, et disaient qu'il fallait prendre son argent, et le tromper ensuite si l'on pouvait. Ils prétendaient qu'il n'y avait à compter que sur l'Espagne; l'Espagne seule était une fidèle parente, une sincère alliée; ce n'était que sur elle qu'on devait fonder toutes les espérances.

Les trois petites cours fugitives, si peu unies déjà avec les puissances, ne vivaient pas entre elles dans un meilleur accord. La cour de Vérone, peu agissante, donnant aux émigrés des ordres mal obéis, faisant aux cabinets des communications mal écoutées, par des agens non reconnus, se défiait des deux autres, jalousait le rôle actif du prince de Condé sur le Rhin, l'espèce de considération que son courage peu éclairé, mais énergique, lui valait auprès des cabinets, et enviait jusqu'aux voyages de M. le comte d'Artois en Europe. De son côté, le prince de Condé, aussi dépourvu d'esprit que brave, ne voulait entrer dans aucun plan, et montrait peu d'empressement pour les deux cours qui ne se battaient pas. Enfin la petite cour réunie à Arnheim fuyait et la vie qu'on menait sur le Rhin, et l'autorité supérieure qu'il fallait subir à Vérone, et se tenait au quartier-général anglais, sous prétexte de différens projets sur les côtes de France.

Une cruelle expérience ayant appris aux princes français qu'ils ne devaient pas compter sur les ennemis de leur patrie pour rétablir leur trône, ils aimaient assez à dire qu'il ne fallait compter désormais que sur les partisans de l'intérieur et sur la Vendée. Dès que la terreur cessa de régner en France, les brouillons commencèrent malheureusement à respirer aussitôt que les honnêtes gens. Les correspondances des émigrés avec l'intérieur venaient de recommencer. La cour de Vérone, par l'intermédiaire du comte d'Entraigues, correspondait avec un nommé Lemaître, intrigant qui avait été successivement avocat, secrétaire au conseil, pamphlétaire, prisonnier à la Bastille, et qui finissait par être agent des princes. On lui avait adjoint un nommé Laville-Heurnois, ancien maître des requêtes et créature de Calonne, et un abbé Brothier, précepteur des neveux de l'abbé Maury. On demandait à ces intrigans des détails sur la situation de la France, sur l'état des partis, sur leurs dispositions, et des plans de conspiration. Ils répondaient par des renseignemens le plus souvent faux; ils se vantaient faussement de leurs prétendues relations avec les chefs du gouvernement, et contribuaient de toutes leurs forces à persuader aux princes français qu'il fallait tout attendre d'un mouvement dans l'intérieur. On les avait chargés de correspondre avec la Vendée et surtout avec Charette, qui par sa longue résistance était le héros des royalistes, mais avec lequel on n'avait pu entamer encore aucune négociation.

Telle était donc la situation du parti royaliste au dedans et au dehors de la France. Il faisait dans la Vendée une guerre peu alarmante par ses dangers, mais affligeante par ses ravages; il formait en Bretagne des projets étendus, mais lointains encore, et soumis à une condition bien difficile, l'union et le concert d'une foule d'individus; hors de France, il était divisé, peu considéré, peu soutenu; désabusé enfin sur l'efficacité des secours étrangers, il entretenait avec les royalistes du dedans des correspondances puériles.

La république avait donc peu à craindre des efforts de l'Europe et de la royauté. A part le sujet de peine qu'elle trouvait dans les ravages de la Vendée, elle n'avait qu'à s'applaudir de ses brillans triomphes. Sauvée l'année précédente de l'invasion, elle s'était vengée cette année-ci par des conquêtes; elle avait acquis la Belgique, le Brabant hollandais, le pays de Luxembourg, de Liége et de Juliers, l'électorat de Trèves, le Palatinat, la Savoie, Nice, une place en Catalogne, la vallée de Bastan, et menaçait ainsi à la fois la Hollande, le Piémont et l'Espagne. Tels étaient les résultats des immenses efforts du célèbre comité de salut public.

CHAPITRE XXV.

HIVER DE L'AN III. RÉFORMES ADMINISTRATIVES DANS TOUTES LES PROVINCES. — NOUVELLES MOEURS. PARTI THERMIDORIEN; LA *jeunesse dorée*. SALONS DE PARIS. — LUTTE DES DEUX PARTIS DANS LES SECTIONS; RIXES ET SCÈNES TUMULTUEUSES. — VIOLENCES DU PARTI RÉVOLUTIONNAIRE AUX JACOBINS ET AU CLUB ÉLECTORAL. — DÉCRETS SUR LES SOCIÉTÉS POPULAIRES. — DÉCRETS RELATIFS AUX FINANCES. MODIFICATIONS AU MAXIMUM ET AUX RÉQUISITIONS. — PROCÈS DE CARRIER. — AGITATION DANS PARIS, ET EXASPÉRATION CROISSANTE DES DEUX PARTIS. — ATTAQUE DE LA SALLE DES JACOBINS PAR LA JEUNESSE DORÉE. — CLÔTURE DU CLUB DES JACOBINS. — RENTRÉE DES SOIXANTE-TREIZE DÉPUTÉS EMPRISONNÉS APRÈS LE 31 MAI. — CONDAMNATION ET SUPPLICE DE CARRIER. — POURSUITES COMMENCÉES CONTRE BILLAUD-VARENNES, COLLOT-D'HERBOIS ET BARRÈRE.

Pendant que les événemens que nous venons de rapporter se passaient aux frontières, la convention continuait ses réformes. Les représentans chargés de renouveler les administrations parcouraient la France, réduisant partout le nombre des comités révolutionnaires, les composant d'autres individus, faisant arrêter, comme complices du système de Robespierre, ceux que des excès trop signalés ne permettaient pas de laisser impunis, changeant les fonctionnaires municipaux, réorganisant les sociétés populaires, et les purgeant des hommes les plus violens et les plus dangereux. Cette opération ne s'exécutait pas toujours sans obstacle. A Dijon, par exemple, l'organisation révolutionnaire était plus compacte que partout ailleurs. Les mêmes individus, membres à la fois du comité révolutionnaire, de la municipalité, de la société populaire, y faisaient trembler tout le monde. Ils enfermaient arbitrairement les voyageurs et les habitans, inscrivaient sur la liste des émigrés tous ceux qu'il leur plaisait d'y porter, et les empêchaient d'obtenir des certificats de résidence en intimidant les sections. Ils s'étaient enrégimentés sous le titre d'armée révolutionnaire, et obligeaient la commune à leur payer une solde. Ils n'avaient aucune profession; assistaient aux séances du club, eux et leurs femmes, et dissipaient dans des orgies, où il n'était permis de boire que dans des calices, le double produit de leurs appointemens et de leurs rapines. Ils correspondaient avec les jacobins de Lyon et de Marseille, et leur servaient d'intermédiaires pour communiquer avec ceux de Paris. Le représentant Calès eut la plus grande peine à dissoudre cette coalition; il destitua toutes les autorités révolutionnaires, choisit vingt ou trente membres les plus modérés du club, et les chargea de faire l'épuration des autres.

Lorsqu'ils étaient chassés des municipalités, dans

les provinces, les révolutionnaires faisaient comme à Paris; ils se retiraient ordinairement dans le club jacobin. Si le club était épuré, ils l'envahissaient de nouveau après le départ des représentans, ou en formaient un autre. Là, ils tenaient des discours plus violens encore qu'autrefois, et se livraient à tout le délire de la colère et de la peur, car ils voyaient la vengeance partout. Les jacobins de Dijon envoyèrent à ceux de Paris une adresse incendiaire. A Lyon, ils présentaient un ensemble non moins dangereux; et comme la ville se trouvait encore sous le poids des terribles décrets de la convention, les représentans étaient gênés pour réprimer leur fureur. A Marseille, ils furent plus audacieux; joignant à l'emportement de leur parti celui du caractère local, ils formèrent un rassemblement considérable, entourèrent une salle où les deux représentans Auguis et Serres étaient à table, et leur dépêchèrent des envoyés qui, le sabre et le pistolet à la main, vinrent demander la liberté des patriotes détenus. Les deux représentans déployèrent la plus grande fermeté; mais, mal soutenus par la gendarmerie, qui avait constamment secondé les cruautés du dernier régime, et qui avait fini par s'en croire complice et responsable, ils manquèrent d'être étouffés et égorgés. Cependant plusieurs bataillons de Paris, qui se trouvaient dans le moment à Marseille, vinrent dégager les représentans, et dissipèrent le rassemblement. A Toulouse, les jacobins formèrent aussi des émeutes. Il y avait là quatre individus : un directeur des postes, un secrétaire du district, et deux comédiens, qui s'étaient rendus chefs du parti révolutionnaire. Ils avaient formé un comité de surveillance pour tout le Midi, et étendaient leur tyrannie fort au-delà de Toulouse. Ils s'opposèrent aux réformes et aux emprisonnemens ordonnés par les représentans d'Artigoyte et Chaudron-Rousseau, soulevèrent la société populaire, et eurent l'audace de faire déclarer par elle que ces deux représentans avaient perdu la confiance du peuple. Vaincus cependant, ils furent renfermés avec leurs principaux complices.

Ces scènes se reproduisaient partout avec plus ou moins de violence, suivant le caractère des habitans des provinces. Néanmoins les jacobins étaient partout réprimés. Ceux de Paris, chefs de la coalition, étaient dans les plus grandes alarmes. Ils voyaient la capitale soulevée contre leurs doctrines; ils apprenaient que, dans les départemens, l'opinion, moins prompte à se manifester qu'à Paris, n'en était pas moins prononcée contre eux. Ils savaient que partout on les appelait des cannibales, partisans, complices et continuateurs de Robespierre. Ils se sentaient appuyés à la vérité par la foule des employés destitués, par le club électoral, par une minorité ardente et souvent victorieuse dans les sections, par une partie des membres même de la convention, dont quelques-uns siégeaient encore dans leur société; mais ils n'en étaient pas moins très effrayés du mouvement des esprits, et ils prétendaient qu'il y avait un complot formé pour dissoudre les sociétés populaires, et la république après elles.

Ils rédigèrent une adresse aux sociétés affiliées pour répondre aux attaques dont ils étaient l'objet. « On cherche, disaient-ils, à détruire notre union
« fraternelle; on cherche à rompre un faisceau re-
« doutable aux ennemis de l'égalité et de la liberté;
« on nous accuse, on nous poursuit par les plus
« noires calomnies. L'aristocratie et le modéran-
« tisme lèvent une tête audacieuse. La réaction fu-
« neste occasionnée par la chute des triumvirs se
« perpétue, et, du sein des orages formés par tous
« les ennemis du peuple, est sortie une faction
« nouvelle qui tend à la dissolution de toutes les
« sociétés populaires. Elle tourmente et cherche
« à soulever l'opinion publique; elle pousse l'au-
« dace jusqu'à nous présenter comme une puissance
« rivale de la représentation nationale, nous qui
« combattons et nous unissons toujours avec elle
« dans tous les dangers de la patrie. Elle nous ac-
« cuse d'être les continuateurs de Robespierre, et
« nous n'avons sur nos registres que les noms de

« ceux qui, dans la nuit du 9 au 10 thermidor, ont
« occupé le poste que leur assignait le danger de
« la patrie. Mais nous répondrons à ces vils ca-
« lomniateurs en les combattant sans cesse; nous
« leur répondrons par la pureté de nos principes et
« de nos actions, et par un dévouement inébran-
« lable à la cause du peuple qu'ils ont trahie, à la
« représentation nationale qu'ils veulent déshono-
« rer, et à l'égalité qu'ils détestent. »

Ils affectaient, comme on le voit, un grand respect pour la représentation nationale; ils avaient même, dans l'une de leurs séances, livré au comité de sûreté générale un de leurs membres, pour avoir dit que les principaux conspirateurs contre la liberté étaient dans le sein même de la convention. Ils faisaient répandre leur adresse dans tous les départemens, et particulièrement dans les sections de Paris.

Le parti qui leur était opposé devenait chaque jour plus hardi. Il s'était déjà donné des couleurs, des mœurs à part, des lieux et des mots de ralliement. Il se composait surtout dans l'origine, comme nous l'avons dit, de jeunes gens appartenant aux familles persécutées, ou échappés à la réquisition. Les femmes s'étaient jointes à eux; elles avaient passé le dernier hiver dans l'effroi; elles voulaient passer celui-ci dans les fêtes et les plaisirs. Frimaire (décembre) approchait: elles étaient pressées de faire succéder aux apparences de l'indigence, de la simplicité, de la saleté même, qu'on avait long-temps affectées pendant la terreur, les brillantes parures, les mœurs élégantes et les festins. Elles se liguaient dans une cause commune avec ces jeunes ennemis d'une farouche démocratie; elles excitaient leur zèle, et leur faisaient une loi de la politesse et des costumes soignés. La mode recommençait son empire. Il fallait porter les cheveux noués en tresse, et rattachés sur le derrière de la tête avec un peigne. C'était un usage emprunté aux militaires, qui disposaient ainsi leurs cheveux pour parer les coups de sabre. On prouvait par là qu'on venait de prendre part aux victoires de nos armées. Il fallait porter encore de grandes cravates, des collets noirs ou verts, suivant un usage de chouans, et surtout un crêpe au bras, comme parent d'une victime du tribunal révolutionnaire. On voit quel singulier mélange d'idées, de souvenirs, d'opinions, présidait à ces modes de la *jeunesse dorée;* car c'était là le nom qu'on lui donnait alors. Le soir, dans les salons qui commençaient à redevenir brillans, on payait par des éloges les jeunes hommes qui avaient déployé leur courage dans les sections, au Palais-Royal, dans le jardin des Tuileries, et les écrivains qui, dans les mille brochures et feuilles du jour, poursuivaient de sarcasmes la *canaille révolutionnaire.*

Fréron était devenu le chef des journalistes; il rédigeait *l'Orateur du peuple*, qui fut bientôt fameux. C'est le journal que lisait la jeunesse dorée, et dans lequel elle allait chercher ses instructions de chaque jour.

Les théâtres n'étaient pas encore ouverts. Les acteurs de la Comédie-Française étaient toujours en prison. A défaut de ce lieu de réunion, on allait se montrer dans des concerts qui se donnaient au théâtre de Feydeau, et où se faisait entendre une voix mélodieuse, qui commençait à charmer les Parisiens, c'était la voix de Garat. Là, se réunissait ce qu'on pourrait appeler l'aristocratie du temps; c'est-à-dire quelques nobles qui n'avaient pas quitté la France, des riches qui osaient reparaître, des fournisseurs qui ne craignaient plus la terrible sévérité du comité de salut public. Les femmes s'y montraient dans un costume qu'on avait cherché à rendre antique, suivant l'usage de l'époque, et qu'on avait copié de David. Depuis long-temps elles avaient abandonné la poudre et les paniers; elles portaient des bandelettes autour de leurs cheveux; la forme de leurs robes se rapprochait autant que possible de la simple tunique des femmes grecques; au lieu de souliers à grands talons, elles portaient cette chaussure que nous voyons sur les anciennes statues, une semelle légère, rattachée à la jambe par des nœuds de rubans.

Les jeunes gens à cheveux retroussés, à collet noir, remplissaient le parterre de Feydeau, et applaudissaient quelquefois les femmes élégantes et singulièrement parées qui venaient embellir ces réunions.

Madame Tallien était la plus belle et la plus admirée de ces femmes qui introduisaient le nouveau goût; son salon était le plus brillant et le plus fréquenté. Fille du banquier espagnol Cabarrus, épouse d'un président à Bordeaux, mariée récemment à Tallien, elle tenait à la fois aux hommes de l'ancien et du nouveau régime. Elle était révoltée contre la terreur par ressentiment, et aussi par bonté; elle s'était intéressée à toutes les infortunes, et soit à Bordeaux, soit à Paris, elle n'avait cessé un moment de jouer le rôle de solliciteuse, qu'elle remplissait, dit-on, avec une grâce irrésistible. C'est elle qui sut adoucir la sévérité proconsulaire que son mari déployait dans la Gironde, et le ramener à des sentimens plus humains. Elle voulait lui donner le rôle de pacificateur, de réparateur des maux de la révolution. Elle attirait dans sa maison tous ceux qui avaient contribué avec lui au 9 thermidor, et cherchait à les gagner, en les flattant, en leur faisant espérer la reconnaissance publique, l'oubli du passé, dont plusieurs avaient besoin, et le pouvoir qui aujourd'hui était promis aux adversaires plutôt qu'aux partisans de la terreur. Elle s'entourait de femmes aimables qui contribuaient à ce plan d'une séduction si pardonnable. Parmi ces femmes brillait la veuve de l'infortuné général Alexandre Beauharnais, jeune créole attrayante, non par sa beauté, mais par une grâce extrême. Dans ces réunions, on attirait ces hommes simples et exaltés qui venaient de mener une vie si dure et si tourmentée. On les caressait ; quelquefois même on les raillait sur leurs costumes, sur leurs mœurs, sur leurs principes rigoureux. On les faisait asseoir à table à côté d'hommes qu'ils auraient poursuivis naguère comme des aristocrates, des spéculateurs enrichis, des dilapidateurs de la fortune publique ; on les forçait ainsi à sentir leur infériorité auprès des anciens modèles du bon ton et du bel esprit. Beaucoup d'entre eux, dépourvus de moyens, perdaient leur dignité avec leur rudesse, et ne savaient pas soutenir l'énergie de leur caractère ; d'autres qui, par leur esprit, savaient conserver leur rang, et se donner bientôt ces avantages de salon si frivoles et si tôt acquis, n'étaient cependant pas à l'abri d'une flatterie délicate. Tel membre d'un comité, sollicité adroitement dans un dîner, accordait un service, ou laissait influencer son vote.

Ainsi une femme, née d'un financier, mariée à un magistrat, et devenue, comme l'une des dépouilles de l'ancienne société, l'épouse d'un révolutionnaire ardent, se chargeait de réconcilier des hommes simples, quelquefois grossiers et presque toujours fanatisés, avec l'élégance, le goût, les plaisirs, la liberté des mœurs et l'indifférence des opinions. La révolution, ramenée (et c'était sans doute un bonheur) de ce terme extrême de fanatisme et de grossièreté, s'avançait néanmoins d'une manière trop rapide vers l'oubli des mœurs, des principes, et, on peut presque dire, des ressentimens républicains. On reprochait ce changement aux thermidoriens, on les accusait de s'y livrer, de le produire, de l'accélérer, et le reproche était juste.

Les révolutionnaires ne paraissaient pas dans ces salons ou ces concerts. A peine quelques-uns d'entre eux osaient-ils s'y montrer, et ils n'en sortaient que pour aller dans les tribunes s'élever contre la *Cabarrus*, contre les aristocrates, contre les intrigans et les fournisseurs qu'elle traînait à sa suite. Ils n'avaient, eux, d'autres réunions que leurs clubs et leurs assemblées de sections; ils n'allaient pas y chercher des plaisirs, mais exhaler leurs passions. Leurs femmes, qu'on appelait les *furies de guillotine*, parce qu'elles avaient souvent fait cercle autour de l'échafaud, paraissaient en costume populaire dans les tribunes des clubs pour applaudir les motions les plus violentes. Plusieurs membres de la convention se montraient encore aux séances des jacobins; quelques-uns y portaient leur célébrité, mais ils étaient silencieux et sombres : c'étaient Collot-d'Herbois, Billaud-Varennes, Carrier. D'autres, tels que Duhem, Crassous, Lanot, etc., y allaient par simple attachement pour la cause, et sans raison personnelle de défendre leur conduite révolutionnaire.

C'était au Palais-Royal, autour de la convention, dans les tribunes et dans les sections, que se rencontraient les deux partis. Dans les sections surtout, où ils avaient à délibérer et à discuter, les rixes devenaient extrêmement violentes. On colportait alors des unes aux autres l'adresse des jacobins aux sociétés affiliées, et on voulait l'y faire lire. On avait aussi à lire, par décret, le rapport de Robert-Lindet sur l'état de la France, rapport qui en faisait un tableau si fidèle, et qui exprimait d'une manière si convenable les sentimens dont la convention et tous les honnêtes gens étaient animés. Cette lecture devenait chaque décadi le sujet des plus vives contestations. Les révolutionnaires demandaient à grands cris l'adresse des jacobins; leurs adversaires demandaient le rapport de Lindet. On poussait des cris affreux. Les membres des anciens comités révolutionnaires prenaient le nom de tous ceux qui montaient à la tribune pour les combattre, et en l'écrivant, ils s'écriaient : Nous les exterminerons! Leurs habitudes pendant la terreur leur avaient rendu familiers les mots de tuer, de guillotiner, et ils les avaient toujours à la bouche. Ils donnaient ainsi occasion de dire qu'ils faisaient de nouvelles listes de proscription, et qu'ils voulaient recommencer le système de Robespierre. On se battait souvent dans les sections; quelquefois la victoire restait incertaine, et on atteignait dix heures sans avoir rien pu lire. Alors les révolutionnaires, qui ne se faisaient pas scrupule de dépasser l'heure légale, attendaient que leurs adversaires, qui affectaient d'obéir à la loi, fussent partis, lisaient ce qui leur plaisait, et prenaient toutes les délibérations qui leur convenaient.

On rapportait chaque jour à la convention des scènes de ce genre, et on s'élevait contre les anciens membres des comités révolutionnaires, qui étaient, disait-on, les auteurs de tous ces troubles. Le club électoral, plus bruyant à lui seul que toutes les sections ensemble, vint pousser à bout la patience de l'assemblée, par une adresse des plus dangereuses. C'était là, comme nous l'avons dit, que se réunissaient toujours les hommes les plus compromis, et qu'on tramait les projets les plus audacieux. Une députation de ce club vint demander que l'élection des magistrats municipaux fût rendue au peuple; que la municipalité de Paris, qui n'avait pas été rétablie depuis le 9 thermidor, fût reconstituée; qu'enfin, au lieu d'une seule séance de section par décade, il fût permis de nouveau d'en tenir deux. A cette dernière pétition, une foule de députés se levèrent, firent entendre les plaintes les plus vives, et demandèrent des mesures contre les membres des anciens comités révolutionnaires, auxquels on attribuait tous les désordres. Legendre, quoiqu'il eût désapprouvé la première attaque de Lecointre contre Billaud-Varennes, Collot-d'Herbois et Barrère, dit qu'il fallait remonter plus haut; que la source du mal était dans les membres des anciens comités de gouvernement, qui abusaient de l'indulgence de l'assemblée à leur égard, et qu'il était temps enfin de punir leur ancienne tyrannie, pour en empêcher une nouvelle. Cette discussion amena un nouveau tumulte plus grand que le premier. Après de longues et déplorables récriminations, l'assemblée ne rencontrant encore que des questions ou insolubles ou dangereuses, prononça une seconde fois l'ordre du jour. Divers moyens furent successivement proposés pour réprimer les écarts des sociétés populaires, et les abus du droit de pétition. On imagina d'ajouter au rapport de Lindet une adresse au peuple français, qui exprimerait, d'une manière encore plus nette et plus énergique, les sentimens de l'assemblée, et la marche nouvelle qu'elle se proposait de suivre. Cette idée fut adoptée. Le dé-

puté Richard, qui revenait de l'armée, soutint que ce n'était pas assez; qu'il fallait gouverner vigoureusement; que les adresses ne signifiaient rien, parce que tous les faiseurs de pétitions ne manqueraient pas de répondre; qu'il ne fallait plus souffrir qu'on vînt proférer à la barre des paroles qui, prononcées dans les rues, feraient arrêter ceux qui se les permettraient. « Il est temps, dit
« Bourdon (de l'Oise), de vous adresser des vé-
« rités utiles. Savez-vous pourquoi vos armées sont
« constamment victorieuses? c'est parce qu'elles
« observent une exacte discipline. Ayez dans l'état
« une bonne police, et vous aurez un bon gouver-
« nement. Savez-vous d'où viennent les éternelles
« attaques dirigées contre le vôtre? c'est de l'abus
« que font vos ennemis de ce qu'il y a de démo-
« cratique dans vos institutions. Ils se plaisent à
« répandre que vous n'aurez jamais un gouverne-
« ment, que vous serez éternellement livrés à l'a-
« narchie. Il serait donc possible qu'une nation
« constamment victorieuse ne sût pas se gouverner!
« Et la convention, qui sait que cela seul empêche
« l'achèvement de la révolution, n'y pourvoirait
« pas! Non, non; détrompons nos ennemis; c'est
« par l'abus des sociétés populaires et du droit de
« pétition qu'ils veulent nous détruire; c'est cet
« abus qu'il faut réprimer. »

On présenta divers moyens de réprimer l'abus

des sociétés populaires, sans les détruire. Pelet, pour ravir aux jacobins l'appui de plusieurs députés montagnards qui siégaient dans leur société, et surtout pour leur enlever Billaud-Varennes, Collot-d'Herbois et autres chefs dangereux, proposa de défendre à tous les membres de la convention d'être membres d'aucune société populaire. Cette proposition fut adoptée. Mais une foule de réclamations s'élevèrent de la Montagne ; on dit que le droit de se réunir pour s'éclairer sur les intérêts publics était un droit appartenant à tous les citoyens, et dont on ne pouvait pas plus dépouiller un député qu'aucun autre membre de l'état ; que par conséquent le décret adopté était une violation d'un droit absolu et inattaquable. Le décret fut rapporté. Dubois-Crancé fit alors une autre motion. Racontant la manière dont les jacobins s'étaient épurés, il montra que cette société recélait encore dans son sein les mêmes individus qui l'avaient égarée sous Robespierre. Il soutint que la convention avait le droit de l'épurer de nouveau, tout comme elle faisait, par ses commissaires, à l'égard des sociétés de départemens ; et il proposa de renvoyer la question aux comités compétens, pour qu'ils imaginassent un mode convenable d'épuration, et des moyens de rendre les sociétés populaires utiles. Cette nouvelle proposition fut encore accueillie.

Ce décret excita une grande rumeur aux jacobins. Ils s'écrièrent que Dubois-Crancé avait trompé la convention; que l'épuration ordonnée après le 9 thermidor s'était rigoureusement exécutée; qu'on n'avait pas le droit de la recommencer; qu'ils étaient tous également dignes de siéger dans cette illustre société qui avait rendu tant de services à la patrie; que, du reste, ils ne craignaient pas l'examen le plus sévère, et qu'ils étaient prêts à se soumettre à l'investigation de la convention. En conséquence, ils décidèrent que la liste de tous les membres serait imprimée, et portée à la barre par une députation. Le jour suivant, 13 vendémiaire (4 octobre), ils furent moins dociles; ils dirent que leur décision rendue la veille était inconsidérée; que remettre la liste des membres de la société à l'assemblée, c'était lui reconnaître le droit d'épuration, qui n'appartenait à personne; que tous les citoyens ayant la faculté de se réunir, sans armes, pour conférer sur les questions d'intérêt public, nul individu ne pouvait être déclaré indigne de faire partie d'une société; que, par conséquent, l'épuration était contre tous les droits, et qu'il ne fallait point aller porter la liste. « Les « sociétés populaires, » s'écria le nommé Giot, jacobin forcené, et l'un des employés auprès des armées, « les sociétés populaires n'appartiennent « qu'à elles-mêmes. S'il en était autrement, l'infame

« cour aurait épuré celle des jacobins, et vous
« auriez vu ces banquettes, qui ne doivent être
« occupées que par la vertu, souillées par la pré-
« sence des Jaucourt et des Feuillant. Eh bien! la
« cour elle-même, qui ne respectait rien, n'osa
« pas vous attaquer; et ce que la cour n'a pas osé,
« on l'entreprendrait au moment où les jacobins
« ont juré d'abattre tous les tyrans, quels qu'ils
« soient, et d'être toujours soumis à la convention!...
« J'arrive des départemens; je puis vous assurer
« que l'existence des sociétés populaires est extrê-
« mement compromise; j'ai été traité de scélérat,
« parce que le titre de jacobin était sur ma com-
« mission. On m'a dit que j'appartenais à une so-
« ciété qui n'était composée que de brigands. Il y
« a des menées sourdes pour éloigner de vous les
« autres sociétés de la république; j'ai été assez
« heureux pour arrêter la scission, et resserrer les
« liens de la fraternité entre vous et la société de
« Bayonne, que Robespierre avait calomniée dans
« votre sein. Ce que je viens de dire d'une com-
« mune se reproduit dans toutes. Soyez prudens,
« restez toujours attachés aux principes et à la
« convention, et surtout ne reconnaissez à aucune
« autorité le droit de vous épurer. » Les jacobins
applaudirent ce discours, et décidèrent qu'ils ne
porteraient pas leur liste à la convention, et qu'ils
attendraient ses décrets.

Le club électoral était encore beaucoup plus tumultueux. Depuis sa dernière pétition, on l'avait chassé de l'Évêché, et il était allé se réfugier dans une salle du Musée, tout près de la convention. Là, dans une séance de nuit, au milieu des cris furieux des assistans, et des trépignemens des femmes qui remplissaient les tribunes, il déclara que la convention avait outrepassé la durée de ses pouvoirs; qu'elle avait été envoyée pour juger le dernier roi, et faire une constitution; qu'elle avait accompli ces deux choses, et que par conséquent sa tâche était remplie, et ses pouvoirs expirés.

Ces scènes des jacobins et du club électoral furent dénoncées de nouveau à la convention, qui renvoya tout aux comités chargés de lui présenter un projet relatif aux abus des sociétés populaires. Elle avait voté une adresse au peuple français, comme elle se l'était proposé, et l'avait envoyée aux sections et à toutes les communes de la république. Cette adresse, écrite d'un style ferme et sage, reproduisait d'une manière plus positive et plus précise les sentimens exprimés dans le rapport de Lindet. Elle devint le sujet de nouvelles luttes dans les sections. Les révolutionnaires voulaient empêcher de la lire, et s'opposaient à ce qu'on votât en réponse des adresses d'adhésion; ils faisaient adopter, au contraire, des adresses aux jacobins, pour leur exprimer l'intérêt qu'on prenait à leur cause. Souvent, après avoir de cette manière décidé un vote, des renforts arrivaient à leurs adversaires, qui les chassaient, et la section ainsi renouvelée décidait le contraire. On en vit ainsi plusieurs qui firent deux adresses contradictoires, l'une aux jacobins, l'autre à la convention. Dans la première, on célébrait les services des sociétés populaires, et on faisait des vœux pour leur conservation; dans l'autre, on disait que la section, délivrée du joug des anarchistes et des terroristes, venait enfin exprimer son libre vœu à la convention, lui offrir ses bras et sa vie, pour combattre à la fois les continuateurs de Robespierre et les agens du royalisme. La convention assistait à ces débats, attendant le projet sur la police des sociétés populaires.

Il fut présenté le 25 vendémiaire (16 octobre). Il avait pour but principal de rompre la coalition que formaient en France toutes les sociétés des jacobins. Affiliées à la société-mère, correspondant régulièrement avec elle, et obéissant à ses ordres, elles composaient un vaste parti, habilement organisé, qui avait un centre et une direction; et c'était là ce qu'on voulait détruire. Le décret défendait *toutes affiliations, fédérations, ainsi que toutes correspondances en nom collectif entre sociétés populaires.* Il portait en outre qu'aucune pétition ou adresse ne pourrait être faite en nom collectif, afin d'éviter ces manifestes impérieux que les envoyés des jacobins ou du club électoral venaient lire à la barre, et qui étaient devenus souvent des ordres pour l'assemblée. Toute adresse ou pétition devait être individuellement signée. On s'assurait par là le moyen de poursuivre les auteurs des propositions dangereuses, et on espérait les mettre en contradiction par la nécessité de signer. Le tableau des membres de chaque société devait être dressé sur-le-champ et affiché dans le lieu des réunions. A peine ce décret fut-il lu à l'assemblée, qu'une foule de voix s'élevèrent pour le combattre. « On veut, disaient les montagnards, détruire les sociétés populaires ; on oublie qu'elles ont sauvé la révolution et la liberté ; on oublie qu'elles sont le moyen le plus puissant de réunir les citoyens, et de conserver en eux l'énergie et le patriotisme ; on attente, en leur défendant la correspondance, au droit essentiel, appartenant à tous les citoyens, de correspondre entre eux, droit aussi sacré que celui de se réunir paisiblement pour conférer sur les questions d'intérêt public. » Les députés Lejeune, Duhem, Crassous, tous jacobins, tous intéressés vivement à écarter ce décret, n'étaient pas les seuls à s'exprimer ainsi. Le député Thibaudeau, républicain sincère, étranger aux montagnards et aux thermidoriens, paraissait lui-même effrayé des conséquences de ce décret, et en demandait l'ajournement, craignant qu'il ne nuisît à l'existence même des sociétés populaires. On ne veut pas les détruire, répondaient les thermidoriens, auteurs du décret; on ne veut que les soumettre à une police nécessaire. Au milieu de ce conflit, Merlin (de Thionville) s'écrie : « Président, rappelle les préopinans à « l'ordre; ils prétendent que nous voulons anéan- « tir les sociétés populaires, tandis qu'il s'agit « seulement de régler leurs rapports actuels. » Rewbell, Bentabolle, Thuriot, démontrent qu'il n'est nullement question de les supprimer. « Les empêche-t-on, disaient-ils, de se réunir paisiblement et sans armes, pour conférer sur les intérêts publics? non sans doute; ce droit reste intact. On les empêche de s'affilier, de se fédérer, et on ne fait à leur égard que ce qu'on a déjà fait à l'égard des autorités départementales. Celles-ci, par le décret du 14 frimaire qui institue le gouvernement révolutionnaire, ne peuvent ni correspondre, ni se concerter entre elles. Serait-il possible qu'on permît aux sociétés populaires ce qu'on a défendu aux autorités départementales? On leur défend de correspondre en nom collectif, et en cela on ne viole aucun droit : tout citoyen peut sans doute correspondre d'un bout de la France à l'autre; mais les citoyens correspondent-ils par président et secré-

taires? C'est cette correspondance officielle entre corps puissans et constitués qu'on veut et qu'on a raison de vouloir empêcher, pour détruire un fédéralisme plus monstrueux et plus dangereux que celui des départemens. C'est par ces affiliations, par ces correspondances, que les jacobins sont parvenus à exercer une influence véritable sur le gouvernement, et à se donner dans la direction des affaires une part qui ne devrait jamais appartenir qu'à la représentation nationale elle-même. » Bourdon (de l'Oise), l'un des principaux membres du comité de sûreté générale, et, comme on a vu, souvent en lutte avec ses amis quoique thermidorien, s'écrie : « Les sociétés populaires ne sont pas
« le peuple; je ne vois le peuple que dans les as-
« semblées primaires : les sociétés populaires sont
« une collection d'hommes qui se sont choisis eux-
« mêmes, comme des moines, qui ont fini par for-
« mer une aristocratie exclusive, permanente, qui
« s'intitule le peuple, et qui vient se placer à côté
« de la représentation nationale, pour inspirer,
« modifier ou combattre ses résolutions. A côté de
« la convention, je vois une autre représentation
« s'élever, et cette représentation siége aux Jaco-
« bins. » Des applaudissemens nombreux interrompent Bourdon; il continue en ces termes :
« J'apporte si peu de passion ici, que, pour avoir
« l'unité et la paix, je dirais volontiers au peuple :

« Choisis entre les hommes que tu as désignés pour
« te représenter, et ceux qui se sont élevés à côté
« d'eux ; peu importe, pourvu que tu aies une re-
« présentation unique. » De nouveaux applaudissemens interrompent Bourdon ; il reprend : « Oui,
« s'écrie-t-il, que le peuple choisisse entre vous et
« les hommes qui ont voulu proscrire les représen-
« tans chargés de la confiance nationale, entre vous
« et les hommes qui, liés avec la municipalité de
« Paris, voulaient, il y a quelques mois, assassiner
« la liberté ! Citoyens, voulez-vous faire une paix
« glorieuse ? voulez-vous arriver jusqu'aux an-
« ciennes limites de la Gaule ? présentez aux Belges,
« aux peuples qui bordent le Rhin, une révolution
« paisible, une république sans une double repré-
« sentation, une république sans comités révolu-
« tionnaires, teints du sang des citoyens. Dites aux
« Belges et aux peuples du Rhin : Vous vouliez une
« demi-liberté, nous vous la donnons tout entière,
« mais en vous épargnant les maux cruels qui pré-
« cèdent son établissement, en vous épargnant les
« sanglantes épreuves par lesquelles nous avons
« passé nous-mêmes. Songez, citoyens, que pour
« dégoûter les peuples voisins de s'unir à vous, on
« leur dit que vous n'avez point de gouvernement,
« qu'en traitant avec vous on ne sait s'il faut s'a-
« dresser à la convention ou aux jacobins. Donnez
« au contraire l'unité et l'ensemble à votre gouver-

« nement, et vous verrez qu'aucun peuple n'a
« d'éloignement pour vous et vos principes; vous
« verrez qu'aucun peuple ne hait la liberté. »

Duhem, Crassous, Clausel, veulent au moins l'ajournement du décret, disant qu'il est trop important pour être rendu brusquement; ils réclament la parole tous à la fois. Merlin (de Thionville) la demande contre eux avec cette ardeur qu'il porte à la tribune comme sur les champs de bataille. Le président la leur donne successivement. Dubarran, Levasseur, Romme, sont encore entendus contre le décret; Thuriot pour. Enfin Merlin s'élance une dernière fois à la tribune : « Ci-
« toyens, dit-il, quand il fut question d'établir la
« république, vous l'avez décrétée sans renvoi ni
« rapport; aujourd'hui, il s'agit en quelque sorte
« de l'établir une seconde fois, en la sauvant des
« sociétés populaires coalisées contre elle. Ci-
« toyens, il ne faut pas craindre d'aborder cette
« caverne, malgré le sang et les cadavres qui en
« obstruent l'entrée; osez y pénétrer, osez en chas-
« ser les fripons et les assassins, et n'y laisser que
« les bons citoyens, pour y peser tranquillement
« les grands intérêts de la patrie. Je vous demande
« de rendre ce décret qui sauve la république,
« comme celui qui l'a créée, c'est-à-dire sans ren-
« voi ni rapport. »

Merlin est applaudi, et le décret voté sur-le-champ, article par article. C'était le premier coup porté à cette société célèbre, qui jusqu'à ce jour avait fait trembler la convention, et avait servi à lui imprimer la direction révolutionnaire. C'étaient moins les dispositions du décret, d'ailleurs assez faciles à éluder, que le courage de le rendre, qui importait ici, et qui devait faire pressentir aux jacobins leur fin prochaine. Réunis le soir dans leur salle, ils commentent le décret, et la manière dont il a été rendu. Le député Lejeune, qui le matin s'était opposé de toutes ses forces à son adoption, se plaint de n'avoir pas été secondé; il dit que peu de membres de l'assemblée ont pris la parole pour défendre la société dont ils font partie. « Il est, « dit-il, des membres de la convention, célèbres « par leur énergie révolutionnaire et patriotique, « qui aujourd'hui ont gardé un silence condam- « nable. Ou ces membres sont coupables de tyran- « nie comme on les en a accusés, ou ils ont tra- « vaillé pour le bonheur public. Dans le premier « cas, ils sont coupables et doivent être punis; « dans le second, leur tâche n'est pas finie. Après « avoir préparé par leurs veilles les succès des dé- « fenseurs de la patrie, ils doivent défendre les « principes et les droits du peuple attaqués. Il y a « deux mois, vous parliez sans cesse des droits du « peuple à cette tribune, vous Collot et Billaud, « pourquoi avez-vous cessé de les défendre? pour-

« quoi vous taisez-vous aujourd'hui qu'une foule
« d'objets réclament encore votre courage et vos
« lumières ! »

Billaud et Collot gardaient, depuis l'accusation qui avait été portée contre eux, un morne silence. Interpellés par leur collègue Lejeune, et accusés de n'avoir pas défendu la société, ils prennent la parole et déclarent que, s'ils ont gardé le silence, c'est par prudence et non par faiblesse ; qu'ils ont craint de nuire à l'avis soutenu par les patriotes, en l'appuyant ; que depuis long-temps la crainte de nuire aux discussions est le seul motif de leur réserve ; que, d'ailleurs, accusés d'avoir dominé la convention, ils ont voulu répondre à leurs accusateurs en cherchant à s'annuler ; qu'ils sont charmés de se voir provoqués par leurs collègues à sortir de cette nullité volontaire, et autorisés en quelque sorte à se dévouer encore à la cause de la liberté et de la république.

Contens de cette explication, les jacobins les applaudissent et reviennent à la loi rendue le matin; ils se consolent en disant qu'ils correspondront avec toute la France par la tribune. Goujon les engage à respecter la loi rendue, ils le promettent; mais le nommé Terrasson leur propose un moyen de remplacer la correspondance, tout en restant fidèles à la loi. Ils feront une lettre circulaire, non pas écrite au nom des jacobins, et adressée à d'autres jacobins, mais *signée par tous les hommes libres, réunis dans la salle des Jacobins, et adressée à tous les hommes libres de France, réunis en sociétés populaires.* Le moyen est adopté avec grande joie, et le projet d'une pareille circulaire résolu.

On voit quel cas les jacobins faisaient des menaces de la convention, et combien peu ils étaient disposés à profiter de la leçon qu'elle venait de leur donner. En attendant que de nouveaux faits provoquassent de nouvelles mesures à leur égard, la convention se mit à poursuivre la tâche que Robert Lindet lui avait tracée dans son rapport, et à discuter les questions proposées par lui. Il s'agissait de réparer les conséquences d'un régime violent sur l'agriculture, le commerce, les finances, et de rendre à toutes les classes la sécurité, le goût de l'ordre et du travail. Mais ici on était aussi divisé de système et aussi disposé à s'emporter que sur toutes les autres matières.

Les réquisitions, le *maximum*, les assignats, le séquestre des biens des étrangers, excitaient contre l'ancien gouvernement des sorties aussi violentes que les emprisonnemens et les exécutions. Les thermidoriens, fort ignorans en matière d'économie publique, s'attachaient, par esprit de réaction, à censurer d'une manière amère et outrageante tout ce qui s'était fait en ce genre; et cependant, si dans l'administration générale de l'état, pendant l'année précédente, quelque chose était irréprochable et complètement justifié par la nécessité, c'était l'administration des finances, des subsistances et des approvisionnemens. Cambon, le membre le plus influent du comité des finances, avait mis le plus grand ordre dans le trésor; il avait fait émettre, à la vérité, beaucoup d'assignats, mais c'était là l'unique ressource; et il s'était brouillé avec Robespierre, Saint-Just et Couthon, en ne consentant pas à plusieurs dépenses révolutionnaires. Quant à Lindet, chargé des transports et des réquisitions, il avait travaillé avec un zèle admirable à tirer de l'étranger, à requérir en France, et à transporter soit aux armées, soit dans les grandes communes, les approvisionnemens nécessaires. Le moyen des réquisitions était violent; mais il était reconnu le seul possible, et Lindet s'était appliqué à en user avec le plus grand ménagement. Il ne pouvait d'ailleurs répondre ni de la fidélité de tous ses agens, ni de la conduite de tous ceux qui avaient droit de requérir, tels que les fonctionnaires municipaux, les représentans, et les commissaires aux armées.

Les thermidoriens et surtout Tallien dirigeaient les plus sottes et les plus injustes attaques contre le système général de ces moyens révolutionnaires, et contre la manière de les employer. La cause première de tous les maux, selon eux, c'était la trop grande émission des assignats; cette émission excessive les avait dépréciés, et ils s'étaient trouvés en disproportion démesurée avec les denrées et les marchandises. C'est ainsi que le *maximum* était devenu si oppressif et si désastreux, parce qu'il obligeait le vendeur ou le créancier remboursé à recevoir une valeur nominale toujours plus illusoire. Il n'y avait dans ces objections rien de bien neuf, rien de bien utile; il n'y avait surtout l'indication d'aucun remède, tout le monde en savait autant; mais Tallien et ses amis attribuaient l'émission excessive des assignats à Cambon, et semblaient lui imputer ainsi tous les maux de l'état. Ils lui reprochaient encore le séquestre des biens étrangers, mesure qui, ayant provoqué des représailles contre les Français, avait interrompu toute circulation de valeurs, détruit toute espèce de crédit, et ruiné entièrement le commerce. Quant à la commission des approvisionnemens, les mêmes censeurs l'accusaient d'avoir tourmenté la France par les réquisitions, d'avoir dépensé des sommes énormes à l'étranger pour se procurer des grains, en laissant Paris dans le dénuement, à l'entrée d'un hiver rigoureux. Ils proposèrent de lui faire rendre des comptes sévères.

Cambon était d'une intégrité que tous les partis ont reconnue. Il joignait à un zèle ardent pour la bonne administration des finances, un caractère bouillant qu'un reproche injuste jetait hors de toutes les bornes. Il avait fait dire à Tallien et à ses amis qu'il ne les attaquerait pas, s'ils le laissaient tranquille, mais qu'il les poursuivrait impitoyablement à la première calomnie. Tallien eut l'imprudence d'ajouter à ses attaques de tribune des articles de journal. Cambon n'y tint pas, et dans une des nombreuses séances consacrées à la discussion de ces matières, il s'élança à la tribune, et dit à Tallien : « Ah! tu m'attaques, tu veux jeter « des nuages sur ma probité! eh bien! je vais te « prouver que tu es un voleur et un assassin. Tu « n'as pas rendu tes comptes de secrétaire de la « commune, et j'en ai la preuve au comité des fi- « nances; tu as ordonnancé une dépense de quinze « cent mille francs pour un objet qui te couvrira « de honte. Tu n'as pas rendu tes comptes pour ta « mission à Bordeaux, et j'ai encore la preuve de « tout cela au comité. Tu resteras à jamais sus- « pect de complicité dans les crimes de septembre, « et je vais te prouver, par tes propres paroles, « cette complicité qui devrait à jamais te condam- « ner au silence. » On interrompit Cambon, on lui dit que ces personnalités étaient étrangères à la discussion, que personne n'accusait sa probité, qu'il s'agissait seulement du système financier. Tallien balbutia quelques mots mal assurés, et dit qu'il ne répondrait pas à ce qui lui était personnel, mais seulement à ce qui touchait aux questions générales. Cambon prouva ensuite que les assignats avaient été la seule ressource de la révolution : que les dépenses s'étaient élevées à trois cents millions par mois; que les recettes, dans le désordre qui régnait, avaient à peine fourni le quart de cette somme, qu'il avait fallu y suppléer chaque mois avec des assignats; que la quantité en circulation n'était pas un mystère, et montait à six milliards quatre cents millions; que du reste les biens nationaux représentaient douze milliards, et fournissaient un moyen suffisant d'acquitter la république; qu'il avait, au péril de sa vie, sauvé cinq cents millions que Robespierre, Saint-Just et Couthon proposaient de consacrer à certaines dépenses; qu'il avait long-temps résisté au *maximum* et au séquestre; et que, quant à la commission de commerce, obligée de payer les blés à l'étranger vingt-un francs le quintal, et de les donner en France pour quatorze, il n'était pas étonnant qu'elle eût fait des pertes énormes.

Ces controverses si imprudentes de la part des thermidoriens, qui, à tort ou à raison, n'avaient pas une réputation intacte, et qui s'attaquaient à un homme très pur, très instruit et très violent, firent perdre beaucoup de temps à l'assemblée. Quoique les attaques eussent cessé du côté des thermidoriens, Cambon n'avait plus aucun repos, et chaque jour il répétait à la tribune : « M'accuser « moi ! vile canaille ! Venez donc vérifier mes « comptes et juger ma conduite. — Restez donc « tranquille, lui criait-on ; on n'accuse pas votre « probité. » Mais il y revenait tous les jours. Au milieu de ce conflit de personnalités, l'assemblée prit, autant qu'elle put, les mesures les plus capables de réparer ou d'adoucir le mal.

Elle ordonna un compte général des finances, présentant les recettes et les dépenses, et un travail sur les moyens de retirer une partie des assignats, sans toutefois recourir à la démonétisation, afin de ne pas les discréditer. Sur la proposition de Cambon, elle renonça à une ressource financière misérable, qui donnait lieu à de nombreuses exactions et contrariait les préjugés de beaucoup de provinces : c'était la fonte de l'argenterie des églises. On avait évalué d'abord cette argenterie à un milliard ; en réalité elle ne s'élevait qu'à trente millions. Il fut décidé qu'il ne serait plus permis d'y toucher, et qu'elle resterait en dépôt dans les communes. La convention chercha ensuite à corriger les plus graves inconvéniens du *maximum*. Quelques voix s'élevaient déjà pour le faire abolir ; mais la crainte d'une hausse disproportionnée dans les prix empêcha de céder à cette impulsion des réacteurs. On songea seulement à modifier la loi. Le *maximum* avait contribué à tuer le commerce, parce que les commerçans ne retrouvaient, en se conformant au tarif, ni le prix du fret ni celui des assurances. En conséquence toute denrée coloniale, toute marchandise de première nécessité, toute matière première apportée de l'étranger dans nos ports, fut affranchie du *maximum* et des réquisitions, et put être vendue à prix libre, de gré à gré. Même faveur fut accordée aux marchandises provenant des prises, parce qu'elles gisaient dans les ports sans trouver de débit. Le *maximum* uniforme des grains avait un inconvénient extrêmement grave. La production du blé était plus coûteuse et moins abondante dans certaines provinces; le prix que recevaient les fermiers dans ces provinces ne payait pas même leurs avances. Il fut décidé que les prix des grains varieraient dans chaque département, d'après ceux de 1790, et qu'ils seraient portés à deux tiers en sus. En augmentant ainsi le prix des subsistances, on songea à élever les appointemens, les salaires, le revenu des petits rentiers; mais cette idée, loyalement proposée par Cambon, fut repoussée comme perfide par Tallien, et ajournée.

On s'occupa ensuite des réquisitions. Pour qu'elles ne fussent plus générales, illimitées, confuses, qu'elles n'épuisassent plus les moyens de transport, on décida que la commission des approvisionnemens aurait seule le droit de requérir;

qu'elle ne pourrait plus requérir ni toute une denrée, ni tous les produits d'un département, mais qu'elle désignerait l'objet, sa nature, sa quantité, l'époque de la livraison et du paiement, qu'elle ne demanderait qu'au fur et à mesure du besoin, et dans le district le plus voisin du lieu à approvisionner. Les représentans près les armées eurent seuls, dans le cas urgent d'un défaut de vivres ou d'un mouvement rapide, la faculté de faire immédiatement les réquisitions nécessaires.

La question du séquestre des valeurs étrangères fut vivement agitée. Les uns disaient que la guerre ne devait pas s'étendre des gouvernemens aux sujets; qu'il fallait laisser les sujets continuer paisiblement leurs relations et leurs échanges, et n'attaquer que les armées; que les Français n'avaient saisi que 25 millions, tandis qu'on leur en avait saisi 100; qu'il fallait rendre les 25 millions, pour qu'on nous rendît les 100; que le séquestre était ruineux pour nos banquiers, car ils étaient obligés de déposer au trésor ce qu'ils devaient à l'étranger, tandis qu'ils ne recevaient pas ce que l'étranger leur devait à eux, les gouvernemens s'en emparant toujours par représailles; que cette mesure ainsi prolongée rendait le commerce français suspect même aux neutres; qu'enfin la circulation des effets de crédit ayant cessé, il fallait payer en argent une partie des denrées tirées des pays voisins. Les autres répondaient que, puisqu'on voulait distinguer dans la guerre les sujets des gouvernemens, il faudrait ne diriger aussi les boulets et les balles que sur la tête des rois, et non sur celle de leurs soldats; qu'il faudrait rendre au commerce anglais les vaisseaux pris par nos corsaires, et ne garder que les vaisseaux de guerre; que, si on rendait les 25 millions séquestrés, l'exemple ne serait pas suivi par les gouvernemens ennemis, et que les 100 millions des Français seraient toujours retenus; que rétablir la circulation des valeurs, ce n'était que fournir aux émigrés le moyen de recevoir des fonds.

La convention n'osa pas trancher la question, et décida seulement que le séquestre serait levé à l'égard des Belges, que la conquête avait en quelque sorte remis en paix avec la France, et à l'égard des négocians de Hambourg, qui n'étaient pas coupables de la guerre déclarée par l'empire, et dont les valeurs représentaient des blés fournis à la France.

A toutes ces mesures réparatrices prises dans l'intérêt de l'agriculture et du commerce, la convention ajouta toutes celles qui pouvaient ramener la sécurité et rappeler les négocians. Un ancien décret mettait hors la loi tous ceux qui s'étaient soustraits ou à un jugement, ou à une application d'une loi; il fut aboli, et les condamnés par les commissions révolutionnaires, les suspects qui s'étaient cachés, purent rentrer dans leur domicile. On rendit aux suspects encore détenus l'administration de leurs biens. Lyon fut déclaré n'être plus en état de rébellion; son nom lui fut rendu; les démolitions cessèrent; on lui restitua les marchandises qui étaient séquestrées par les communes environnantes; ses négocians n'eurent plus besoin de certificat de civisme pour recevoir ou expédier, et la circulation recommença pour cette cité malheureuse. Les membres de la commission populaire de Bordeaux et leurs adhérens, c'est-à-dire presque tous les négocians bordelais, étaient hors la loi : le décret porté contre eux fut rapporté. Une colonne infamante devait être placée à Caen en mémoire du fédéralisme; on décida qu'elle ne serait pas élevée. Sedan fut libre de fabriquer toutes les espèces de drap. Les départemens du Nord, du Pas-de-Calais, de l'Aisne et de la Somme, furent dispensés de l'impôt territorial pendant quatre ans, à la condition pour eux de rétablir la culture du lin et du chanvre. Enfin on jeta un regard sur la malheureuse Vendée. Les représentans Hentz et Francastel, le général Turreau et plusieurs autres qui avaient exécuté les décrets formidables de la terreur, furent rappelés. On prétendit, naturellement, qu'ils étaient complices de Robespierre et du comité de salut public, qui avaient voulu faire durer éternellement la guerre de la Vendée en employant la cruauté. On ne sait pourquoi le comité aurait eu une pareille intention; mais les partis se rendent absurdité pour absurdité. Vimeux fut appelé à commander dans la Vendée, le jeune Hoche en Bretagne; on envoya dans ces contrées de nouveaux représentans avec mission d'examiner s'il serait possible d'y faire accepter une amnistie, et d'y amener ainsi une pacification.

On voit combien était rapide et général le retour vers d'autres idées. Il était naturel qu'en songeant à toutes les espèces de maux, à toutes les classes de proscrits, l'assemblée songeât aussi à ses propres membres. Depuis plus d'un an soixante-treize d'entre eux étaient détenus à Port-Libre, pour avoir signé une protestation contre le 31 mai. Ils avaient écrit une lettre pour demander des juges. Tout ce qui restait du côté droit, une partie des membres dits du *ventre*, se levèrent dans une question qui intéressait la sécurité du vote, et demandèrent la réintégration de leurs collègues. Alors s'éleva une de ces discussions orageuses et interminables qui prenaient toujours naissance dès qu'on soulevait le passé. « Vous voulez donc condamner
« le 31 mai? s'écrient les montagnards; vous voulez
« flétrir une journée que jusqu'à ce jour vous avez
« proclamée glorieuse et salutaire; vous voulez

« relever une faction qui, par son opposition,
« manqua perdre la république; vous voulez réha-
« biliter le fédéralisme!!! » Les thermidoriens, auteurs ou approbateurs du 31 mai, étaient embar-
rassés; et, pour reculer la décision, la convention
ordonna un rapport sur les soixante-treize.

Il est dans la nature des réactions non-seulement
de chercher à réparer le mal accompli, mais encore
de vouloir des vengeances. On réclamait chaque
jour le jugement de Lebon et de Fouquier-Tinville;
on avait déjà demandé celui de Billaud, Collot,
Barrère, Vadier, Amar, Vouland, David, membres
des anciens comités. Le temps amenait à tout instant des propositions du même genre. Les noyades
de Nantes, restées long-temps inconnues, venaient
enfin d'être révélées. Cent trente-trois Nantais, envoyés à Paris pour être jugés par le tribunal révolutionnaire, n'étaient arrivés qu'après le 9 thermidor; ils avaient été acquittés, et écoutés avec
faveur dans toutes les révélations qu'ils firent sur
les malheurs de leur ville. L'indignation publique
fut telle, qu'on se vit obligé de mander à Paris les
membres du comité révolutionnaire de Nantes.
Leur procès venait de faire connaître toutes les
atrocités ordinaires de la guerre civile. A Paris, et
loin du théâtre de la guerre, on ne concevait pas
que la fureur eût été poussée aussi loin. Les accusés n'avaient qu'une excuse, et ils l'opposaient

à tous les griefs : la Vendée à leurs portes, et les ordres du représentant Carrier. Voyant le terme de l'instruction approcher, ils s'élevaient chaque jour plus fortement contre Carrier, et demandaient qu'il vînt partager leur sort, et rendre compte lui-même des actes qu'il avait ordonnés. Le public en masse réclamait l'arrestation de Carrier et sa comparution devant le tribunal révolutionnaire. La convention devait prendre un parti. Les montagnards demandaient si, après avoir déjà enfermé Lebon et David, et accusé plusieurs fois Billaud, Collot et Barrère, on ne finirait pas par poursuivre tous les députés qui étaient allés en mission. Pour rassurer leurs craintes, on imagina de rendre un décret sur les formes à employer dans les poursuites contre un membre de la représentation nationale. Ce décret fut long-temps discuté, et avec le plus grand acharnement de part et d'autre. Les montagnards voulaient, pour éviter une nouvelle décimation, rendre les formalités longues et difficiles. Ceux qu'on appelait les réacteurs voulaient, au contraire, les simplifier, pour rendre plus prompte et plus sûre la punition de certains députés désignés sous le nom de proconsuls. Il fut décrété enfin que toute dénonciation serait renvoyée aux trois comités, de salut public, de sûreté générale et de législation, qui décideraient s'il y avait lieu à examen ; que, dans le cas d'une décision affirmative, il serait formé au sort une commission de vingt-un membres pour faire un rapport; que, d'après ce rapport et la défense contradictoire du député inculpé, la convention déciderait enfin s'il y avait lieu à accusation, et enverrait le député devant le tribunal compétent.

Aussitôt le décret rendu, les trois comités déclarèrent qu'il y avait lieu à examen contre Carrier; une commission de vingt-un membres fut formée; elle s'empara des pièces du procès, fit comparaître Carrier devant elle, et commença une instruction. D'après ce qui s'était passé au tribunal révolutionnaire, et la connaissance que tout le monde avait acquise des faits, le sort de Carrier ne pouvait être douteux. Les montagnards, tout en condamnant les crimes de Carrier, prétendaient que, si on le poursuivait, ce n'était pas pour punir ses crimes, mais pour commencer une longue série de vengeances contre les hommes dont l'énergie avait sauvé la France. Leurs adversaires, au contraire, en entendant chaque jour les membres du comité révolutionnaire demander la comparution de Carrier, et en voyant les lenteurs de la commission des vingt-un, disaient qu'on voulait le sauver. Le comité de sûreté générale, craignant qu'il ne prît la fuite, le fit entourer d'agens de police qui ne le perdaient pas de vue. Carrier cependant ne songeait pas à s'enfuir. Quelques révolutionnaires l'avaient secrètement engagé à s'échapper, et il n'osa pas prendre un parti; il semblait accablé et paralysé en quelque sorte par l'horreur publique. Un jour il s'aperçut qu'il était poursuivi, s'arrêta devant un des agens, lui demanda pourquoi il le suivait, et fit mine de l'ajuster avec un pistolet; une rixe s'ensuivit, la force armée accourut, Carrier fut saisi et conduit à sa demeure. Cette scène excita une grande rumeur dans l'assemblée et de violentes réclamations aux Jacobins. On dit que la représentation nationale avait été violée dans la personne de Carrier, et on demanda des explications au comité de sûreté générale. Ce comité expliqua comment les faits s'étaient passés, et, quoique vivement censuré, il eut du moins l'occasion de prouver qu'il ne voulait pas favoriser l'évasion de Carrier. Enfin, la commission des vingt-un fit son rapport, et conclut à la mise en accusation devant le tribunal révolutionnaire. Carrier essaya faiblement de se défendre; il rejeta toutes les cruautés sur l'exaspération produite par la guerre civile, sur la nécessité de terrifier la Vendée toujours menaçante, enfin sur l'impulsion du comité de salut public, auquel il n'osa pas imputer les noyades, mais auquel il attribua cette inspiration d'énergie féroce qui avait entraîné plusieurs commissaires de la convention. Ici renaissaient des questions dangereuses, déjà soulevées plusieurs fois; on se voyait exposé encore à discuter la part de chacun dans les violences de la révolution. Les commissaires pouvaient rejeter sur les comités, les comités sur la convention, la convention sur la France, cette inspiration qui avait amené de si affreuses mais de si grandes choses, qui était commune à tout le monde, et qui surtout dépendait d'une situation sans exemple. « Tout le monde, dit « Carrier dans un moment de désespoir, tout le « monde est coupable ici, jusqu'à la sonnette du « président. » Cependant le récit des horreurs commises à Nantes avait excité une indignation si grande, que pas un membre n'osa défendre Carrier, et ne songea à le justifier par des considérations générales. Il fut décrété d'accusation à l'unanimité, et envoyé au tribunal révolutionnaire.

La réaction faisait donc des progrès rapides. Les coups qu'on n'avait pas osé frapper encore sur les membres des anciens comités de gouvernement, étaient dirigés sur Carrier. Tous les membres des comités révolutionnaires, tous ceux de la convention qui avaient rempli des missions, tous les hommes enfin qui avaient été chargés de fonctions rigoureuses, commençaient à trembler pour eux-mêmes.

Les jacobins, déjà frappés d'un décret qui leur interdisait l'affiliation et la correspondance en nom collectif, avaient besoin de prudence; mais depuis les derniers événemens, il était peu probable qu'ils sussent se contenir, et éviter une lutte avec la convention et les thermidoriens. Ce qui s'était passé à l'égard de Carrier amena en effet une séance orageuse dans leur club. Crassous, député et jacobin, fit un tableau des moyens employés par l'aristocratie pour perdre les patriotes. « Le procès qui s'instruit maintenant devant le tribunal révolutionnaire, dit-il, est sa principale ressource, et celle sur laquelle elle fait le plus de fond ; les accusés ont à peine la faculté d'être entendus devant le tribunal ; les témoins sont presque tous des gens intéressés à faire grand bruit de cette affaire ; quelques-uns ont des passeports signés des chouans ; les journalistes, les pamphlétaires sont coalisés pour exagérer les moindres faits, entraîner l'opinion publique, et faire perdre de vue les cruelles circonstances qui ont amené et qui expliquent les malheurs arrivés, non-seulement à Nantes, mais dans toute la France. Si la convention n'y prend garde, elle se verra déshonorée par ces aristocrates, qui ne font tant de bruit de ce procès que pour en faire rejaillir sur elle tout l'odieux. Ce ne sont plus les jacobins qu'il faut accuser de vouloir dissoudre la convention, mais ces hommes coalisés pour la compromettre, et l'avilir aux yeux de la France. Que tous les bons patriotes y prennent donc garde ; l'attaque contre eux est commencée; qu'ils se serrent et soient prêts à se défendre avec énergie. »

Plusieurs jacobins parlèrent après Crassous, et répétèrent à peu près les mêmes choses. « On parle, disaient-ils, de fusillades et de noyades, mais on ne dit pas que ces individus sur lesquels on vient de s'apitoyer avaient fourni des secours aux brigands; on ne rappelle pas les cruautés commises envers nos volontaires, que l'on pendait à des arbres, et que l'on fusillait à la file. Si l'on demande vengeance pour les brigands, que les familles de deux cent mille républicains massacrés impitoyablement viennent donc aussi demander vengeance. » Les esprits étaient extrêmement animés; la séance se changeait en un véritable tumulte, lorsque Billaud-Varennes, auquel les jacobins reprochaient son silence, prit à son tour la parole. « La marche des contre-révo-
« lutionnaires, dit-il, est connue; quand ils vou-
« lurent, sous l'assemblée constituante, faire le
« procès à la révolution, ils appelèrent les jacobins
« des désorganisateurs, et les fusillèrent au Champ-
« de-Mars. Après le 2 septembre, lorsqu'ils voulu-
« rent empêcher l'établissement de la république,
« ils les appelèrent des buveurs de sang, et les char-
« gèrent de calomnies atroces. Aujourd'hui ils
« recommencent les mêmes machinations. Mais
« qu'ils ne s'imaginent pas de triompher; les pa-
« triotes ont pu garder un instant le silence, mais

« le lion n'est pas mort quand il sommeille, et à son
« réveil il extermine tous ses ennemis. La tranchée
« est ouverte, les patriotes vont se réveiller et re-
« prendre toute leur énergie; nous avons déjà mille
« fois exposé notre vie ; si l'échafaud nous attend
« encore, songeons que c'est l'échafaud qui a cou-
« vert de gloire l'immortel Sidney! »

Ce discours électrisa tous les esprits; on applaudit Billaud-Varennes, on se serra autour de lui, on se promit de faire cause commune avec tous les patriotes menacés, et de se défendre jusqu'à la mort.

Dans la situation où étaient les partis, une pareille séance ne pouvait manquer d'exciter une grande attention. Ces paroles de Billaud-Varennes, qui jusque-là s'était abstenu de se montrer à aucune des deux tribunes, étaient une véritable déclaration de guerre. Les thermidoriens les prirent en effet comme telles. Le lendemain, Bentabolle saisit le journal de la Montagne, où était le compte rendu de la séance des Jacobins, et dénonce ces expressions de Billaud-Varennes : *Le lion n'est pas mort quand il sommeille, et à son réveil il extermine tous ses ennemis.* A peine Bentabolle a-t-il le temps d'achever la lecture de cette phrase que les montagnards se soulèvent, l'accablent d'injures, et lui disent qu'il est du nombre de ceux qui ont fait élargir les aristocrates. Duhem le traite de coquin. Tallien demande vivement la parole pour Bentabolle, qui, effrayé du tumulte, veut descendre de la tribune. Cependant on l'y fait rester : il demande alors qu'on oblige Billaud-Varennes à s'expliquer sur le *réveil du lion*. Billaud prononce quelques mots de sa place. A la tribune! lui crie-t-on de toutes parts; il résiste, mais il est enfin obligé d'y monter, et de prendre la parole. « Je ne « désavoue pas, dit-il, l'opinion que j'ai émise aux « Jacobins ; tant que j'ai cru qu'il ne s'agissait que « de querelles individuelles, j'ai gardé le silence, « mais je n'ai pu me taire quand j'ai vu l'aristo- « cratie se lever plus menaçante que jamais. » A ces derniers mots le rire éclate dans une tribune, on fait du bruit dans une autre. « Faites sortir les chouans! » s'écrie-t-on à la Montagne. Billaud continue au milieu des applaudissemens des uns et des murmures des autres. Il dit, d'une voix embarrassée, qu'on a élargi des royalistes connus, et enfermé les patriotes les plus purs; il cite madame de Tourzel, la gouvernante des enfans de France, qu'on vient de mettre en liberté, et qui peut former à elle seule un noyau de contre-révolution. On éclate de rire à ces derniers mots. Il ajoute que la conduite secrète des comités dément le langage public des adresses de la convention; que, dans un pareil état de choses, il a été fondé à parler du réveil nécessaire des patriotes, car c'est le sommeil des hommes sur leurs droits qui les conduit à l'esclavage.

Quelques applaudissemens se font entendre à la Montagne en faveur de Billaud, mais une partie des tribunes et de l'assemblée laissent éclater le rire avec plus de force, et semblent n'éprouver que cette insultante pitié qu'inspire la puissance renversée, balbutiant de vaines paroles pour sa justification. Tallien se hâte de succéder à Billaud pour repousser ses reproches. « Il est temps, dit-il, de « répondre à ces hommes qui veulent diriger les « mains du peuple contre la convention. » Personne ne le veut, s'écrient quelques voix dans la salle. — Oui, oui, répondent d'autres, on veut diriger les mains du peuple contre la convention! « Ce sont, continue Tallien, ces hommes qui « ont peur en voyant le glaive suspendu sur les « têtes criminelles, en voyant la lumière portée « dans toutes les parties de l'administration, la « vengeance des lois prête à s'appesantir contre les « assassins ; ce sont ces hommes qui s'agitent aujourd'hui, qui prétendent que le peuple doit se « réveiller, qui veulent égarer les patriotes en leur « persuadant qu'ils sont tous compromis, et qui « espèrent enfin, à la faveur d'un mouvement général, empêcher de poursuivre les approbateurs « ou les complices de Carrier. » Des applaudissemens universels interrompent Tallien. Billaud, qui ne veut pas de cette complicité avec Carrier, s'écrie de sa place : « Je déclare que je n'ai point « approuvé la conduite de Carrier. » On ne fait pas attention à cette parole de Billaud, on applaudit Tallien, et celui-ci continue. « Il n'est pas possible, « ajoute-t-il, que l'on souffre plus long-temps deux « autorités rivales, que l'on permette à des mem- « bres, qui se taisent ici, d'aller ensuite dénoncer « ailleurs ce que vous avez fait. » Non, non, s'é- crient plusieurs voix; point d'autorités rivales de la convention! « Il ne faut pas, reprend Tallien, « qu'on aille, quelque part que ce soit, déverser « l'ignominie sur la convention et sur ceux de ses « membres auxquels elle a confié le gouvernement. « Je ne prendrai, ajoute-t-il, aucune conclusion « dans ce moment. Il suffit que cette tribune ait « répondu à ce qui a été dit dans une autre; il suffit « que l'unanimité de la convention soit fortement « prononcée contre les hommes de sang. »

De nouveaux applaudissemens prouvent à Tallien que l'assemblée est décidée à seconder tout ce qu'on voudra faire contre les Jacobins. Bourdon (de l'Oise) appuie les paroles du préopinant, quoiqu'en beaucoup de questions il différât de ses amis les thermidoriens. Legendre fait entendre aussi sa voix énergique. « Quels sont ceux, dit-il, « qui blâment nos opérations? c'est une poignée « d'hommes de proie. Regardez-les en face : vous

« verrez sur leur figure un vernis composé avec le
« fiel des tyrans. » Ces expressions, qui étaient dirigées contre la figure sombre et livide de Billaud-Varennes, sont vivement applaudies. « De quoi
« vous plaignez-vous, continue Legendre, vous qui
« nous accusez sans cesse? Est-ce de ce qu'on ne
« fait plus incarcérer les citoyens par centaines? de
« ce qu'on ne guillotine plus cinquante, soixante et
« quatre-vingts personnes par jour? Ah! je l'avoue,
« en cela notre plaisir est différent du vôtre, et notre
« manière de déblayer les prisons n'est pas la même.
« Nous nous y sommes transportés; nous avons
« fait, autant que nous l'avons pu, la distinction
« des aristocrates et des patriotes; si nous nous
« sommes trompés, nos têtes sont là pour en répondre. Mais tandis que nous réparons des crimes,
« que nous cherchons à vous faire oublier que
« ces crimes sont les vôtres, pourquoi allez-vous
« dans une société fameuse, nous dénoncer, et
« égarer le peuple, heureusement peu nombreux,
« qui s'y porte? Je demande, ajoute Legendre en
« finissant, que la convention prenne les moyens
« d'empêcher ses membres d'aller prêcher la révolte
« aux Jacobins. » La convention adopte la proposition de Legendre, et charge les comités de lui
présenter ces moyens.

La convention et les jacobins étaient ainsi en
présence, et dans cette situation où, tous les dis-

cours étant épuisés, il ne reste plus qu'à frapper. L'intention de détruire cette société célèbre commençait à n'être plus douteuse; il fallait seulement que les comités eussent le courage d'en faire la proposition. Les jacobins le sentaient, et se plaignaient dans toutes leurs séances de ce qu'on voulait les dissoudre; ils comparaient le gouvernement actuel à Léopold, à Brunswick, à Cobourg, qui avaient aussi demandé leur dissolution. Un mot surtout, prononcé à la tribune, leur avait fourni un texte fécond pour se prétendre calomniés et attaqués. Il avait été dit que dans des lettres saisies se trouvait la preuve que le comité des émigrés en Suisse était d'accord avec les jacobins de Paris. Si on voulait dire seulement par là que les émigrés souhaitaient des agitations qui troublassent la marche du gouvernement, on avait raison sans doute. Une lettre saisie sur un émigré portait en effet que l'espoir de vaincre la révolution par les armes était une folie, et qu'il fallait chercher à l'anéantir par ses propres désordres. Mais si, au contraire, on allait jusqu'à supposer que les jacobins et les émigrés correspondaient et se concertaient pour arriver à une même fin, on disait une chose aussi absurde que ridicule, et les jacobins ne demandaient pas mieux que de se voir accusés de cette manière. Aussi ne cessèrent-ils pendant plusieurs jours de se dire calomniés; et Duhem demanda à plusieurs reprises qu'on vînt lire ces prétendues lettres à la tribune.

L'agitation dans Paris était extrême. Des groupes nombreux, partis les uns du Palais-Royal, et composés de jeunes gens à cadenettes et à collet noir, les autres du faubourg Saint-Antoine, des rues Saint-Denis, Saint-Martin, de tous les quartiers dominés par les jacobins, se rencontraient au Carrousel, dans le jardin des Tuileries, sur la place de la Révolution. Les uns criaient *vive la convention! à bas les terroristes et la queue de Robespierre!* Les autres répondaient par les cris de *vive la convention! vive les jacobins! à bas les aristocrates!* Ils avaient des chants différens. La jeunesse dorée avait adopté un air qui s'appelait le *Réveil du peuple*; les partisans des jacobins faisaient entendre ce vieil air de la révolution, immortalisé par tant de victoires : *Allons, enfans de la patrie!* On se rencontrait, on chantait les airs opposés, puis on poussait les cris ennemis, et souvent on s'attaquait à coups de pierres et de bâton; le sang coulait, on se faisait des prisonniers qu'on livrait de part et d'autre au comité de sûreté générale. Les jacobins disaient que ce comité, tout composé de thermidoriens, relâchait les jeunes gens qu'on lui livrait, et ne détenait que les patriotes.

Ces scènes durèrent plusieurs jours de suite, et finirent par devenir assez alarmantes pour que les comités de gouvernement prissent des mesures de sûreté, et doublassent la garde de tous les postes. Le 19 brumaire (9 novembre 1794), les rassemblemens étaient encore plus nombreux et plus considérables que les jours précédens. Un groupe, parti du Palais-Royal, et longeant la rue Saint-Honoré, était arrivé devant la salle des Jacobins et l'avait entourée. La foule augmentait sans cesse, toutes les avenues étaient obstruées; et les jacobins, qui dans ce moment étaient en séance, pouvaient se croire assiégés. Quelques groupes qui leur étaient favorables avaient fait entendre les cris de : *Vive la convention! vive les jacobins!* auxquels on répondait par les cris contraires; une lutte s'était engagée, et comme les jeunes gens étaient les plus forts, ils étaient bientôt parvenus à dissiper tous les groupes ennemis. Ils avaient alors entouré la salle du club, et en cassaient les vitres à coups de pierres. Déjà d'énormes cailloux étaient tombés au milieu des jacobins assemblés. Ceux-ci, furieux, s'écriaient qu'on les égorgeait; et, se prévalant surtout de ce qu'il se trouvait parmi eux des membres de la convention, ils disaient qu'on assassinait la représentation nationale. Les femmes qui remplissaient leurs tribunes, et qu'on appelait *les furies de la guillotine*, avaient voulu sortir pour échapper au danger; mais les jeunes gens qui les attendaient, s'étant saisis de celles qui cherchaient à fuir, leur avaient fait subir les traitemens les plus indécens, et en avaient même châtié quelques-unes avec cruauté. Plusieurs étaient rentrées dans la salle, éperdues, échevelées, disant qu'on voulait les égorger. Les pierres pleuvaient toujours dans l'assemblée. Les jacobins avaient alors résolu de faire des sorties et de tomber sur les assaillans. L'énergique Duhem, armé d'un bâton, s'était mis à la tête de l'une de ces sorties, et il en était résulté une cohue épouvantable dans la rue Saint-Honoré. Si de part et d'autre les armes eussent été meurtrières, un massacre s'en serait suivi. Les jacobins étaient rentrés avec quelques prisonniers; les jeunes gens, restés au dehors, menaçaient, si on ne leur rendait pas leurs camarades, de fondre dans la salle, et de tirer de leurs adversaires la plus éclatante vengeance.

Cette scène durait depuis plusieurs heures avant que les comités de gouvernement fussent réunis et pussent donner des ordres. Des émissaires, partis des Jacobins, étaient venus dire au comité de sûreté générale qu'on assassinait les députés qui siégeaient dans la société. Les quatre comités, de salut public, de sûreté générale, de législation et de la guerre, s'étaient rassemblés, et avaient arrêté d'envoyer sur-le-champ des patrouilles, pour dégager leurs collègues compromis dans cette scène plus scandaleuse que meurtrière.

Les patrouilles partirent avec un membre de chaque comité pour se rendre sur le lieu du combat : il était huit heures. Les membres des comités qui conduisaient les patrouilles ne firent pas charger les assaillans, comme le désiraient les jacobins ; ils ne voulurent pas non plus entrer dans la salle, comme les y engageaient ceux de leurs collègues qui s'y trouvaient ; ils restèrent dehors, invitant les jeunes gens à se dissiper, et promettant de faire rendre leurs camarades. En effet, ils dissipèrent peu à peu les groupes ; ils firent ensuite évacuer la salle des Jacobins, et renvoyèrent tout le monde chez soi.

Le calme rétabli, ils retournèrent vers leurs collègues, et les quatre comités passèrent la nuit à discuter sur le parti à prendre. Les uns étaient d'avis de suspendre les jacobins, les autres s'y opposaient. Thuriot surtout, quoique l'un des adversaires de Robespierre au 9 thermidor, commençait à s'effrayer de la réaction, et semblait pencher pour les jacobins. On se sépara sans avoir pris un parti.

Le lendemain matin (20 brumaire), une scène des plus violentes éclata dans l'assemblée. Duhem fut le premier, comme on le pense bien, à soutenir que la veille on avait égorgé les patriotes, et que le comité de sûreté générale n'avait pas fait son devoir. Les tribunes prenant part à la discussion faisaient un bruit épouvantable, et semblaient d'un côté appuyer, de l'autre contester les faits. On fit sortir les perturbateurs, et immédiatement après une foule de membres demandèrent la parole : Bourdon (de l'Oise), Rewbell, Clausel, pour appuyer le comité; Duhem, Duroy, Bentabolle pour le combattre. Chacun parla à son tour, présenta les faits dans un sens, et fut interrompu par les démentis de ceux qui avaient vu les faits dans un sens contraire. Les uns n'avaient aperçu que des groupes où l'on maltraitait les patriotes; les autres n'avaient rencontré que des groupes où l'on maltraitait les jeunes gens, et où l'on attaquait la convention et les comités. Duhem, qui pouvait difficilement se contenir dans toutes les discussions de ce genre, s'écria que les coups avaient été dirigés par les aristocrates qui dînaient chez la Cabarrus, et qui allaient chasser au Raincy. On lui retira la parole, et ce qui demeura évident au milieu de ce conflit d'assertions contraires, c'est que les comités, malgré leur empressement à se réunir et à convoquer la force armée, n'avaient pu cependant l'envoyer que fort tard sur les lieux; qu'une fois les patrouilles dirigées vers la rue Saint-Honoré, ils n'avaient pas voulu dégager les jacobins par la force, et s'étaient contentés de faire écouler peu à peu l'attroupement; qu'enfin, ils avaient montré une indulgence assez naturelle pour les groupes qui criaient *Vive la convention!* et dans lesquels on ne disait pas que le gouvernement fût livré à des contre-révolutionnaires. On ne pouvait guère, en effet, leur demander davantage. Empêcher qu'on ne maltraitât leurs ennemis était leur devoir ; mais c'était trop exiger de vouloir qu'ils chargeassent à la baïonnette leurs propres amis, c'est-à-dire ces jeunes gens qui tous les jours se présentaient en foule prêts à les appuyer contre les révolutionnaires. Ils déclarèrent à la convention qu'ils avaient passé la nuit à discuter la question de savoir s'il fallait ou non suspendre les jacobins. On leur demanda s'ils avaient arrêté un projet, et sur leur déclaration qu'ils ne s'étaient pas encore entendus, on leur renvoya le tout pour prendre un parti, et venir ensuite soumettre leur résolution à l'assemblée.

Cette journée du 20 fut un peu plus calme, parce qu'il n'y avait pas réunion aux jacobins, mais le lendemain 21, jour de séance, les rassemblemens se renouvelèrent. Des deux côtés on semblait préparé, et il était évident qu'on allait en venir aux mains dans la soirée même. Les quatre comités se réunirent aussitôt, suspendirent par un arrêté les séances des jacobins, et ordonnèrent que la clef de la salle fût apportée sur-le-champ au secrétariat du comité de sûreté générale.

L'ordre fut exécuté, la salle fermée, et les clefs portées au secrétariat. Cette mesure prévint le tumulte qu'on redoutait; les rassemblemens se dissipèrent, et la nuit fut parfaitement calme. Le lendemain, Laignelot vint au nom des quatre comités faire part à la convention de l'arrêté qu'ils avaient pris. « Nous n'avons jamais eu, dit-il, l'intention d'attaquer les sociétés populaires; mais nous avons le droit de fermer les portes là où il s'élève des factions, et où l'on prêche la guerre civile. » La convention le couvrit d'applaudissemens. L'appel nominal fut demandé, et l'arrêté fut sanctionné à la presque unanimité, au milieu des acclamations et des cris de *Vive la république! vive la convention!*

Ainsi finit cette société dont le nom est resté si célèbre et si odieux, et qui, semblable à toutes les assemblées, à tous les hommes qui figurèrent successivement sur la scène, semblable à la révolution même, eut le mérite et les torts de l'extrême énergie. Placée au-dessous de la convention, ouverte à tous les nouveaux venus, elle était la lice où les jeunes révolutionnaires qui n'avaient pas figuré encore, et qui étaient impatiens de se montrer, venaient essayer leurs forces, et presser la marche ordinairement plus lente des révolutionnaires déjà assis au pouvoir. Tant qu'il fallut de nouveaux sujets, de nouveaux talens, de nouvelles vies prêtes à se sacrifier, la société des jacobins fut utile, et fournit des hommes dont la révolution avait besoin dans cette lutte sanglante et terrible. Quand la révolution, arrivée à son dernier terme, commença à rétrograder, c'est dans la société des jacobins que furent refoulés les hommes ardens élevés dans son sein, et qui avaient survécu à cette action violente. Bientôt elle devint importune par ses inquiétudes, dangereuse même par ses terreurs. Elle fut alors sacrifiée par les hommes qui cherchaient à ramener la révolution du terme extrême où elle était arrivée, à un juste milieu de raison, d'équité, de liberté, et qui, aveuglés, comme tous les hommes qui agissent, par l'espérance, croyaient pouvoir la fixer dans ce milieu désiré. Ils avaient raison sans doute de vouloir revenir à la modération, et les jacobins avaient raison de leur dire qu'ils allaient à la contre-révolution. Les révolutions, semblables à un pendule violemment agité, courant d'une extrémité à une autre, on est toujours fondé à leur prédire des excès; mais heureusement les sociétés politiques, après avoir violemment oscillé en sens contraires, finissent par se renfermer dans un mouvement égal et justement limité. Mais que de temps encore, que de maux, que de sang avant d'arriver à cette heureuse époque! Nos devanciers les Anglais eurent encore à traverser Cromwell et deux Stuarts.

Les jacobins dispersés n'étaient pas gens à se renfermer dans la vie privée, et à renoncer aux agitations politiques. Les uns se réfugièrent au club électoral, qui, chassé de l'évêché par les comités, s'était réuni dans une des salles du Muséum; les autres se portèrent au faubourg Saint-Antoine, dans la Société populaire de la section des Quinze-Vingts. C'est là que se réunissaient les hommes les plus marquans et les plus prononcés du faubourg. Les jacobins s'y présentèrent en foule le 24 brumaire, en disant : « Braves citoyens du faubourg « Antoine, vous qui êtes les seuls soutiens du « peuple, vous voyez les malheureux jacobins per- « sécutés. Nous vous demandons à être reçus dans « votre société. Nous nous sommes dit : Allons au « faubourg Antoine, nous y serons inattaquables; « réunis, nous porterons des coups plus sûrs pour « garantir le peuple et la convention de l'esclavage. » Ils furent tous admis sans examen, se permirent les propos les plus violens et les plus dangereux, et lurent plusieurs fois cet article de la déclaration des droits : *Quand le gouvernement viole les droits du peuple, l'insurrection est pour le peuple le plus sacré des droits et le plus indispensable des devoirs.*

Les comités, qui avaient essayé leurs forces, et qui se sentaient capables de vigueur, ne crurent pas devoir poursuivre les jacobins dans leur asile, et leur permirent de vains propos, se tenant prêts à agir au premier signal, si les faits venaient à suivre les paroles.

La plupart des sections de Paris reprirent courage, expulsèrent de leur sein ce qu'on appelait les *terroristes*, qui se retirèrent du côté du Temple, vers les faubourgs Saint-Antoine et Saint-Marceau. Délivrées de cette opposition, elles rédigèrent de nombreuses adresses pour féliciter la convention de l'énergie qu'elle venait de déployer contre les *complices de Robespierre*. De presque toutes les villes partirent des adresses semblables, et la convention, ainsi entraînée dans la direction qu'elle venait de prendre, s'y engagea encore davantage. Les soixante-treize déjà redemandés le furent tous les jours à grands cris par les membres du centre et du côté droit, qui tenaient à se renforcer de soixante-treize voix, et qui voulaient surtout assurer la liberté du vote en rappelant leurs collègues. Les soixante-treize furent enfin élargis et réintégrés; la convention, sans s'expliquer sur le 31 mai, déclara qu'on avait pu penser sur cet événement autrement que la majorité, sans pour cela être coupable. Ils rentrèrent tous ensemble, le vieux Dusaulx à leur tête. Celui-ci prit la parole pour eux, et assura qu'en venant se rasseoir à côté de leurs collègues ils déposaient tout ressentiment, et n'étaient occupés que du désir de faire le bien public. Ce pas fait, il n'était plus temps de s'arrêter. Louvet, Lanjuinais, Henri Larivière, Doulcet, Isnard, tous les girondins échappés à la proscription, et cachés la plupart dans des cavernes, écrivirent et demandèrent leur réintégration. Une scène violente s'éleva à ce sujet. Les thermidoriens, épouvantés de la rapidité de la réaction, s'arrêtèrent, et imposèrent au côté droit qui, croyant avoir besoin d'eux, n'osa pas leur déplaire et cessa d'insister. Il fut décrété que les députés mis hors la loi ne seraient plus poursuivis, mais qu'ils ne rentreraient pas dans le sein de l'assemblée.

Le même esprit qui faisait absoudre les uns devait porter à condamner les autres. Un vieux député, nommé Raffron, s'écria qu'il était temps de poursuivre tout ce qui était coupable, et de prouver à la France que la convention n'était pas complice des assassins; il demanda qu'on mît sur-le-champ en jugement Lebon et David, tous deux arrêtés. Ce qui s'était passé dans le Midi, et surtout à Bédouin (Vaucluse), ayant été connu, on voulut un rapport et un acte d'accusation contre Maignet. Une foule de voix demandèrent le jugement de Fouquier-Tinville, et une instruction contre l'ancien ministre de la guerre Bouchotte, celui qui avait livré les bureaux de la guerre aux jacobins. On fit la même proposition contre l'ex-maire Pache, complice, disait-on, des hébertistes, et sauvé par Robespierre. Au milieu de ce torrent d'attaques contre les chefs révolutionnaires, les trois chefs principaux, long-temps défendus, devaient enfin succomber. Billaud-Varennes, Collot-d'Herbois et Barrère, accusés de nouveau, et d'une manière formelle par Legendre, ne purent échapper au sort commun. Les comités ne purent se dispenser de recevoir la dénonciation, et de donner leur avis. Lecointre, déclaré calomniateur dans sa première accusation, annonça qu'il avait fait imprimer les pièces qui lui avaient manqué d'abord; elles furent renvoyées aux comités : ceux-ci, entraînés par l'opinion, n'osèrent pas résister, et déclarèrent qu'il y avait lieu à examen contre Billaud, Collot et Barrère, mais non contre Vadier, Vouland, Amar et David.

Le procès de Carrier, longuement instruit en présence d'un public qui déguisait mal l'esprit de réaction dont il était animé, s'acheva enfin le 26 frimaire (16 décembre). Carrier et deux membres du comité révolutionnaire de Nantes, Pinel et Grand-Maison, furent condamnés à la peine de mort, comme agens et complices du système de la terreur; les autres furent acquittés comme excusés de leur participation aux noyades par l'obéissance à leurs supérieurs. Carrier, persistant à soutenir que la révolution tout entière, ceux qui l'avaient faite, soufferte ou dirigée, étaient aussi coupables que lui, fut traîné à l'échafaud : il prit de la résignation au moment fatal, et reçut la mort avec calme et courage. En preuve de l'entraînement aveugle des guerres civiles, on citait de Carrier des traits de caractère qui, avant sa mission à Nantes, prouvaient chez lui une humeur nullement sanguinaire. Les révolutionnaires, tout en condamnant sa conduite, furent effrayés de son sort ; ils ne pouvaient pas se dissimuler que cette exécution était le commencement de sanglantes représailles que leur préparait la contre-révolution. Outre les poursuites dirigées contre les représentans membres des anciens comités, ou envoyés en mission, d'autres lois récemment rendues leur prouvaient que la vengeance allait descendre plus bas, et que l'infériorité du rôle ne les sauverait pas. Un décret obligea tous ceux qui avaient rempli des fonctions quelconques et manié les deniers publics, à rendre compte de leur gestion. Or, comme tous les membres des comités révolutionnaires avaient formé des caisses avec le revenu des impôts, avec l'argenterie des églises, avec les taxes révolutionnaires, pour organiser les premiers bataillons de volontaires, pour solder des armées révolutionnaires, pour payer des transports, pour faire la police, pour mille dépenses enfin du même genre, il était évident que tout individu, fonctionnaire pendant la terreur, allait être exposé à des poursuites.

A ces craintes fondées se joignaient encore des bruits fort alarmans. On parlait de paix avec la Hollande, la Prusse, l'Empire, l'Espagne, la Vendée même, et on prétendait que les conditions de cette paix seraient funestes au parti révolutionnaire.

FIN DU TOME SIXIÈME.

TABLE

DES CHAPITRES CONTENUS DANS LE TOME SIXIÈME.

CHAPITRE XIX.

Résultats des dernières exécutions contre les partis ennemis du gouvernement. — Décret contre les ex-nobles. — Les ministères sont abolis et remplacés par des commissions. — Efforts du comité de Salut Public pour concentrer tous les pouvoirs dans sa main.—Abolition des sociétés populaires, excepté celle des jacobins. — Distribution du pouvoir et de l'administration entre les membres du comité. — La convention, d'après le rapport de Robespierre, déclare, au nom du peuple français, la reconnaissance de l'Être suprême et de l'immortalité de l'âme.................................. 1

CHAPITRE XX.

État de l'Europe au commencement de l'année 1794 (an II). — Préparatifs universels de guerre. Politique de Pitt. Plans des coalisés et des Français. — État de nos armées de terre et de mer. — Activité et énergie du gouvernement pour trouver et utiliser les ressources. — Ouverture de la campagne; occupation des Pyrénées et des Alpes. — Opérations dans les Pays-Bas. Combats sur la Sambre et sur la Lys. Victoire de Turcoing. — Fin de la guerre de la Vendée. — Commencement de la guerre des chouans. —Événemens dans les colonies. Désastre de Saint-Domingue. Perte de la Martinique. — Bataille navale...................................... 34

CHAPITRE XXI.

Situation intérieure au commencement de l'année 1794. — Travaux administratifs du comité. — Lois des finances. Capitalisation des rentes viagères.— Etat des prisons. Persécutions politiques. Nombreuses exécutions. — Tentative d'assassinat sur Robespierre et Collot-d'Herbois. — Domination de Robespierre. — La secte de la *mère de Dieu*. — Des divisions se manifestent entre les comités.—Fête à l'Être suprême. — Loi du 22 prairial réorganisant le tribunal révolutionnaire.—Terreur extrême. Grandes exécutions à Paris. Missions de Lebon, Carrier et Maignet; cruautés atroces commises par eux. Noyades dans la Loire. — Rupture entre les chefs du comité de salut public; retraite de Robespierre.................................. 83

CHAPITRE XXII.

Opérations de l'armée du Nord vers le milieu de 1794. Prise d'Ypres. — Formation de l'armée de Sambre-et-Meuse. Bataille de Fleurus. Occupation de Bruxelles.—Derniers jours de la terreur; lutte de Robespierre et des triumvirs contre les autres membres des comités. Journées des 8 et 9 thermidor ; arrestation et supplice de Robespierre, Saint-Just.—Marche de la révolution depuis 89 jusqu'au 9 thermidor................................. 166

CHAPITRE XXIII.

Conséquences du 9 thermidor. — Modifications apportées au gouvernement révolutionnaire. — Réorganisation du personnel des comités. — Révocation de la loi du 22 prairial; décrets d'arrestation contre Fouquier-Tinville, Lebon, Rossignol, et autres agens de la dictature; suspension du tribunal révolutionnaire; élargissement des suspects. — Deux partis se forment, les montagnards et les thermidoriens. — Réorganisation des comités de gouvernement. — Modifications des comités révolutionnaires. — Etat des finances, du commerce et de l'agriculture après la terreur. — Accusation portée contre les membres des anciens comités, et déclarée calomnieuse par la convention. — Explosion de la poudrière de Grenelle ; exaspération des partis. — Rapport fait à la convention sur l'état de la France.—Nombreux et importans décrets sur toutes les parties de l'administration.—Les restes de Marat sont transportés au Panthéon et mis à la place de ceux de Mirabeau... 233

CHAPITRE XXIV.

Reprise des opérations militaires. — Reddition de Condé, Valenciennes, Landrecies et Le Quesnoy. Découragement des coalisés. — Bataille de l'Ourthe et de la Roër. — Passage de la Meuse. — Occupation de toute la ligne du Rhin. — Situation des armées aux Alpes et aux Pyrénées. Succès des Français sur tous les points. — Etat de la Vendée et de la Bretagne ; guerre des chouans. Puisaye, agent principal royaliste en Bretagne. — Rapports du parti royaliste avec les princes français et l'étranger. Intrigues à l'intérieur ; rôles des princes émigrés... 301

CHAPITRE XXV.

Hiver de l'an III. Réformes administratives dans toutes les provinces.— Nouvelles mœurs. Parti thermidorien ; la *jeunesse dorée*. Salons de Paris. — Lutte des deux partis dans les sections ; rixes et scènes tumultueuses. — Violences du parti révolutionnaire aux Jacobins et au club électoral. — Décrets sur les sociétés populaires — Décrets relatifs aux finances. Modifications au maximum et aux réquisitions. — Procès de Carrier. — Agitation dans Paris, et exaspération croissante des deux partis.—Attaque de la salle des Jacobins par la jeunesse dorée. — Clôture du club des Jacobins.—Rentrée des soixante-treize députés emprisonnés après le 31 mai.—Condamnation et supplice de Carrier. — Poursuites commencées contre Billaud-Varennes, Collot d'Herbois et Barrère.............................. 332

FIN DE LA TABLE.